電影〈魯迅傳〉籌拍親歷記

行雲流水記往二記（上）

沈鵬年／著

序

成恒健

「老人莫『懷舊』，『懷舊』勞神傷身。」然而對有些老年人來說，某些「舊事」十分重要，不懷念，不說清楚，就是對歷史不負「責任」。

共產黨人最講認真，最看重自己的「責任」。沈鵬年就是這樣一位老先生，八十五歲的高齡，身子骨又不算硬朗，打針吃藥自不必說，還時不時地住院，請醫生療理病症。就是這樣一副身板，不管是暑夏，還是寒冬，拄著一根竹節手杖，起早貪黑，東奔西走，跑圖書館，鑽資料室，為整理自己走訪積累的數十萬字資料作補充訂正，前後逾三十年，辛勤編撰，終於成冊。「健康誠可貴，理念價更高」，為了盡到一個共產黨員的責任，他對「懷舊勞神傷身」的忠告，「置若罔聞」。

沈鵬年老先生懷的什麼「舊」？應該說，這段「舊事」確實值得「懷念」。只要認真翻翻這本五十多萬字的《電影〈魯迅傳〉籌拍親歷記——行雲流水記往二記》，就不難看出，五十年前中華人民共和國電影史上的這一頁，應該把它寫清楚，記錄在新中國電影史中（《上海電影志》已有記載，不夠詳盡）。

1959年，是新中國電影事業發展的第一個高潮。全國電影工

作者，向建國十周年奉獻了數十部高質量影片。上海影人也貢獻出《林則徐》、《聶耳》、《老兵新傳》等多部優秀作品。這一年年底，中宣部召開了全國文化工作會議，提出在新形勢下，繼續貫徹雙百方針，使文化更好地為社會主義建設服務的要求。正在創作中的《魯迅傳》電影文學劇本，就是在這樣一種氛圍中，加快了創作步伐。上海影人在黨組織的熱切關懷下，以無比高昂的熱情，投入到電影《魯迅傳》的籌拍中，準備再展身手，創造新業績。

魯迅先生是新文化運動的旗手，偉大的文學家、思想家、革命家。「橫眉冷對千夫指，俯首甘為孺子牛，」顯現出先生高尚的人格風範。魯迅先生是中國人民的驕傲，其崇高的歷史地位已載入史冊。把這樣一位歷史偉人搬上銀幕，是時代的需要，更是全國人民的殷切期盼；拍攝《魯迅傳》是順應民意之舉。

電影《魯迅傳》的籌拍活動前後歷經五年，是中國電影史上的一次空前盛舉，在國內外引起巨大的反響。然而這樣一部深受各方關注，彙聚了全國眾多電影大師的作品，卻未能製作完成與觀眾見面。由轟轟烈烈籌拍，到冷冷清清落幕，這種巨大的落差，在業界和廣大群眾中引發種種臆想⋯⋯。

對五十年前電影《魯迅傳》為何停拍的種種疑問，不論是在「文化大革命」中，還是在改革開放後的若干年裏，一直沒有停止過。多年來，媒體也斷斷續續地發表過不少文章，試圖釋疑，其中有善意的陳述，亦有偏頗的描繪，更有超出辨別事件真偽範疇的議論，引發有關當事人的不快。當然，還有一些海外「文人」和書刊，也不甘寂寞，借機攻擊黨對文藝的領導。

面對種種亂象，沈鵬年老先生編撰的《電影〈魯迅傳〉籌拍親歷記》，既是為了澄清有關這段歷史的種種謬誤，又是為了告慰許多因未能完成使命抱憾而去的先人，紀念那些曾經為這部沒有完成的巨片，付出心血的大文藝理論家、大劇作家、大導演、大演員以及黨的高級幹部(黨和國家領導人毛澤東、周恩來對籌拍《魯迅傳》也曾給予很多關注)和全劇組同仁。

　　一部優秀影片的誕生，首先要有一個優秀的電影文學劇本，這已為無數成功佳作所佐證。特別是像《魯迅傳》這樣重大題材的劇本創作，進行廣泛深入的資料收集，以豐富劇本創作的素材，是必不可少的。在電影《魯迅傳》劇本創作過程中，作為劇組資料員的沈鵬年老先生，走訪過數百位專家、學者，收集了數十萬字的資料。對這些資料的梳理，以及對這些資料在創作過程中的運用，產生不同的解析、論辯，是正常不過的事。沈鵬年老先生參加了電影《魯迅傳》籌拍的全過程，在劇組的數年裏，是不是什麼事情都做到盡善盡美？我不敢說。但是，他的敬業精神不應懷疑。他對這段歷史的見證，是以大量親自筆錄的資料為基礎的。理論問題可以盡情辯論，學術問題亦可無情地碰撞，以達到去偽存真的目的。而「史」就是史，不容辯解，不應顛倒，不能篡改，必須嚴肅、詳盡、完整、真實地留存，還歷史本來面目。上個世紀六〇年代初籌拍《魯迅傳》的經歷，是電影界的重要事件，不論在創作過程中觀點如何？分歧多大？在維護歷史的真實性面前，人人平等，人人有責，責無旁貸。

　　《〈魯迅傳〉籌拍親歷記》中的大量史料告訴我們，儘管影片最終沒有完成，但這是一個頗為民主的創作集體，創作過程

中雖有激烈辯論，甚至爭吵，產生過矛盾，但大家都力避強加於人。在這個創作集體裏，「權威」很多，「大官」也不少，其中許多人是國家部長級幹部，執國家文化大權牛耳。但他們在這個集體裏，在劇本創作中，不論上級下級、黨內黨外，都是普通一員，人人平等。這部《親歷記》也詳盡地告訴我們，這是一個精益求精的攝製組，一次次的造訪求證，一遍遍地討論，三番五次地修改，不厭其煩，都是為了把劇本的質量搞得更好。尊重歷史也是這個攝製組的特色之一，對劇本中涉及到的重要歷史事件，都取嚴肅認真的態度，不搞「戲說」，都在遵循不違背「歷史真實」的原則下進行創作。夏衍同志說過：「這是一項嚴肅的創作任務，涉及我們黨當時按照文藝特性和藝術規律領導文藝的一次實驗。」這是真情實話，五十年前，黨對社會主義建設的領導，尚處在探索階段，對社會主義文藝的領導，更無成功經驗可鑒。籌拍電影《魯迅傳》的實踐告訴我們，計劃經濟條件下的電影製作體制，確實存在弊病，在劇本創作中，大家做到了暢所欲言，但獨缺一個拍板的「責任人」，最後只能無奈地以「對劇本意見無法統一」而停拍。《親歷記》還彙集了各位大師以及普通創作人員，對社會主義電影理論，電影創作等方方面面的探討，其中不泛精闢見解，珍貴異常，這是電影《魯迅傳》創作過程中，留下的一筆寶貴財富。面對沉甸甸的《電影〈魯迅傳〉籌拍親歷記》，深感沈鵬年老先生所付出的「健康」代價，是值得的；其執著做事的認真精神，亦令人感佩。(沈鵬年同志表示，他將把有關籌拍電影《魯迅傳》的資料，交即將建成的新上海電影資料館收藏。)

我國的社會主義建設事業，已進入關鍵時期，黨對文化提出了大繁榮、大發展的更高要求，電影事業要趁勢而上。上海影人已率先完成體制改革，影片創作生產等各項事業，都沿著嶄新的軌跡奮勇爭先。五十年前籌拍《魯迅傳》的歷史，是一段值得珍惜和回味的歷史，新老上影人，應該在新形勢下，團結一心，為上影的騰飛，為中國電影走向世界，奉獻自己的聰明才智。

2010年11月30日於滬

（作者：49年參加中國人民解放軍27軍，服役33年。擔任過宣傳處、文化處副處長，發表小說、詩、散文、影評等百餘篇。82年轉業到上海電影製片廠，歷任創作室、導演室副主任兼支部書記。現任中共上海電影集團有限公司離休幹部總支部委員會書記。）

前言

沈鵬年

　　北京守愚齋章詒和大姊關於人生的精闢概括，引起我深深的共鳴。她說：「人的一生，童年有遊戲，中年有經歷，晚年有回憶。其間自有許多變化，但人對自己的理解沒有變，對生活的基本態度和情感傾向沒有改變。這是什麼？這就是文化。它也正是我們寫作的惟一緣由。」——我如今已屆八十五歲高齡，回眸平生，所具有的也無非是童年遊戲、中年經歷和令人難忘的回憶而已。電影《魯迅傳》則是我畢生最為重要的親身經歷。

（一）

　　我童年遊戲中印象最深的，在祖居三學書屋中找到了有人面的獸、九頭的蛇、三腳的鳥和生著翅膀的人的繪圖《山海經》，我把書中所見告訴了積玉、懷大、慶生等小同學，他們不信，用香煙畫片打賭，有書為證，我贏得了許多「水滸」、「三國」的香煙畫片。從此萌發了我鑽古書看繡像的興趣；稍後，在嗣母攜領下去商務印書館和東方圖書館看書購書，嗣母說這是「人生的心路旅行」，是「知識的汪洋大海中學習游泳……」。她讓我

熟讀新詩、散文和小說，教我從書本上認識了魯迅。書香門第的薰陶，我童年遊戲的良伴便是開始玩弄新文學版本書。嗣母的溺愛和慷慨，她帶我去內山書店購到了魯迅、西諦親筆簽名的第二十六號《北平箋譜》和皮脊燙金的《海上述林》；她給我金條從一個記者手中交換了新文學版本中最珍貴的1909年印自日本東京的《域外小說集》；她為我向宋慶齡、蔡元培領銜的魯迅紀念會用大洋百元訂購了柚木箱紀念本《魯迅全集》（我的限定版編號是第四十五號）；她給我鉅款從陳世芳（解放後曾任上海舊書店門市部主任）的舊書鋪購了阿英所藏流散的部分新文學珍本書。平心而論，這一些都是新文學書中「頂級」「極品」。於是，年方十六就在拉都路小洋樓布置了兩周（魯迅和知堂）初版書的「皕周一廛」藏書室，儼然以小小藏書家自居。就這樣，從童年到青年，淘舊書舊期刊、玩新文學版本，成了我惟一的癖好、最大的樂趣和一生的最愛。這種童年遊戲養成的癖好和樂趣伴隨著我的生命，經歷了種種風險，度過了近八十個春秋。作為一個新文學版本書的老玩家，我是「藏以致用」。早在1946年已向郭沫若出版《文集》提供了他早年譯文歌德的《赫曼與寶綠苔》；「文革」浩劫中向俞平伯、豐子愷出示「五四」時代的珍本《憶》和《燕知草》，使他們得到了慰藉；後來又用珍藏五十多年的歷史資料寫了八萬字的《文以載道・秀出天南》，為文史大家金性堯討回公道；阿英之子錢厚祥籌編《阿英全集》，向我借去了珍本書二十七種（借條至今還在）；最近媒體盛稱的許廣平《魯迅回憶錄手稿本》，許多原始祖本來自我的珍藏⋯⋯。1956年上影廠攝製由佐臨導演的《魯迅生平》紀錄片，其中有

《域外小說集》的特寫鏡頭，這兩冊原書是我提供的；1964年天馬廠攝製由謝晉導演的彩色故事片《舞臺姐妹》，影片中有主角竺春花（謝芳主演）由地下黨員（女記者）江波陪同參觀「魯迅作品展覽會」的場景，作為道具的全部魯迅著作是從我家借去的。我童年遊戲的良伴珍本通過銀幕面向廣大觀眾，也是十分有趣的。凡此種種，足以為章大姊所說「童年的遊戲」也「是文化」一部分的佐證。

更加可以告慰嗣母的，由於「童年遊戲」的積累，在我26歲時結集出版了新中國建國以後第一部容量40萬字的《魯迅研究資料編目》，從而使我具備了在夏衍、葉以群等前輩領導下參加電影《魯迅傳》創作和籌備的資格。市委宣傳部因而調我為電影《魯迅傳》負責資料工作。

（二）

我一生刻骨銘心、最難忘懷的，是從32歲開始參加創作和籌備拍攝電影《魯迅傳》。它使我獲得了畢生最大的幸福和歡樂；也從而經受了長期的磨難和痛苦。我原來是中共長寧區委的國家幹部、上海作家協會會員，32歲借調、35歲（組織決定用另一黨員幹部對調）而正式調入電影廠的。

在此期間，有幸親承周恩來、柯慶施、李立三、石西民、周揚、夏衍、林默涵、邵荃麟、陽翰笙等前輩謦欬，當場記錄了他們的意見和指示；去魯迅生前生活和工作的紹興、杭州、北京、廣州和上海等地遍訪了數百位知情者，獲悉了大量的第一手資

料。使我擴展了眼界、增長了見聞、豐富了學識、提高了水平，感到難以言宣的歡欣和振奮。古人云：「朝聞道夕死可也。」我人生的殊勝因緣，任何福祉，實無逾於此者。幸福滋生力量，我以業餘時間整理編印多冊《訪談記錄集》；用新的材料編著《魯迅生平及有關史事年表》供內部參考；寫了近百篇調查報告為電影張目。我在電影廠為創作《魯迅傳》文學劇本沒日沒夜地忘我工作，甚至連慈母在家鄉病危臨終也未能去見上最後一面；不幸的是，儘管籌備費化了50多萬，電影未能拍攝，我又為沒有攝成的《魯迅傳》電影經歷了一連串的政治運動。我為它在「四清」時挨過「整」；我為它在「文革」中受盡迫害。好不容易「四人幫」被粉碎了，我為它在「清查」和「整黨」時又幾乎過不了「關」……。苟活到61歲，組織要我離休，一事無成，兩鬢已斑。沒有拍攝的電影《魯迅傳》猶如永恆的夢中情人，使我魂牽夢縈，懷念無窮；又好似冥冥中的索命「無常」，對我勾魂攝魄、心憾終身。我收穫了無限的幸福，又背負了無端的讒言和誣陷。行無愧怍心常坦，心底無私天地寬，相信歷史是歪曲和抹煞不了的。

沒有拍攝成的電影《魯迅傳》構成了我中年時代的全部經歷。我經歷了幸福、經歷了歡樂、經歷了磨難、經歷了痛苦……。我感到影片未能拍攝的永遠的遺憾，但沒有虛度年華而後悔。因為我保存了歷史──最寶貴的文證等原始資料。──正如章大姊所說：「這就是文化」。

（三）

　　離休前夕，奉命為電影《魯迅傳》做的掃尾工作，就是1985年12月25日夏衍前輩授意我根據《魯迅傳》藝術檔案，寫出四萬多字的《巨片〈魯迅傳〉的誕生與夭折》。根據我的筆記，夏衍前輩說：

　　電影《魯迅傳》誕生與夭折這件事，被歪曲和湮沒二十多年了。這本來是一項嚴肅的創作任務，涉及我們黨當時按照文藝特性和藝術規律領導文藝的一次實驗。大躍進和國民經濟嚴重困難，黨中央召開七千人大會和科技、文藝界的廣州會議，創作民主和政治寬鬆的空氣比較濃厚。編劇和導演對數易其稿的電影文學劇本定稿後繼續堅持不同意見，有點過份。劇本上集的四章結構是編劇導演共同擬訂、並經創作顧問團專門開會審議通過的。這是影片的底線。讓趙丹、藍馬、于是之、謝添、于藍、石羽等影劇界的精英在銀幕上各顯神通，來一場電影「群英會」總是藝壇盛事吧！遺憾的是，在市委下達拍攝命令、西民同志指出「劇本不宜再作變動」後，導演認為分鏡頭的自由不能發揮，住進了醫院，我們沒有及時提出強有力的措施，也失職了。

　　夏衍前輩囑咐：文章從事實出發，寫清楚歷史真相，不追究個人的責任。涉及編劇、導演和黨委負責人，一律「淡化」處

理。還說：柯慶施提倡寫「十三年」是執行毛主席的意見，他並沒有反對拍《魯迅傳》。

——因此，拙文在《下篇・功虧一簣》第六、第七節中把電影夭折涉及的人和事全部「淡化」處理，語焉不詳了。

拙文寄給夏衍前輩後，1986年4月28日得到覆信：

> 「來信及大作已拜讀，並已轉請喬木、周揚同志審閱，他們如有意見，當再奉告。」

接著他來上海治療眼疾，約我在醫院見面，轉告了「喬木、周揚同志」同意發表的「意見」，於是拙文便在學林出版社同年11月出版的《生活叢刊》作為「特稿」全文發表。

發表拙文的《生活叢刊》由新華書店發行，外銷港臺和美國。美國哥倫比亞大學夏志清教授讀了拙文給我來信，肯定拙文前半部分，對後半部分提出質疑。他說魯迅被毛澤東主席奉為「新中國的聖人」，拍《魯迅傳》電影得到周恩來總理大力支持，為何區區一個張春橋竟敢致《魯迅傳》胎死腹中？！他希望把事實真相公諸於眾。我當時謹記夏公的囑咐，保持了沉默。事過境遷，汲取教訓，何必糾纏於個人的是非……

夏公德高望重，人稱「電影祖師爺」。對《魯迅傳》電影投產拍攝，殫精竭慮、煞費苦心。花盡心血惹來無謂口舌，無奈中瀟灑地道「濕手捏了燥乾粉」，希望「儘快定稿，不要錯失良機。」《魯迅傳》流產二十年後，為進一步回答海外論客質疑，囑咐「只寫事實，淡化個人，不糾纏是非」。前輩風儀，不可企及。

事隔半個世紀，竟然有人繪影繪聲、無中生有，說什麼1963年3月導演、演員正在拍攝現場，柯慶施提出「大寫十三年」，下令「《魯迅傳》停拍！」於是主演「痛哭流涕，剃去鬍子」；導演「氣得一病不起，長住醫院」。——果真如此嗎？

　　請看前中共中央候補委員、上海電影局黨委書記、電影局長兼上影廠長吳貽弓主編的「上海市專志系列叢刊」《上海電影志》的記載：

> 「1961年3月，中共中央宣傳部副部長周揚在杭州召開座談會，座談天馬（廠）準備投產的故事片《魯迅傳》文學劇本問題。夏衍在滬期間多次與《魯迅傳》主創人員交換意見，並參加劇本修改。但由於對劇本的意見無法統一，外借人員合同到期，後報請中共中央宣傳部同意，決定暫停投產。」（見上海社會科學出版社1999年10月出版《上海電影志》第68頁。）

　　這條權威性的記載，揭示了歷史的事實真相。

　　《魯迅傳》電影最後「暫停投產」的關鍵，在於「對劇本的意見無法統一」。此事與兩年後提出「大寫十三年」的市委第一書記柯慶施「風馬牛不相及」。

　　我是籌攝《魯迅傳》全程參與的親歷者，現場記錄「對劇本的意見無法統一」的當事人。為保存歷史而轉輾藏匿這些原始文證，忍辱負重逾半個世紀。應該將事實公諸於眾了。夏衍在《舊夢錄自序》寫道：「記事離不開論人。明知其有，而加以隱諱，就

是失真。」《魯迅傳》創作組長葉以群含冤而死四十五年了，「交遊零落，只今餘幾！」實錄其事，還他公道、是後來者的責任。

（四）

流光如駛，夏衍前輩仙逝一十五載，令人不勝懷念。根據檔案，夏衍前輩對我的資料工作有過評價。

1961年7月，夏衍前輩在翠明莊修改《魯迅傳》劇本時要我做他的助手。同年8月11日他在一份文化部印發的文件中寫道：

> 「重大歷史事件的真實性，這是原則問題。我在修改（《魯迅傳》劇本）中幾次叫沈鵬年同志查核材料，也大都是歷史事件方面的材料。……我是核對了魯迅在這個時期的所有雜文、書簡，又查了陰陽曆對照表，力求做到一時一事、季節、氣候、服裝、花木的開謝等等，即使不能做到『無懈可擊』，也要盡可能做到『少』懈可擊。對此，我曾和你們講過笑話，我說即使有一事不符，可能大多數觀眾不會有意見，但如沈鵬年同志等特殊觀眾，卻是連一點點小漏洞也一定會看出來的。」（見文化部1961年8月16日列印第116號文件）

1963年12月他在《電影論文集》第273頁（1985年1月重版本第261頁）公開寫道：

「《魯迅傳》的創作，資料工作搞得很好，改編時就有了依據。」

這是夏衍前輩對我的愛護和鞭策，衷心銘感無已。夏衍前輩所說「歷史事件的真實性，這是原則問題」，成為我資料工作的座右銘，永志不忘。

（五）

在我晚年的記憶中，籌攝電影《魯迅傳》是建國以來政治空氣最為寬鬆的年代，也是我一生中最最美好的一段經歷。回首天涯路幾程，風雲際會撼書城。同當時文壇群英和影壇群星歡聚一堂、朝夕相處，是我當年的緣分，也是今天的「追星族」「粉絲」們夢寐難求的。我和周揚、夏衍、陽翰笙、葉以群、陳白塵、杜宣、柯靈等大作家，和趙丹、藍馬、謝添、于藍、于是之、石羽、白穆、孫道臨、衛禹平、夏天、池寧等大藝術家，同桌吃飯、同車出遊、同室聊天、同住一個屋簷下討論劇本，鑽研角色，設想情節，彩排小品……如此美妙快樂的盛會和雅趣。正是《蘭亭集序》所謂「人之相與，俯仰一世。或取諸懷抱，悟言一室之內；或因寄所托，放浪形骸之外。雖趣捨萬殊，靜躁不同，當其欣於所遇，暫得於己，快然自足」，「遊目騁懷，足以極視聽之娛，信可樂也。」不料曾幾何時，「俯仰之間，已為陳跡」，這些大作家、大明星「修短隨化，終期於盡！」

遙望南天，豈不痛哉！

當夏衍、陳荒煤、石西民、張駿祥、丁一等當事人離世以後，關於《魯迅傳》夭折的新編故事眼花繚亂紛紛出籠。舊事重提，版本各異，說明了今天的讀者對「文化」的興趣。我作為知情人如聞空谷足音，犁然於心，由是興遲莫之感矣。

　　半個世紀以來，人間發生了許多變化，但歷史事實不會變。我對自己的信念和理解沒有變，對生活的基本態度和情感傾向沒有改變。

　　這是什麼？守愚齋章大姊說得好：「這就是文化。」也正是我今天寫《電影〈魯迅傳〉籌拍實錄》的緣由。

　　　　　　　　——庚寅小滿於崇明度假歸來急就草

目次

第一章　中國電影史上的盛舉

──籌拍《魯迅傳》

　　1985年《大眾電影》總第386期發表署名田一野的《籌拍歷史巨片〈魯迅傳〉始末》，說「籌拍《魯迅傳》是中國電影史上的一件大事件。

　　二十六年前（即1960年），在毛主席和周總理的親自關注下，電影界曾經組成了一個有史以來最強大的創作班子，來籌拍

歷史巨片《魯迅傳》。但是，沒有幾年時間，《魯迅傳》的拍攝卻以夭折而告終。至今，它仍然是一個謎。那末，這到底是什麼原因呢？事情要頭從說起。」（見該刊第10頁）

一、田一野文章是回答海外媒體的質疑

這位「田一野」是上影廠現猶健在的原電視部文學組長孫雄飛的筆名。文章為什麼「事情要從頭說起？」因為起因於《人民日報》發表趙丹一篇文章，引起海外媒體質疑而作的正面回答。

1980年10月8日《人民日報》發表趙丹於病床上口述的《管得太具體、文藝沒希望》，他說：

「像拍攝《魯迅》這樣的影片吧，我從1960年試鏡頭以來，鬍髭留了又剃，剃了又留，歷時20年了，……這不是一個演員的藝術生命經不起的問題，《魯迅》影片之遲遲不能問世，實也聯繫到新一代的魯迅式的文藝家之誕生。」

於是美國、日本、香港和臺灣等海外媒體提出質疑：他們說大陸報刊對《魯迅傳》電影「功敗垂成」的責任，曾經大肆宣稱是「周揚黑幫詆毀魯迅的大陰謀」；（附圖）

他們說如今《人民日報》的文章稱「二十多

年拍不出《魯迅傳》電影」是領導「管得太具體」所致。他們認為文藝界「領導」就是所謂「文藝沙皇」周揚。他們猜測導致《魯迅傳》電影「功敗垂成」是「周揚『管得太具體』

的結果」。他們重複「文革」大批判那一套攻擊性語言指責中國共產黨不能領導文藝……。──這完全是違反歷史的不實之詞。

當時主管《大眾電影》的「中國影協」副主席、原文化部副部長司徒慧敏，鑒於海外流傳的不實之詞應予澄清，便派了《大眾電影》的編輯專程到上海，向上影廠黨委書記丁一、原天馬電影廠副廠長葛鑫、原《魯迅傳》副導演夏天等當事人瞭解情況並提出約稿。原《魯迅傳》導演因病住院，未能接談。丁一和葛鑫等建議請夏天寫稿，夏天因有拍片任務轉請孫雄飛執筆。夏天向孫雄飛談了一些內情，並把自己和趙丹在《魯迅傳》攝製組的合影交給孫雄飛，作為插圖在文中刊出。

由於丁一和葛鑫與籌攝《魯迅傳》關係密切，有必要介紹如下：

丁一（1916─2003）原名郭淑真，河南沁陽人，是長期擔任黨務工作、政策水平較高的老幹部。1937年參加民族解放先鋒隊，同年加入中國共產黨。1939年任山西第三行政區婦救會主任，晉東南婦救總會常委兼部長。1940年到延安，先後在中共中央黨校一部、二部學習。1946年在中央婦委工作，後任晉、

冀、魯、豫邊區中共武安縣區委書記。1949年天津解放，任中共天津市委婦委副書記、市婦聯副主任、市紡織工會主席。1955年調北京，任全國總工會女工部副部長（女工部長為瞿秋白夫人楊之華）。1957年調上海，任上海最大的工業區之一普陀區委副書記。1960年市委為加強對天馬電影製片廠的領導，市委書記柯慶施提名，調任天馬廠黨委書記。在天馬廠任職期間，重視貫徹知識份子政策，為導演、編劇中被錯劃的「右派」摘去帽子。1960年冬她親自主持《魯迅傳》攝製組的成立；1961年她堅持將沈鵬年從長寧區委正式調入電影廠，任沈為「天馬廠資料組長」、負責全廠已攝、在攝影片的檔案工作。1962年為拍攝《魯迅傳》提出補救方案，作了最大的努力。「文革」中受到衝擊和迫害。1978年至1985年的八年間，任上海市電影局副局長兼上海電影製片廠黨委書記。1986年離休。

葛鑫（1918-2000）原名葛能裕，江蘇阜寧人。是天馬電影製片廠副廠長、上影總公司導演室主任。1935年在曹禺的引導下參加進步話劇團體——中國旅行劇團，演出《雷雨》、《日出》等名劇。1938年在香港參加中共地下黨領導的中華藝術劇團，並在影片《孤島天堂》扮演角色。1939年在上海藝華影片公司攝製的影片《荊軻刺秦王》和民華影業公司攝製的影片《孔夫子》都扮演主要角色。1941年在抗戰最困難時期，他棄影從軍，赴蘇北戰場參加新四軍，先後任文工隊戲劇主任；實驗劇團團長；蘇浙軍區政治部文工隊隊長；第三野戰軍二十軍文工團團長。經過長期考驗、審查，於1947年3月批准為中共黨員。1949年5月隨三野解放上海。參加對國民黨的電影廠接管工作。10月調北京中央電

影局工作。12月調上影任副導演、導演。他在新中國建立後拍攝第一部反映產業工人在解放前夕英勇鬥爭事蹟的影片《團結起來到明天》和《渡江偵察記》等名片，任副導演；在《小夥伴》、《沙漠追匪記》、《霓虹燈下哨兵》、《鼓鄉春曉》等影片中任導演。1958年他根據沈鵬年的報告文學《二十天革個命》導演拍攝了同名的藝術性紀錄片。「文革」中受到衝擊和迫害。1961年至1986年離休前，他始終與《魯迅傳》副導演衛禹平、夏天和資料組長沈鵬年同一個支部過組織生活，後期並兼任支部書記。他關心和瞭解《魯迅傳》籌拍的全過程。

《大眾電影》發表《籌拍歷史巨片〈魯迅傳〉始末》同時在篇頭加了據說是司徒慧敏授意、並經夏衍審閱的《編者按》：

> 「……二十六年前，一批著名電影工作者在周總理鼓舞下，曾以熾烈的熱情寫出了《魯迅傳》電影劇本，準備將魯迅的光輝形象再現在銀幕上，並已著手籌備。但後來突然銷聲匿跡，籌備工作中輟，千千萬萬的人為此感到痛心。這到底是怎麼回事？這裏發表的《籌拍歷史巨片〈魯迅傳〉始末》寫出了一些內情。」

——《大眾電影・編者按》算是對海外媒體質疑的正面回答。

二、拍攝電影《魯迅傳》是時代的需要

1936年10月19日魯迅不幸逝世八個多月後，日本帝國主義發動了侵略中國的蘆溝橋事變，中國人民被迫進行抗日自衛戰爭。毛澤東在延安陝北公學魯迅逝世周年紀念大會上發表《論魯迅》的講話。

　　毛澤東說：「當著這偉大的民族自衛戰爭迅速地向前發展的時候，我們需要大批的積極分子來領導，需要大批的精練的先鋒隊來開闢道路。……要他們去領導群眾，組織群眾，來完成這歷史的任務。」為此號召「我們紀念魯迅，就要學習魯迅的精神，把它帶到全國各地的抗戰隊伍中去，為中華民族的解放而奮鬥！」

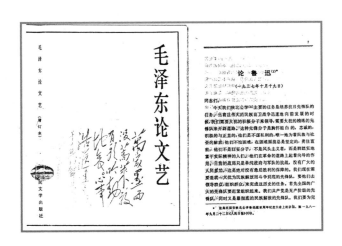

毛澤東還指出：「紀念魯迅先生，首先要認識魯迅先生，要懂得他在中國革命史中所占的地位。……魯迅在中國的價值，據我看要算是中國的第一等聖人。孔夫子是封建社會的聖人，魯迅則是現代中國的聖人。」（見《毛澤東論文藝》第7～10頁）

毛澤東的《論魯迅》很快由中共上海文委負責人阿英（即與魯迅一同發起「左聯」的錢杏邨）編印入《文獻》雙月刊在上海廣泛發行。我當時由阿英的好友金性堯先生贈給而學習了這篇講話，受到很大教益。根據我當時的親身經歷，在毛澤東《論魯迅》的影響下，上海出現了兩件大事：

第一件，中共地下黨員胡愈之、王任叔團結了鄭振鐸等組織了「複社」，協助許廣平編輯出版了《魯迅全集》。我的嗣母為我花大洋一百元訂購了柚木箱裝的《魯迅全集》紀念本，限定版

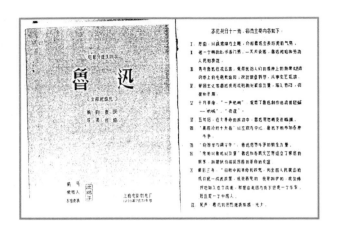

編號第45號，歷經風險，珍藏至今。同時又以8元預約價購到普及版《魯迅全集》20卷，供學習之用。

第二件，在上海周圍都已淪陷、租界成為「孤島」，日偽漢奸「七十六號」匪特橫行的黑暗年代，中共地下黨文委負責人阿英編寫了借古諷今的電影劇本《孔夫子》，爭取了愛國導演費穆和著名的中國旅行劇團團長唐槐秋為主演，以「民華影業公司」名義拍攝了展現中國古代「民族魂」的故事影片《孔夫子》。當銀幕上出現借孔子的形象宣揚大勇大仁、民族大義的愛國精神，發揚「天下興亡匹夫有責」的浩然正氣，影片主題曲高唱「誅盡奸佞兮逐豺狼」的嘹亮歌聲，使我激動得熱血沸騰、熱淚盈眶。我看到周圍的觀眾也無不深受感動。使我深深感到《孔夫子》這部電影是當時弘揚民族精神、適應時代要求、鼓舞人民抗日鬥志的好影片。我把《孔夫子》影片特刊一直保存到今天。

新中國建立以後，為了社會主義革命和建設的需要，在一代

人中塑造一個符合時代要求的魯迅藝術形象,以「魯迅精神」來教育、影響全國人民,因此,把魯迅事跡拍成電影,就必然地列入黨和國家文化部門的議事日程。

繼1951年在上海、北京和紹興等地先後建立魯迅紀念館、博物館等基礎性的實體工程後,在中共上海市委直接領導下,1956年7月由上海電影製片廠拍攝了佐臨導演的文獻紀錄片《魯迅生平》(原名《魯迅》)。

文獻紀錄片由唐弢編劇,分為十一場、三百十個鏡頭,膠片4010尺。

唐弢編劇《魯迅生平》紀錄片主要內容如下:

(一)序曲:以錢塘潮為主題,介紹魯迅生長環境的氣勢。

(二)第一個轉捩點:書香門第、一天天沒落,魯迅開始和勞動人民相接近。

(三)青年魯迅在找出路,覺得醫治人們的精神上的麻痹比醫治肉體上的毛病更迫切;決計放棄科學,從事文藝運動。

(四)愛國主義者魯迅沒有找到新興政治力量,陷入苦悶,彷徨和矛盾。

(五)十月革命「一聲炮響」,促進了魯迅創作活動的旺盛——《吶喊》、《彷徨》。

(六)五卅後,在大革命的波動中,魯迅思想轉變在醞釀。

(七)「橫眉冷對千夫指」:以左聯為中心,魯迅不斷參加各種鬥爭。

(八)「俯首甘為孺子牛」:魯迅培養鬥爭的新生力量。

（九）「黨給魯迅以力量」，魯迅和蘇聯文藝界建立了緊密的聯繫，和瞿秋白結成深厚的革命友誼。

（十）最後三年：「目前中國革命的政黨，向全國人民提出的抗日統一戰線政策，我是看見的，我是擁護的，我無條件地加入這個戰線，那理由就因為我不但是一個作家，而且是一個中國人。」（魯迅語）

（十一）尾聲：魯迅的思想繼續發揚、光大。

我當時還沒有調入上影廠，但在社會上已是小有名氣的「魯迅著作版本收藏家」了。黃佐臨導演拍攝《魯迅生平》便找到了我。當時唐弢還沒有收藏《域外小說集》，而新建的魯迅紀念館的珍本規定不能外借。因此文獻紀錄片《魯迅生平》第三場鏡頭號第61號的近景特寫：《域外小說集》二冊的實物是我提供的。（附書影照）

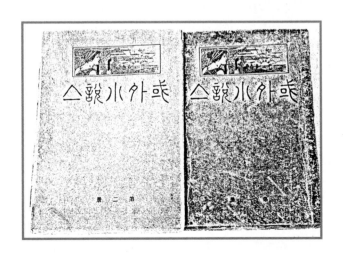

由於當時有工會、青年團、學聯、婦聯、街道居委會等單位集體組織觀看，《魯迅生平》紀錄片上映盛況空前。但是，銀幕上展現的只是一些照片、書影、文獻等實物的翻拍，並沒有出現魯迅的生動的藝術形象。觀眾說：「坐在電影院裏參觀紀念館，不免打瞌睡……。」宣傳教育效果有很大的局限。廣大觀眾紛紛要求：「希望在銀幕上看到魯迅先生的生動的藝術形象！」

向國慶十周年獻禮前夕，上海電影廠拍攝了歌頌反對帝國主義鴉片戰爭的民族英雄《林則徐》彩色故事片；拍攝了歌頌《聶耳》的彩色音樂傳記片以後，拍攝彩色故事片《魯迅傳》便成為刻不容緩的一件大事。

在上海市委第一書記柯慶施號召和周恩來總理建議後，籌拍《魯迅傳》電影的工作就開始啟動……。

三、為葉以群搞資料、借調作協三個月

1958年7月周恩來總理來上海，順便問及上海的向國慶十周年獻禮影片，親自去上影（海燕）廠《林則徐》攝製現場視察。周總理詢問柯慶施關於《魯迅》影片的籌攝問題，在一旁的宣傳部長石西民（後升任市委文教書記）說：「葉以群正在著手寫電影文學劇本……。」

總理聽了笑道：「華蒂在寫，好啊。他比胡風更早接近魯迅，算得上是魯迅的門徒。」──石西民把總理的話告訴了葉以群。在上個世紀三十年代上海，華蒂與羅西即葉以群與歐陽山，正是總理當年熟悉的文壇兩員闖將。1960年春，在新僑飯店會議

後總理曾愉快地和他們合影留念。

我很幸運，當市委宣傳部將創作《魯迅》電影劇本的任務交給葉以群時，以群向市委宣傳部提出要調我搞資料。這是有「前因後果」的一種緣份，我有緣一開始就和籌拍《魯迅》這件事發生了聯繫，並非偶然。

葉以群前輩為籌拍《魯迅傳》而終於殉難已經四十五年了。目前的不少書刊和網路談論流產的電影《魯迅傳》，對導演和演員編出了離奇的故事，卻無一字涉及葉以群，令人慨歎。「海底亂塵終有日，山頭化石豈無時。」在中國現代文學史和魯迅研究史上，葉以群是不應抹煞、遺忘的。

葉以群（1911-1966）原名葉元燦、葉華蒂，筆名以群，安徽歙縣人。早年留學日本，就讀於東京法政大學經濟系。1931年因愛國反日活動被迫回國，在上海參加中國左翼作家聯盟，任組織部長。1932年和田漢、丁玲同時加入中國共產黨，入黨儀式主持人潘梓年、監誓人瞿秋白。擔任過《北斗》、《十字街頭》、《文藝新聞》、《青年文藝》等左聯刊物的編輯。組織上多次派他與魯迅聯繫、並陪伴魯迅參加畫展及演講等活動。從事文學理論工作，編著出版了《文藝創作概論》、《創作漫話》、《文學的基礎知識》、《文藝的閱讀和寫作》；翻譯了維格拉多夫的《新文學教程》、高爾基的《英雄的故事》、《給初學寫作者》。又為袁殊翻譯的《歐羅巴之旗》寫了序言……，這一切頗得魯迅好感。因此，周恩來總理認為以群執筆《魯迅》電影劇本是合適的。抗日戰爭期間從武漢到重慶，以群一直在周恩來的領導下從事黨的文藝工作。抗戰勝利後來上海，為全國文協與茅盾

合編《文聯》半月刊外，還在靜安寺路（今南京西路）某弄內開設了推銷進步書刊的出版社。我經好友魏紹昌兄介紹結識了以群先生。紹昌兄是一家民營和成銀行的「小開」，經濟上對以群的出版社時有支援。我出於對以群的敬仰，也作了一點小小的奉獻。以群即以1945年7月蘇中出版社出版《毛澤東選集》第一卷相贈。感奮之下，當晚用拙稚的毛筆在扉頁上寫道：

「我有紅書在，足可敵千軍。1946年10月19日參加魯迅先生十年祭，欣聞周恩來先生宏論，又獲以師（贈）紅書。三喜臨身，凝華識。」（「以師」即以群師簡寫）原書珍藏至今，書影如下：

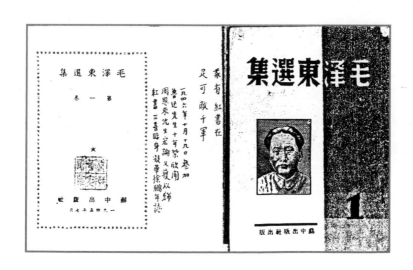

　　不久，國民黨發動全國內戰，和談破裂，形勢危險，黨派葉以群護送郭沫若、茅盾離滬赴港。葉以群在香港主持「文藝通訊社」。與夏衍等組織「影評小組」，宣傳黨的文藝政策、介紹解放區的電影和戲劇。為大光明影業公司寫了電影劇本《野火春風》歌頌新生事物。

　　上海解放後，陳毅市長任命他為公私合營的長江昆侖聯合電影製片廠廠長。聯影與上影合併後，又任國營上海電影製片廠副廠長、代理廠長。于伶說「從聯影到上影，電影業務主要靠以群。」從陳毅市長和以群的合影，可見黨和政府對他的重視。

　　1955年因潘漢年冤案離職受審查，但他與潘漢年副市長純屬工作關係，事實清楚。上影已派去新的領導，柯慶施要他去上海作協，先後擔任作協文學研究所副所長（所長郭紹虞老先生當時尚未入黨）、作協書記處書記、作協副主席（主席是巴金）、市文聯副主席。

　　上海市委將創作《魯迅》電影劇本的任務交給他，對他還是信任的。本來以群想與唐弢合作，因唐弢寫過《魯迅生平》記錄片劇本，資料方面熟悉。但由於兩個原因，以群雖在「編劇」寫上唐弢名字，他卻沒有參加實際工作。以群說：首先對於魯迅先生的看法有分歧。唐弢認為「十月革命一聲炮響，促進了魯迅創作活動的旺盛，寫了《吶喊》和《彷徨》。」以群認為「唐弢在

《魯迅生平》第五場大段引述《論人民民主專政》的話打字幕、加旁誦，強調魯迅參加《新青年》寫《狂人日記》是『走俄國人的路，這就是結論』是不符合魯迅的歷史事實的。」以群說「魯迅早在1920年寫道：『今之論者，又懼俄國思潮傳染中國，足以肇亂，此亦似是而非之談。……他國思潮，甚難移植；將來之亂，亦仍是中國式之亂，非俄國式之亂也。』毛主席的『農村包圍城市』使中國革命最後勝利，證明了魯迅有先見之明。寫《魯迅生平》生搬硬套毛主席的話，忽視魯迅的思想實際，是不妥的。新入黨的候補期黨員唐弢不以為然，編劇也無法合作了。」

以群還說：「當時市場副食品緊張，柯慶施號召『有啥吃啥』共度難關。唐弢寫雜文《也談有啥吃啥》，以自己高血壓為例，中藥處方有的藥缺貨，他諷刺有啥吃啥豈非性命攸關……。（1958年）6、7月間整風補課，唐弢受到批評，從8月份起下放工廠半年（在長寧區的樹脂廠下生活），回來後離開上海作協，調去北京文學研究所。他以此為由謝絕了合作編劇。以群對他的尊重，『編劇』仍列上他的名字，稿費也按份額分給他。」

葉以群在作協編寫《魯迅》電影劇本，需要一個幫手查材料、整理文稿，想到了我，便向市委宣傳部提出要調我去作協文學研究所。但我的單位長寧區委不肯放。因為長寧區是上海文化教育單位多，又是重、輕、化、紡等工業齊

全的大區之一。學校有美國教會辦的聖約翰大學、中西女中、聖瑪利亞中學和華東師大；原日本人辦的豐田紗廠規模巨大，啟新紗廠有全國最先進的設備，潘漢年副市長和周而復部長親自蹲點搞「五反」，寫出了長篇小說《上海的早晨》；榮毅仁的申新一廠、天原化工廠、紡織機械廠、上鋼十廠、光新印染廠、新中華刀剪廠都是全國聞名的龍頭企業；著名的關勒銘金筆廠更是中共地下黨上海市委書記劉曉（解放後任上海市委第二書記）長期潛伏當總經理的名廠；宋子文、孔祥熙、汪精衛等豪華別墅比比皆是。將老長寧改造建設為社會主義新區的任務繁重。為此，柯慶施派了市委常委、上海總工會主席張祺來擔任長寧區委第一書記。

張祺同志曾經是我的老領導，在私營企業改造和工廠民主改革等工作我都是在他直接領導下進行的。劉少奇在北京召開私營企業座談會，張祺派了總工會私企部長韓武城和我兩人赴京出席，並由我在座談會作了專題發言。因此他一到區委對我倍加重用，將我從宣傳部的宣傳科長提為副部長，兼任區委機關刊《長寧通訊》週報的主編。因此市委宣傳部要調我，他堅決不肯放。石西民部長和他再三商量，張祺同志只肯「借調三個月」，待《魯迅》電影劇本脫稿立刻回區。

1958年8月11日，區委宣傳部為此開了介紹公函給市委宣傳部：

　　當天，市委宣傳部由我熟悉的白彥副部長接待，他見我的第一句話：「總算把你借出來了。」他立刻打電話通知葉以群，要我去鉅鹿路作協向他報到。——這樣，我在葉以群直接領導下工作了三個多月。1958年12月19日，葉以群寫出了電影文學劇本《艱難時代——魯迅的故事》初稿，我便仍回原單位長寧區委。

　　1959年3月《艱難時代》修改稿印出後，以群通知我去作協，把修改稿內部列印本送給我外，還將他的兩部著作：《魯迅的文藝思想》和《在文藝思想戰線上》簽名後贈送給我：（原書書影如下）

《艱難時代——魯迅的故事》是電影文學劇本「一波三折」創作歷程的第一個波折。詳情下回分解，此處不贅。

　　1960年重起爐灶，擴大創作組時再要我搞資料工作，在「借調」我的問題上，又出現區委不肯放的老問題。這一次由創作組長葉以群通過「創作顧問團」夏衍團長轉請魯迅夫人許廣平先生出面才借調成功。這裏先要交代：上海市委宣傳部領導親自參加《魯迅傳》攝製組隆重成立，新華社對籌拍《魯迅傳》進行追蹤報導和國內媒體的大肆宣傳——黨和政府當年對此事極為重視。

（鏈接史料）《魯迅史實求真錄》在書中公開抨擊沈鵬年

　　《求真錄》作者在北京魯迅博物館《魯迅研究動態》及單行本《魯迅史實求真錄》一再抨擊沈鵬年。原文云：「沈鵬年是何許人」……籌拍電影《魯迅傳》的時候，沈鵬年只是上海某區一個宣傳幹事，……通過一些關係，調到《魯迅傳》攝製組當資料員。……只能被視為對魯迅研究的褻瀆，對整個魯迅研究隊伍的褻瀆。」（原書如下）

針對《求真錄》作者對沈的不實之詞，有必要以歷史事實來澄清誣陷迷霧。《關於建國以來黨的若干歷史問題的決議》指出：

「一九五二年，黨中央按照毛澤東同志的建議，提出了過渡時期的總路線」，其中有一項是「對資本主義工商業的社會主義改造」。「進行『五反』運動、工人監督生產……等一系列必要的措施和步驟，……指導原來落後、混亂……唯利是圖的資本主義工商業逐步引上社會主義改造的道路。」

　　沈在黨的領導下，在私營永大染織廠「進行五反運動、工人監督生產」等「措施和步驟」，取得一定的成績。上海總工會主席張祺和私企部長韓武成來廠總結經驗後報全國總工會。全國總

工會邀韓武成和沈赴北京出席座談會。韓武成把沈的發言改寫為《介紹上海私營永大染織廠的勞資協商會議》。經中央有關部門批准，刊載在1952年7月31日《人民日報》。（原件如左）

　　1952年9月12日－18日，全國總工會在北京召開「全國私營企業工會工作會議」。我作為基層工會29個幹部之一，應邀出席會議。這次會議是在毛主席和黨中

央直接關懷下召開的。當時發給我的有關文件，以及在全國總工會與各地出席的同志合影如下：

　　從上述歷史材料，我認為自己在工會工作的所作所為，並沒有比「《魯迅傳》攝製組」低微。我長期安身立命的產業工人隊伍，也決不比所謂的「魯迅研究隊伍」卑賤，究竟在什麼地方「褻瀆」了陳先生的「研究隊伍」呢，幸有以教之。

　　至於《求真錄》作者攻擊沈編著《魯迅研究資料編目》「錯漏頗多」云云，請看《求真錄》作者親筆寫給沈的信：

　　「我以前對魯迅毫無研究，大約從一九七四年開始，根據您《魯迅研究資料編目》提供的線索，讀了一些有關材料，進入了魯迅研究的圈子。您的其他情況我毫不瞭解，沒有發言權。但對於您的魯迅研究工作，我是一分為二的。……」原信手跡節錄如下：

　　曾幾何時，從原來有助他「進入了魯迅研究的圈子」到一再抨擊「對整個魯迅研究隊伍的褻瀆」？莫非像魯迅先生所云「一闊臉就變」之謂歟？！

四、訂出《攝製準備工作計畫》、成立攝製組

　　葉以群編劇的《艱難時代——魯迅的故事》，原來計畫和《林則徐》、《聶耳》同時投入拍攝，向國慶十周年獻禮的。劇本由葉以群一人寫出後，由於掛名編劇的不同意見，未能及時投入攝製。因此，海燕廠一下子拿出三部獻禮片：《林則徐》、《聶耳》和《老兵新傳》，題材跨度從古代、現代到當代：歌頌了反對帝國主義的民族英雄，描寫了革命音樂家的成長，反映了社會主義建議的新人新事，受到廣大觀眾的歡迎。而天馬廠因《艱難時代——魯迅的故事》攝製擱淺，獻禮片一部也拿不出。

為了加強黨對天馬廠的領導，柯慶施從普陀區將區委副書記丁一調來擔任天馬廠黨委書記。（據說柯慶施早在延安中共中央黨校就認識丁一，認為丁一組織性強、政策水平較高，要她來天馬廠打翻身仗。）果然，「皇天不負苦心人」，從1961年至1962年，天馬廠攝製的《紅色娘子軍》獲得第一屆百花獎；《霓虹燈下哨兵》和《孫悟空三打白骨精》繼續獲獎。歌頌安源工人運動的《燎原》、反映解放軍粉碎蔣介石重點進攻的《紅日》、中國第一部立體寬銀幕《魔術師奇遇》等重點影片紛紛問世。當然這些成績決不是個人的功勞。但是她堅決貫徹「雙百方針」和知識份子政策，尊重藝術規律和支持導演的創新精神，則是難能可貴的。

葉以群說：「丁一在百忙中找了我，《艱難時代》雖然耽擱了，希望再接再厲，修改劇本，為黨的四十周年（即1961年7月）獻禮……。」後來，葉以群向周總理反映了，在周總理大力支持下，重起爐灶、擴大劇本創作組，成立創作顧問團。由葉以群任創作組長、夏衍任顧問團團長。

首先，1960年9月訂出《影片攝製準備工作計畫》

《魯迅傳》創作組組長葉以群、編劇執筆者陳白塵與上海市電影局、天馬廠局廠兩級黨政領導審閱了《魯迅傳》上集劇本提綱後達成共識，作出如下決定：

「《魯迅傳》影片劇本（上集）提綱，經中央宣傳部、中央文化部、上海市委宣傳部有關同志審查後，劇本創作小組於（1960年）9月9日至17日討論了所提的意見、研究並制訂修改方案。此後，即由陳白塵執筆，計畫在11月15日以前寫出電影文學劇本。

與此同時，影片攝製工作籌備小組從9月18日起，進行影片

攝製準備工作。……確保在1961年6月1日前完成全片攝製工作，向建黨四十周年獻禮。」

《攝製準備工作計畫》內容分兩部份：

第一部分：立即成立籌備小組。小組成員是導演陳鯉庭；美工池寧；化妝王鐵彬；主要演員趙丹、蘭馬、石羽……；製片主任副廠長楊師愈；製片兼導演助手湯麗絢；資料員沈鵬年。

第二部分：籌備工作分兩個階段進行

第一階段從（1960年）9月21日起至11月20日。主要工作有創作組交出修改方案及劇本；集中演員和攝製人員學習、研究劇本；演員進行人物探索；探索影片時代風尚；察看外景；美工設計及人物造型；研究特技的運用；編寫導演闡述。

第二階段從（1960年）12月1日起至1961年1月18日。主要工作是成立攝製組，建立攝製組內黨、團、工會組織保證拍攝工作；演員全部到位；討論文學劇本……。（計畫原件如下）

接著，1960年12月1日隆重成立《魯迅傳》攝製組

1960年12月1日，在大木橋天馬廠簡陋的廠房內，隆重成立《魯迅傳》攝製組。成立儀式由廠黨委書記丁一主持。出席儀式的嘉賓有：上海市委宣傳部的部長陳其五、副部長楊永直；副部長兼電影局黨委書記楊仁聲、電影局局長張駿祥、副局長蔡賁、副局長丁正鐸。本廠的工作人員是：天馬廠黨委副書記兼《魯迅傳》攝製組支部書記魯耕、廠長（非黨人士）兼《魯迅傳》導演陳鯉庭、副廠長兼《魯迅傳》副導演齊聞韶、副廠長兼《魯迅傳》製片主任楊師愈、製片柴益新；副導演衛禹平、副導演夏天、導演助理鄧逸民、導演助手兼製片湯麗絢；攝影指導吳蔚雲、攝影師沈西林；美工師池寧、美工何瑞基；錄音師朱偉剛；化妝師王鐵彬。演員組長（許廣平扮演者）于藍、主要演員趙丹、藍馬、謝添、石羽、于是之。資料員沈鵬年。

丁一簡短致詞後，陳其五先代表石西民書記致賀詞後發表勉勵的講話。楊仁聲代表局、廠表示拍好影片向黨的四十周年獻禮。《大眾電影》攝影記者胡星原拍下這個激動人心的場面。可惜會場的條件太差，也沒有打燈光，在場還有不少人未能攝入鏡頭。

五、新華社對《魯迅傳》的追蹤報導、媒體大力宣傳

黨和政府對天馬廠籌拍《魯迅傳》不但在人力、物質、經濟、精神等方方面面大開綠燈；還在輿論上給予了堪稱「史無前例」的追蹤報導和大肆宣傳。僅舉幾例：

《光明日報》、《文匯報》搶先報導

1961年1月29日《光明日報》對籌拍《魯迅傳》的訊息在「文藝之窗」欄內作了搶先報導，報導的標題《電影劇本〈魯迅傳〉上集寫成——將在〈人民文學〉1、2月合刊號上發表——上海天馬電影製片廠正在籌備拍攝》。在這篇四百多字的短稿中寫道：

> 「這部描寫我國民主革命時期的文化巨人魯迅先生的傳記，從搜集材料到創作，為時較久，幾經商討研究。因為魯迅先生主要活動是創作，要再現在銀幕上，較之其他人物尤為困難。既要照顧歷史真實，又要成為藝術作品，在故事情節安排上，劇作者煞費苦心。上集從辛亥革命開始到魯迅先生離開廣州為止。正面人物除魯迅先生外，還有李大釗、范愛農、陳延年、畢磊、劉和珍等；反面人物有段祺瑞、胡適、朱家驊、傅斯年、陳源等人。……」

接著《文匯報》在2月1日發了260多字的報導，標題《電影〈魯迅傳〉積極籌備拍攝——趙丹飾魯迅，藍馬飾李大釗，石羽、于藍、于是之、謝添等參加演出》，內容寫了「這部影片將由陳鯉庭導演、趙丹飾魯迅，藍馬飾李大釗。石羽、于藍、于是之、謝添、孫道臨、韓非、白穆、蔣天流等也都將在影片中擔任重要角色。……前些時候在上海還請沈尹默、陶菊隱、陳同生分別介紹了『五四』運動、北洋軍閥和『二七』大罷工等情況。」（原報如下）

中共中央辦公廳副主任田家英與吳冷西聯繫並要新華社對籌拍《魯迅傳》進行較詳細的跟蹤報導。因此從1961年2月6日、5月2日、6月28日分別從上海、杭州、北京作了跟蹤式的詳細報導。

第一篇是「新華社上海6日電」，近千字的長稿。《人民日報》、《光明日報》、《解放日報》、《文匯報》、《新民晚報》的標題：《描寫文化革命旗手向

敵人衝鋒陷陣的鬥爭歷史——影片〈魯迅傳〉即將攝製》；《五彩電影〈魯迅傳〉籌備攝製——全劇將分上下兩集，主要演員已初步確定》；《表現革命文豪的硬骨頭性格——電影〈魯迅傳〉分上下兩集攝製——上集劇本將在〈人民文學〉1、2月號刊登》；《天馬廠積極籌拍〈魯迅傳〉——創作組曾訪問了魯迅的戰友、親屬和同時代人舉行座談會》。同一內容的不同標題體現了官方和民間的不同風格。

這篇報導反映官方意旨，對影片拍攝有導向性質，轉錄如下：

「據新華社上海6日電　描寫我國偉大的文學家、思想家、革命家魯迅生平事蹟的五彩影片《魯迅傳》，將由上海天馬電影製片廠攝製。

《魯迅傳》的電影劇本是陳白塵、葉以群、柯靈、杜宣、唐弢、陳鯉庭集體創作，由陳白塵執筆的。劇本描寫魯迅從進化論到階級論、從民主主義者到無產階級戰士所經歷的革命道路，並且特別著重描寫他在黨的影響和領導下向敵人衝鋒陷陣的鬥爭歷史，表現出魯迅「橫眉冷對千夫指，俯首甘為孺子牛」的偉大懷抱，他的堅韌無比的硬骨頭——殖民地半殖民地人民最可寶貴的性格，和他作為中國文化革命主將和旗手的作用。

電影主要是根據歷史發展的特點，突出魯迅在辛亥革命前後，「五四」運動前後，「五卅」到「三一八」、1927年大革命時期和第二次國內革命戰爭時期——「左聯」十年的鬥爭生活。

上海天馬電影製片廠在去年11月成立了《魯迅傳》創作組。由陳鯉庭擔任導演，創作人員除了上海天馬廠的以外，還得到北京電影製片廠、中國人民解放軍總政文工團、北京人民藝術劇院、北京青年藝術劇院、上海海燕電影製片廠、上海人民藝術劇院、上海戲劇學院等單位的支援。現在初步確定，劇中的主要人物魯迅由趙丹扮演，李大釗由藍馬扮演，許廣平由于藍扮演。謝添、于是之、石羽、孫道臨、蔣天流、韓非等都將參加演出。目前，導演和演員等正在閱讀有關資料和進行採訪、參觀活動。上海天馬電影製片廠已廣泛搜集魯迅先生的著作、有關文字和圖片資料，專門設置了閱覽室，供創作人員閱讀參考。為了使演員們熟悉魯迅各個時期的鬥爭和生活，創作組曾分別去紹興、北京、廣州等地參觀了魯迅故居和他生活、工作過的地方，訪問了魯迅的戰友、親屬和同時代人舉行座談會，還請有關同志對當時的社會情況、時代特點作了分析介紹，對魯迅在廣州時期黨的接觸和聯繫，作了較為深入的瞭解，對刻劃魯迅如何從進化論向階級論轉化的問題上，提供了極有價值的史料。」

第二篇是1961年5月2日「新華社杭州電」，標題是《「魯迅傳」電影在積極籌拍中——創作人員多方徵集歷史資料、瞭解當年歷史情況》。同時在另一篇長篇綜合報導中還寫了五月一日晚，毛澤東接見正在籌攝《魯迅傳》的演員趙丹的新聞。新華社還專發了趙丹扮演魯迅和于藍扮演許廣平的試鏡頭照片。

第三篇是1961年6月28日「新華社北京27日訊」，標題是
《「魯迅傳」影片攝製組部分人員——來北京搜集有關史料》。
報導了「許廣平熱情地向演員介紹了她當年反對封建勢力、要求
婦女解放、接近革命的思想形成過程，以及與魯迅相處的情況和他
們之間的戰鬥友誼。北京大學中文系副教授章廷謙向演員們介紹了
魯迅當年的生活習慣、活動、愛好和言談笑貌。……」原件如下：

　　此外，各地報紙介紹了《天馬廠導演、演員等深入實際參觀
訪問——為〈魯迅傳〉攝製工作做好準備》；《「魯迅傳」在加
緊籌拍中》；《給〈魯迅傳〉提供服裝道具——群眾熱情應徵、
天馬廠收穫豐富》。原件如下：

這些事實顯示，籌拍《魯迅傳》確是中國電影史上一件大事。

電影〈魯迅傳〉籌拍親歷記

第二章　許廣平對《魯迅傳》攝製組極大支持

1960年12月1日《魯迅傳》攝製組隆重成立，我只是從長寧區委借調來義務工作的臨時工。借調期1960年1月至1961年12月為期2年，當時上海電影製片廠發給我第1363號「臨時工作證」，有效期至1961年12月30日。「臨時工作證」如下：

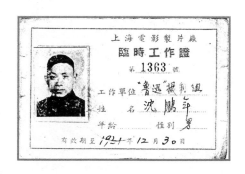

在《「魯迅傳」影片攝製組準備工作計畫》中，把我列為「影片籌備小組的成員」之一，可見上影廠黨政領導對我工作的重視。為此我更加謹慎小心、努力工作，取得一些成績，受到創作顧問團團長夏衍前輩公開肯定，得到魯迅先生夫人許廣平顧問的支持，令我銘記終身。

2010年3月出版周海嬰主編、許廣平著《魯迅回憶錄·手稿本》宣稱「塵封五十年手稿完整呈現」，其中主編在第202頁寫道：

「上海天馬電影製片廠於1960年初開始籌劃創作、拍攝電影《魯迅傳》，在歷時兩年多的前期工作中，母親許廣平對這件工作給予了極大地關注與支持，因為她極其希望能夠有部《魯迅》電影問世。」

我作為當事人之一，親身經歷證明周海嬰先生這段話確係事實。我深切感受許廣平先生對《魯迅傳》攝製組「極大地關注與支持」有五個方面：

一、擔任創作顧問團顧問，為劇本提供豐富素材

當年我作為《魯迅傳》創作組的資料負責人和創作顧問團的秘書，奉創作組組長葉以群和創作顧問團團長夏衍之命，與創作顧問團許廣平先生有較多聯繫。

1960年4月16日，創作顧問團在北京國際俱樂部召開顧問團會議。我坐了全國文聯副主席兼秘書長陽翰笙的轎車去北海大石作許廣平先生寓所，接她開會審議《「魯迅傳」電影文學劇本的初步設計》草案。許先生說臨時接到全國婦聯緊急通知，蔡暢大姐找她商量事情。顧問團會議只得請假了。

第二天（4月17日）她親自到中央組織部所屬的翠明莊招待所來找我們，當時接待許廣平顧問的是葉以群、柯靈、杜宣、陳鯉庭。我把《文學劇本的初步設計》面呈許先生，請她審議。許先生看了以後謙虛地表示，她不是來「審議」方案，而是來表達謝忱的。還說你們要瞭解什麼情況，請儘量提問，我一定如實奉告。

葉以群說：劇本上集第三章要寫「女師大事件到三‧一八慘案」這一段，您是當事人，最有權威的發言人，請您詳細地給我們介紹和指點⋯⋯。

許先生稍加回憶後給我們詳盡地介紹了女師大事件的前因後果，三一八慘案發生前夕的一些內情。此外還談了在上海時期的一些情況。

我當場作了記錄，整理打印收入《「魯迅傳」創作組訪談記

錄集》，用括弧作了一些注釋。現在《魯迅回憶錄手稿本》收了我的原始記錄，但對油印本的誤植、字跡模糊不清和脫漏之處，未能厘正。有必要原貌印出，以存其真。

1960年4月17日在翠明莊的談話記錄

（一）

女師大風潮是以反對楊蔭榆開始的。

楊蔭榆是無錫人，和吳稚暉、陳源等是同鄉。平時愛穿黑斗篷，頭上繫白頭繩。原來在女師大做舍監的，當時對學生是出名的「凶」。天冷時，不許女同學把手伸在插袋內，被她一見就要罵，後被學校方面保送美國哥倫比亞大學，在美國鍍金回來，就成了英美留學的一派，和「現代評論」勾結，奔走於同是無錫人的吳稚暉、陳源之門（當時他們把持庚款路路通），對章士釗吹拍附庸。章士釗等輩見她一是女師大舊人；二是女師大應由女人當校長，本意由章的老婆吳弱男去就任，先由楊蔭榆去收拾一下；三是楊新從美國回來，得哥倫比亞的資格先為安頓一下，當中主要原因是要楊蔭榆為吳弱男開道。

他們為了「先發制人」，「賊喊捉賊」就散佈北大的「某籍某系」控制著女師大的謠言，又布置學校裏的「親楊派」攻擊許壽裳任用私人，當時許壽裳介紹了一個親戚來校任職。楊蔭榆趕跑了許壽裳，自己來當校長。當時在女師大教書的全是北大的名教授，三沈、二周、二馬等（三沈是沈尹默、沈兼士、沈士遠；二周是周樹人、周作人；二馬是馬裕藻、馬隅卿），課程內容也

幾乎和北大一樣。但楊蔭榆來當了校長，就排擠進步教授，楊蔭榆想以鴛鴦蝴蝶派（也有懂英文的）教師來代替北大派的教授，楊蔭榆想壓迫愛鬧事的學生，就先向支持運動的北大派開刀，但學生們都擁護北大派教授的，只有少數人快畢業的同學，怕得不到文憑才不敢公開反對楊蔭榆，也有個別的成為「擁楊黨」，而絕大部分學生都恨楊蔭榆。

有一時期，魯迅看看不對，就提出辭職，學生知道了，全班學生都要教務處挽留，要校方一定要挽留魯迅先生，不答應不走，後來魯迅就留下來了。當時周作人也算進步教授，他上課時，學生點過名以後，就溜出去了，有時只剩下幾個人，有的還在打毛線，周作人給學生最少總批60分的。魯迅上課時則一個人都不走的。

學生不滿楊蔭榆，從1924年秋開始掀起了反對楊蔭榆的風潮，當時為首的是張平江、劉和珍、許廣平等人。在1925年「五‧七」之前，一個在教育部的吳家驤（？）叫我同劉和珍到他家裏勸我們「得罪了校長，向她認個錯就算了」。劉和珍和我都說：「我們是刀架在頭上也不認錯。」他表示很惋惜，說他是「從旁來規勸的，很不願意眼看著出事」，又說「很可能校長要開除幾個人」。回來後，我們就在學校旁幾間空屋內開會，準備鬥爭。當時宿舍門九時就關了，舍監管的很嚴，我們就用只凳子從窗子裏爬進去，爬過一段很長的走廊，才到宿舍睡覺。

不久楊蔭榆公佈了開除六個學生的名單（即浦振聲、張平江、劉和珍、許廣平、鄭德音、姜伯諦）。

六個學生都是外鄉人，家都不在北京，我是廣東，劉是江

西，張是四川，離開了學校到哪裡去呢？

於是自己首先團結起來，依靠外面的政治力量，在共產黨和國民黨左派的幫助下，和帝國主義、軍閥的走狗們鬥爭。

張平江是國民黨員、是四川人，她去和國民黨元老張繼、李石曾、易培基等聯繫。當時國民黨也受段祺瑞壓迫，國共合作的。

有一個姓鄭的同學鄭一紅（？）當時是共產黨員。大概通過黨的關係也去找過李大釗同志。這點就不大清楚了。

我和劉和珍當時是無黨無派。劉和珍比我小一歲，我在高師本科三、四年級，劉和珍是預科。她是江西人，學生會改選時選她擔任學生會會長或主席，我是總幹事。劉和珍人很老實，學生會的決定她總是照做，很聽話的，家裏很窮苦，有一回到各個先生處去拜訪，下車時幾個銅板也拿不出來，她比我還窮。當時三天兩頭群眾集會，遊行示威，各校走在前面撐大旗的總是一些高大的學生，女師大隊伍前面的旗總是我和劉和珍兩人拿的，一個拿校旗，一個拿五色旗（當時的國旗），而陸晶清等矮小的總是走在最後面的。

當時，李石曾對學生們的請求是口惠而實不至，其他教授們有的也明哲保身。只有黨發動了北京的學生們來支援我們。就在這種情況下魯迅先生挺身而出為我們說話。

章士釗下令停辦，女師大封門，劉百昭雇來三河縣的老媽子來強拉學生們出去，我們幾十個人意志堅定，手拉著手不肯走。

這些三河老媽子都是窮苦人出身，當時受了利用，她們的樣子是藍布褂、黑衣裳、兩隻小腳，像北京老大娘的樣子。

還有劉百昭帶來的暗探，穿大褂，戴禮帽，打手的樣子。

女師大鐵門鎖上，使裏面和外界隔絕，但黨發動了各界人士、學生來支援我們。

（二）

楚溪春最近寫了一篇關於「三‧一八」的回憶，他完全為自己辯護、為段祺瑞等開脫。他當時是段祺瑞的一個團長，竟說出事當時還不知道，聽了電話才知道。這時候他是總指揮，衛隊要得到他的命令才能開槍，他怎麼會不知道呢？

「三‧一八」的槍殺學生是故意布置好的。我當時沒有參加，故不能肯定。在「三‧一八」以前已有過好多次遊行請願了。當時鹿鍾麟當警備司令，馮玉祥的西北軍稱國民革命軍，和段祺瑞有矛盾的。而李石曾、易培基、顧孟餘、朱家驊等人，當時是左右逢源的。朱家驊是張靜江的外甥，五四時候從歐洲回國，比較年青，身穿皮夾克，遊行時常把大旗插在皮茄克的皮口袋裏，用員警用的傳聲筒喊口號，在北大教授中是個出風頭的人物，當時很能迷惑一部分人。

在「三‧一八」前，我們去訪問于右任。于右任帶著煽動性的口氣對我們說：「你們儘管去，黃花崗烈士中也沒有一個女的，你們去幹吧。」他一再鼓動我們去當女烈士，我們一聽，就「寒心」了。

當時于右任是名流，國民黨在北京的有名人物。段祺瑞誘殺的陰謀可能他早已知道了，但他不動聲色的叫我們去。他們想趁此搞共產黨和左派。魯迅也在文章裏談到李石曾，當熟朋友去行動時而自己神色不動，滿不在乎，表示不以為然的。

在「三・一七」晚上，在女師大一個院子裏，加入國民黨的幾個學生在相互說話，相約明天要穿厚一點的衣服，可能挨打，穿厚了可以頂槍棍、水籠頭澆，可見他們已曉得什麼消息了，但我是學生會的人，他們沒來通知我們，聽見這種話，心裏大不高興，但當時也想不到會開槍。

我因那一天為魯迅抄《墳》的稿子而沒有去參加遊行。劉和珍扛了大旗，首先中槍，楊德群去扶也中彈，張靜淑去扶她們，也中槍彈。劉和珍被彈穿左胸，當場身死，段祺瑞還污蔑她每月有60元盧布津貼，但她被打死時身穿棉衣裏面一塊一塊有許多補丁縫了。我憤怒的在追悼會上把血衣示眾，揭露和抨擊了北洋政府的卑鄙無恥。

（三）

魯迅在上海時，有一天從外面回來，非常高興。我問他「為什麼這樣高興」？他說「我今天見了一個人，是成仿吾。鐵一樣的，裏裏外外都變了，外面膚色曬得黑了，內心意志也像鐵了」。這一次我特地去訪問了成仿吾同志，他說：「當時去上海和魯迅見了面，通過他和上海黨接上了關係，後來回延安，曾向黨中央彙報過。」我當時就寫了一段短文登在當時的《直入》內。

（沈鵬年按：《直入》第13頁：「在魯迅去世前一二年，成先生忽然秘密來到上海，接見之下，已經是一位黑實的個子，像鋼鐵一樣，不但加強了內容，而且儀表也的確兩樣了。在回來之後，他還一起高興著這一次的會面。稱道不置。」（原文如此，見1941年11月19日出版「奔流新集之一：直入」第13頁）

魯迅先生逝世以後，在黨的領導下，群眾送喪，成為抗日救亡運動的一個高潮。但胡風和蕭軍跑來說：「把魯迅搞成政治人物是很危險的。」

　　1960年6月，許廣平先生因公來滬，住在錦江飯店。當時劇本執筆人陳白塵住在錦江飯店創作，我在旁做些查閱資料和文稿謄抄工作。當時陳白塵正在構思寫作「女師大事件和三一八慘案」的戲，便和許先生約好在6月3日再請許先生回憶這一時期的一些細節。仍然是我當場作了記錄，整理後編印入《「魯迅傳」創作組訪談記錄集》中。原文如下

1960年6月3日在上海的第二次談話記錄

（一）女師大鬥爭最緊張的日子魯迅住過一夜

　　女師大鬥爭最緊張的時候，章士釗放出謠言說「男女混雜……」這是藉口陷害。章派了軍警在女師大外面站隊。越是造謠越是表現自尊，維持好秩序，我們也派女生輪流在裏面站隊，此外，我們還請了李石曾夫人、顧孟餘夫人（當時她們算是左派），來校替代舍監。我們還去請求李石曾等支持，當時高壓力量大，李石曾等不大理，魯迅先生在這個時候毅然住到女師大來。李石曾夫人、顧孟餘夫人她們住在裏面學生宿舍一起，魯迅先生住在外面的教員休息室內，當晚，他其實是一夜沒有睡。許欽文後來有篇小說提到為了編書事，曾到女師大去找魯迅先生，即指此事。

（二）關於女師大事件

　　章士釗想要他的老婆吳弱男當女子大學校長，因此，先由楊蔭榆來「清道」。楊蔭榆藉口修理校舍，提早放學，想使「調虎離山」，叫女生都搬出宿舍去。

　　學生警惕，不上她當。她就造謠言，閉大門，割電線，不審言要把六個鬧事女生用員警押解回原籍。六個女生就分頭躲開以免遭到毒手。我當時無處可去，就到魯迅先生家中躲了幾天。魯迅先生當時不僅激於義憤，還認為這是光明與黑暗的鬥爭，這是政治鬥爭，因此他就挺身而出。

　　學校大鐵門被反動軍警用鐵鏈鎖住，企圖將女師大學生和外界隔絕。當時，地下黨發動各校，組織支援，送東西，來慰問，鼓勵了我們的鬥爭。當時校內沒有電燈後，就點洋蠟，但很危險，萬一火警怎麼辦？於是，我們一鼓作氣將大門上的鐵鏈拉斷了。

（三）女師大勝利復校

　　女師大維持會在宗帽胡同時，學生不止20個，因當時有很多名教授，又招了一期新生，共有一百多人。去宗帽胡同之前，先在報子街，報子街魯迅先生沒有去過。

　　宗帽胡同的地方是張平江想法搞來的。張平江是宣佈非法開除的六個學生之一，她是國民黨的活動份子，同張繼有關係。房子原是一個有錢人的宿舍，很大，外面做教室，包括文科、理科、預科……裏面做宿舍。所有教授都是免費的，付房租，維持學生的費用，則由李石曾負責解決。李石曾辦教育弄錢是很有辦

法的，他當時還算是左派。

到十一月，鬥爭勝利了，我們排著隊，浩浩蕩蕩地復校。當時還請了法政大學的女生拉來助威，已經畢業的女師大學生和北大學生等都來助威。到校門口，門口站隊，唱校歌，女子大學的學生出來歡迎，看到大門上掛著章士釗寫的「女子大學」的招牌，我們就上去拿下來，將它劈了，把女師大的招牌掛上去。我們說：我們決不在章士釗的牌子下低頭，所以女子大學的同學也沒有話說。

復校後，由易培基當校長。他當時也是左派，是李石曾的關係。但易培基一進來，就大批任用私人，他先介紹向培良進來，後來，教職員，管財政的都用同鄉湖南人。接著，他將家裏開支都報銷在學校裏，連他家裏用的女傭人也算學校的賬，很不像話。

魯迅先生和其他一些進步教授，看到工作告一段落，功成身退，同時也看出易培基的苗頭不大好，就都辭職回去。

（四）關於「三・一八」

楊德群是預科學生，和劉和珍身材差不多高。那一天她和劉和珍一同扛大旗在前面，陸晶清在後面。

那天軍警射擊是有目標的，一個是專揀剪短頭髮的，一個是胸前掛有「學生會」記號的，還有扛大旗的就是最顯著的射擊目標。

當時遊行示威隊伍中，在女師大學生旁邊的是小學生，那天不知會屠殺，所以讓一些小學生也去了。段祺瑞的衛隊在房頂上放排槍，居高臨下，小學生看到出事了，就都哭了，女師大學生就去掩護小學生。有一個湖南同學張靜淑，自己背脊骨旁中了子彈，但她一手扶著中了彈的楊德群，一手還攙扶著小學生。

楚溪春當時是主要的參謀長，當時情況他是完全知道的，但在《文史資料》上寫的完全不可靠。

1960年11月，陳白塵完成《魯迅傳》上集劇本初稿後準備進一步加工修改，帶了我去訪問許廣平顧問，提出一些具體問題，請教許先生。我當場作記錄，整理後編印入1960年12月上海電影局打印的《「魯迅傳」創作組訪談記錄》第二集。現據檔案材料訂正如下：

1960年11月2日第三次針對陳白塵所提問題作答的記錄

魯迅先生給一般人的印象是嚴峻的，但對他平時待人很誠懇、開朗的一面不應忽視，尤以對青年是革命的愛，經常爽朗地大笑。

周建老與魯迅很像，亦有不同，建老較拘謹。曹聚仁寫魯迅歪曲得很，但是有一點還很對，即在上層社會人物中能處之泰然，如對章士釗，就沒有忌諱。對禮貌上亦很懂得，如上汽車，讓我先上去。

說魯迅衣服滿天星是指補丁釘很多，上課時跳上跳下，是指不是停在講臺上不動，同時為考慮學生是否聽得清，就走到後面試聽。學生聽周作人的課常常編絨線，聽魯迅先生的課則都集中精力聽到底，魯迅講課很吸引人。

魯迅在北大上課時，穿墨綠呢長袍，外加黑色馬褂（禮服呢），後來在北大時大學打破這習慣不穿馬褂。上課時的音調，不是講演式的，很平常，不加感情的宣揚。在北大時可能因課堂裏坐滿了人所以不能走來走去。

魯迅先生是否「熱中有冷」的調子？他遇到陌生人或摸不到

底的人，沒有共同語言的人，是比較有戒備的，只能看見其冷的一面。對熟悉的有共同語言的人如瞿秋白、李大釗、章川島、孫伏園等則很熟悉，沒有戒備，很熱情、誠懇，對青年學生亦是熱情、誠懇。

魯迅先生接待客人安靜的多還是動的多？他住老虎尾巴時地方小，不可能走動的多，在上海時接待客人是圍著一張長桌，走動亦不多。

魯迅的性子還是較急的，對工作安排很有計劃，如約定講演時間，決不遲到。個性是急的，但有修養。

魯迅在創作時，不願意有人打擾他。若在創作時叫他吃飯等就不高興。最氣憤的時候如何爆發？對家庭內有，對外人甚至敵人主要是筆戰。家庭內有一次我懷孕時，因床太擠，我提前起來睡在樓下去了，他醒來後，到三樓乒乒乓乓搗亂。發完後，下來亦不說什麼。對林語堂發怒亦僅是說理，不是怒罵。出門，總是以包袱包書，不是用皮包。右手夾煙捲，左手夾書。走路、上電車仍抽煙。走路頭平視，稍有八字腳，慢步，走路不快（不趕）很穩重。穩健的步伐。

《傷逝》有他本人性格上的憂鬱感，指婚姻上的憂鬱。

開會的神態可以問一下馮雪峰。

魯迅的形象嚴峻溫和應注意那一方面？論爭時嚴峻，平時則較溫和。年輕時由於辛亥革命時代的感應，所以感到嚴峻些，到上海晚年時，由於對將來感到有希望，信心更足，上海時期雖有敵人打擊他，但是可以輕易回擊掉，所以心情舒展。他的心情與時代的苦難是分不開的。曾經有人說他在上海時消極、消沉，實

際是不對的。假如消沉他可以不工作，但是他仍然翻譯外國的以至弱小民族的進步作品。他的信心是一貫有的，不是波浪式的發展。

魯迅很注意國際的事件，如十月革命前，對世界語工作主動幫助，後來才發現世界語是無政府主義者，但當時魯迅對中國應該在國際上有所影響的一點上是一貫注意的。

劉和珍是師大預科的學生，過去學教育系，不聽文科課程，女師大風潮後，一起去找魯迅，她已剪髮。是江西人，性格很溫和，不大聲說話。所以當主席，是因為能接受群眾意見。

楊德群是因為犧牲了才成名的，平時不接近。

過去學校臨近畢業的學生就不搞會長工作，一般預科學生學習一、二年後就當會長或主席，以培養新生力量。

當時學校教授分兩大派，一是北大派，魯迅是北大派，北大派同情學生的活動。另一是吉祥胡同派，支持楊蔭榆。

胡風等說魯迅對人不調和，憎惡的一方面，我看應注意主要從政治上看。如與郭老雖有創造社之爭，但到廣州，魯迅仍要與創造社結成統一戰線的想法。如對周作人儘管不和好，當周作人有作品發表時，仍買回來閱讀。

二、認真審閱劇本，提出書面意見

《魯迅傳》文學劇本的初稿、二稿、三稿印出後，我都寄給許先生提意見。許先生認真審閱劇本後兩次提出書面意見，一次發表讀後感。原信如下：

（一）

白塵　柯靈　杜宣
以群　唐弢　鯉庭　諸同志：

　　你們在暑熱中創作了《魯迅傳》（上卷），而且迅速地寫成了，在這裏我表示無限欣佩。

　　對電影文學劇本我完全是門外漢，沒有資格說話的。

　　倘使作為瞭解一些當時事蹟，貢獻給大家參考，那是義不容辭的，我願意做的工作。不管說得對不對，好在最後還是提供你們參考。

（一）我猜想：電影劇本須首先使觀眾瞭解，則不得不有意布置些使觀眾易於接受的場面？如三頁四行中向市民散發傳單一節，當時事變發生倉促，魯迅為使市民對辛亥革命免除驚慌、臨時號召學生遊行，來不及搞傳單。事實上當時散發傳單的空氣似乎也不大通行。

（二）十三頁，首行，《後漢書》很多，魯迅的《謝承後漢書》則很簡短，為避免誤解，這裏是否加「謝承」二字，更符合原意。

（三）同上頁正文第七行：「桃偶盡登場」，我記得「盡」似乎應為「已」字。

（四）廿一頁，正文第五行，五四時代人們統稱曹、陸、章，陸在章之前，這裏是否也從習慣？請考慮。下

面還有好幾個曹、章、陸，仿此，不另。

（五）廿七頁正文第四行，魯迅在北大上課，別系（不是文科如理科等）或別校學生都來聽課，因蔡元培校長時，風氣如此；別校講課，如師大則未必能許那麼多的人來聽。女師大則按座位聽課，絕不會「連窗臺、過道上都是人」。在布置電影場面時，是否光只有北大場面，較符合當時事實。

（六）同上頁，把柔石放在北京與魯迅見面，或者電影上意在把有關革命人物放在一起，事實是那時柔石並未直接到魯迅家中去。

（七）同樣，在三十頁，「魯迅拿起一本書，是柔石作的小說集《瘋人》……」也是沒有的事。

（八）卅一頁五行，許廣平說，「用手槍、用刺刀拼他幾個」，這裏似乎把許說得太激昂慷慨了，是否遠離事實。

（九）同上頁，緊接著楊德群的話，也似乎不合情理。楊在「三一八」時之犧牲，是因在場看到劉和珍中槍倒下，趕去扶劉而自己又遭殺害的。以前在校是新生（預科），沒有參加反楊蔭榆的活動是一位不知名人物，這裏好幾個地方的描寫楊德群，都比較重要突出，是否因為有些人不便實寫，故大多數行動假託在死了的楊的身上？如此，我沒有意見。

（十）卅四──卅五頁，有關開除學生會六個人的事件，說魯迅「要求你召集同志來談談許，可以嗎？」一

段，似乎描寫魯迅過於干涉學生行動了，魯迅當時對群眾運動是採取水到渠成，質直對付的態度，並不做推波助瀾，使學生有被動之嫌的事，這裏是否考慮一下。

（十一）卅五頁八行，「世故老人」幾個字，是反對魯迅的高長虹等強加於魯迅頭上為魯迅頗為不滿的辭句，他本人絕不會引用的，這裏似乎改動一下好。

（十二）卅八頁十二行末，省略號可否取消，而代之以「鐵門外圍著各校學生代表，各界人士和許多群眾」，這樣，更符合當時情景，電影畫面上也更熱鬧一些。

（十三）同上頁十九行，說魯迅「低下頭去提那布包袱，拿出東西來」，似乎不寫為妙，因這種小節，不符合魯迅性格。

（十四）四十頁正文十四行，「我馬上去找房子」，是否改為「我們馬上去籌備」較好，因找房子是通過國民黨方面的人來進行的。

（十五）四十一頁五行，「也向朱家驊先生表示感激」句，可以不要。因朱是我們的敵人，即在當時，魯迅也不見得有感謝他的話。

（十六）四十三頁第三十六節，女師大學生列隊從宗帽胡同返回女師大舊址時，到大門選唱校歌，然後女大學生歡迎她們，她們在唱歌時見到章士釗題字的女子大學招牌，就說：絕不在反動統治招牌下

入學，於是大家動手，將招牌取下打掉，這裏寫群眾行動似乎好些，如寫「劉和珍幫助魯迅把女師大的牌子掛在原地方」，似乎不大好，因為這麼一來，顯得群眾被動，而魯迅干預太多。或此正〔整〕個劇本如何照顧到魯迅的重要地位，（如文章聲援），而又不顯出太過於瑣碎事務的親力親為。這是我的不成熟的意見，是因看到一些有關描寫列寧的電影而設想到的，不知當否？

（十七）六十二頁，把許廣平說成與李大釗相談，與畢磊相識，似乎把許列入革命隊伍中人，太不合事實，是否也修改一下？

以上意見，很不成熟，謹供參考。祝

各位同仁健康

許廣平

〔一九六〇年〕八月廿日

（二）

陳白塵

陳鯉庭　二位同志：

魯迅傳電影劇本上集（十一月稿）已拜讀過了，沒有什麼新的意見，不過為了使影片更臻於完美起見，有幾點零碎意見在此寫出，請你們斟酌。

（一）正文第六頁第四行提到，母親勸魯迅休息，說：「老大，三更過了，上樓去睡吧！」當時紹興新台

門是否有樓，我不清楚，是否需要核對一下？

（二）正文第四十頁第二行，說到魯迅把買給老太太的鞋送給女學生去穿一事，是否還要斟酌。因為老太太是小腳，女學生是大腳，怕不合適。

（三）對於生活用具的選擇，一般能體現一個人的性格。劇本正文六十五頁十一行有「魯迅提著花布包袱，挾著陽傘，欣欣然向前行走」等語，按魯迅平常用的包袱是紅底黑格的，選用這兩種顏色，也不是毫無意義的。因為它們是代表血和鐵的，所以魯迅很喜歡用。另外，關於陽傘，在上海時期，他在外出時，因為雨大，更兼步行，所以才用，一般小雨，甚或不用；而在北京，則因氣候乾燥，雨量較小，且出外多數乘車，因此一般不用。文內多次提到魯迅「摩挲著自己的頭頂」（25、28、29、53、54、74、93、95），這種動作，是有些人在回答問題時，常因遲疑不決，費神思索才有的，魯迅性格爽朗、明快、果斷，很少有這種動作，因此是否需要修改？請考慮。

（四）正文三十八頁，說到魯迅在北京補樹書屋「給汽油爐打氣」，當時北京很少有這種設備。是否也要修改一下？請考慮。（北京當時多用煤球爐）

（五）正文五十三頁，說到李大釗同志給魯迅送來《嚮導》《中國青年》等書刊，「魯迅看一眼，急藏在被子裏」，這似乎不夠莊重，而且也不合魯迅對待書籍的一貫態度。是否修改一下較好，改為「魯迅

放在抽斗裏」亦可。

（六）正文七十二頁，說到女師大復校時，「幾個學生打著
　　　鑼鼓」，當時無此習慣，為了使場面熱鬧一些，是否
　　　可改為「唱著校歌」為好。以上意見，謹供參考。

敬禮

　　　　　　　　　　　　　　　　　　　　　　許廣平

　　　　　　　　　　　　　〔一九六〇年〕十二月五日

　　　　　　　　　　　　（三）

許廣平在電影座談會上的發言

　　1961年3月6日，林默涵在北京召集部分有關專家學者
舉行《魯迅傳》座談會，就劇本的第3稿徵求意見。許廣平
在這次會議上作了發言，內容如下：

　　大家很關心，很重視這個劇本。我聽到的反應是毛病
很少，很完整。前兩次的草稿我看了，只有技術性的小毛
病。把我寫得太好了，我還沒有那麼好。那時我是傻不那
兒的；當然，完全照原樣寫，于藍也很難演。那時當然比
現在活潑一些。今天發的這份材料（按：指編輯部所搜集
的北大和師大的反應）中說：「魯迅在許多地方都氣衝衝
的，這不符合他的性格。」這個意見我同意。魯迅就是對
敵人說話也不都是氣衝衝的，他的筆調很凶，見了人並不
那樣。北大同志提議把劇名改為《民族魂》，大家認為怎
麼樣？這樣「傳」的意思就少一些了。

三、應葉以群之請，出面約李立三談話

葉以群是《魯迅傳》創作組長，許廣平是《魯迅傳》創作顧問。為了解決劇本中涉及的難題，必須請教李立三、而李立三當時因故不願接待上影廠來客的訪問。幸得許廣平以魯迅夫人的身份出面約他，李立三不得不接受訪問，提供歷史的真實情況，使創作中的難題得到解決。

在中華人民共和國開國大典上站在毛澤東主席身畔的李立三，是中共黨史和中國近代史上赫赫有名的人物。1921年入黨後歷任黨的「四大」至「八大」連任五屆的中央委員，兩屆政治局委員和一屆政治局常委。但從1956年至1966年的十年間，卻在新聞媒體銷聲匿跡。

1960年籌拍《魯迅傳》，周恩來總理接見創作組長葉以群時，總理問葉以群：

> 關於創造社、太陽社同魯迅的筆戰問題，你們準備如何處理？以群說：想避開矛盾不寫。總理說：客觀存在的歷史事實不能回避。……在黨的「六大」以前，創造社、太陽社的年輕黨員受左的思想影響，與魯迅打筆戰。黨中央發現以後，及時解決，最後壞事變成好事，促進上海革命文藝界的大團結。……最早發現這個問題，向黨中央報告的，是惲代英同志；具體處理這一事件的，是李立三同志。他們的功不可沒。潘漢年在這個問題上也起了很好的作用。

這個問題在影片中可以接觸一點。這不要緊，總結自己的正面和反面的經驗。當然，寫得太多是不好的。⋯⋯

——見1986年11月學林出版社出版《生活叢刊》，又見《行雲流水記往》上冊第91頁，該文發表前由夏衍轉請胡喬木、周揚審閱同意。

當葉以群帶我到北京，打聽到李立三住在東單北極閣三條一號，我們住在新僑二樓202室，相距較近，便去登門拜訪，卻兩次閉門羹、拒絕接談。以群去找創作顧問團夏衍團長，不免憤恚地說：想不到當年在上海意氣風發的「立三同志」，官架子那麼大！？

夏衍問明原委後笑道：非也非也，你們錯怪他了⋯⋯

夏衍同志告訴我們，立三同志命途多舛，這幾年被「整」得夠嗆。他說這位犯了「立三路線」錯誤的老同志，認識檢討後調往莫斯科學習，在1938年的「肅反」擴大化被誣為反革命，長期關押流放，幾乎送命。黨的「七大」仍選為中央委員，經過中國黨的營救，史達林只得放他回國。比起我們的話劇先驅朱穰丞同志，算是不幸中的萬幸。朱穰丞同志因出身買辦階級，在蘇聯

被誣為「國際間諜」，最後命喪西伯利亞。李立三總算活著回來。建國以後，他擔任全國總工會常務副主席，中央人民政府的勞動部長。黨中央又任命他為中央職工運動委員會書記兼全國總工會黨組書記。貫徹「公私兼顧、勞資兩利」，恢復發展生產，制訂《工會法》，在全國職工中推廣實施「勞動保險」，為工人階級謀福利……是有目共睹的。但被從來沒有搞過工人運動的陳伯達以「馬列主義權威」給李立三戴上三頂大帽子：說他「在工會工作的根本方針上犯了狹隘的經驗主義；在工會和黨的關係上犯了嚴重的工團主義；在領導方法上犯了主觀主義等三項定性為『反黨』性質的嚴重的原則錯誤」……，被撤銷了全國總工會副主席和黨組書記等職務。夏衍同志還說：當我從上海調來北京到文化部任職時，李立三的勞動部長卻被免職了。李立三一度賦閑，沒有分配工作。剛調到北京任中共中央秘書長（「八大」後為總書記）鄧小平同志獲悉這位曾一起留法勤工儉學的老大哥的境遇後，就找他談話。聽說鄧小平告訴李立三，黨中央書記處下設四個辦公室，抓幾個業務部門工作，二辦管農業，三辦管工

業。他要李立三來擔任二辦主任。李立三說對農業從未搞過，一竅不通。要求到工業口三辦工作。鄧小平說：三辦早已任命井岡山的老同志李雪峰當主任了，是毛主席點的名，不能更動了。李立三說：那我就當李雪峰的助手好了。鄧小平為難地說：他現在連「中央候補委員」都不是，怎麼領導……。李立三豪爽地說：保證服從領導、當好助手。就這樣，李立三這個中央委員在李雪峰之下當了「三辦副主任」。後來，三辦改為中共中央工業工作部；再後來，工業工作部撤銷，在此基礎上建立中共中央華北局，華北局第一書記李雪峰。李立三任副書記，排名在原北京市委副書記劉仁（升為華北局副書記）之後。夏衍說李立三一直嚴格要求自己，謹言慎行，努力工作。不料在黨的八屆八中全會批判彭德懷所謂「裏通外國」後，康生說李立三也是「裏通外國」，因他的老婆是俄羅斯人。更有人誣告他「反對三面紅旗」，要批判他的「右傾機會主義」……。李立三向黨中央寫信申辯。劉少奇同志保了他。少奇同志說：再要批判李立三，他就爬不起來了，讓他自己檢查一下吧。──這樣，就保護他過了一關。李立三同志的秘書李思慎同志寫的《李立三之謎》，證實了夏衍同志當年說的都是事實。

在這種情況下，李立三理所當然不願接待上影廠來客的訪問。

夏衍同志坦率地說：我也為「右傾」作過檢查。這些情況是廖承志同志告訴我

的，廖是中央委員、同情立三。他說從此李立三處處謹慎小心，食品供應嚴重不足，他自動放棄部長待遇，放棄額外供應……。夏衍對以群說：他不肯接見上影廠的來客，情有可原。你們上影正在拍攝《燎原》電影，反映早期劉少奇同志和他在安源煤礦從事工人運動。歷史上在安源從事工運，李立三的地位在劉少奇之上。在這個節骨眼上你們訪問他，必然給他惹麻煩，當然要閉門不見了。（據我的筆記）七年以後，1967年5月20日出版的《紅旗》雜誌第7期，發表了署名黃錫章的《反動電影〈燎原〉與中國赫魯雪夫》。公開點了李立三的名字，誣稱劉少奇和李立三「夥同周揚、夏衍、陳荒煤等一小撮反革命修正主義分子，拋出了反動電影《燎原》，這部影片就是他們搞反革命復辟的一個罪證。」——這就證明當初李立三同志拒絕我們有自知之明。（我甘忍屈辱、沒有交出材料，這是其中之一。田一野寫的就是此事。）

為了解決創作《魯迅傳》電影劇本中的「難題」，要瞭解魯迅與李立三會談的歷史事實，夏衍同志為我們出了一個好點子：通過《魯迅傳》創作顧問許廣平以魯迅夫人的身份去訪問李立三，他就不可能拒絕了。

就這樣，1960年3月1日葉以群要我跟隨許廣平老師去北京西苑大院三號樓原「中央三辦」的小會議室訪問了李立三同志。我也幸運地見到了這位戴著瑪瑙色圓形近視眼鏡，頭髮花白、身材高大、「立三路線」的黨內名人。

前兩年我把1960年3月1日隨許廣平老師訪問李立三同志的情況，寫信告訴周海嬰同志，這封信是請陸康世兄轉交的。周海嬰同志收到後回信表示謝意，並贈我《魯迅與我七十年》。我在

信中寫道：

> 「訪問時，李立三同志表現很低調，情緒上還顯得比較壓抑。往往許老師問一句，李立三要思考好一會，才回答一、二句。有時出現冷場。當時我心中很納悶，中共的一代領袖，歷史上意氣風發的、叱吒風雲的「立三路線」指揮者，為什麼竟會英氣盡失、吞吞吐吐而木訥於言了呢？在此情況下，李立三同志回答問題，極為慎重，嚴格按歷史事實說話。

正是因為訪談中的冷場，給了我把談話速記稿整理成文的機會。我當場整理了《李立三同志的談話摘記》，原文如下：

> 關於一九二八年創造社與魯迅筆戰的問題，在原則上他們之間是有分歧的，創造社講無產階級革命文學，而魯迅在當時還沒有成為一個馬列主義者，這是事實；但創造社有關門主義的錯誤，同時，個別人也有罵名人藉以出名的思想，因此，彼此之間，爭論得很厲害。
>
> 當時，黨中央發現了這一問題之後，曾研究了魯迅在各個階段的鬥爭歷史，認為魯迅一貫站在進步方面，便指定我和魯迅作一次會面，談談這個問題。當時魯迅談了些什麼？已不能記憶，只記得我談了二個問題：
>
> （一）我們要實行廣泛的團結，反對國民黨反動派。因此，在這次會面了不久之後，我們即發動成立「自由大同盟」，後來又有了「左聯」和「民權保障同盟」。那

電影〈魯迅傳〉籌拍親歷記

次談話，我對創造社方面有所批評。

（二）分析無產階級是最革命、最先進的階級，為什麼它是最革命、最先進呢？就因為他是無產者。接著又談了無產階級革命的問題。

經過那次談話以後，魯迅完全和黨一致了。和創造社的對罵也不見了。魯迅的革命立場從未動搖過。（以後，魯迅在有一些回憶和一些文章中，對創造社的個別人也曾提到過一、二句，但那口氣，已經和過去完全不同了。）在此以前，魯迅可能和黨有關係，但我不知道。

這次會見的地點，是在我們黨的一個秘密機關（大概是創造社的黨組）。至於，和魯迅如何聯繫，由誰陪見，已完全不記得了。（陳賡同志是當時特科的負責人，很可能知道此事。）

在這次會見之前，我們曾經首先去找過創造社黨組負責人談過，指出他們所犯的錯誤所在，和錯誤的性質，並幫助他們克服和改正。後來，在創造社黨內開過會，也費了不少力量，因為當時創造社內包括黨員和非黨員，有很多的一批人。

這份記錄許廣平老師當面請李立三同志審閱。李立三同志反覆看了兩遍，在《摘記》第五段，即李立三同志說：

「經過那次談話以後，魯迅完全和黨一致了。和創造社的對罵也不見了。魯迅的革命立場從未動搖過……」的後面，李立三同志親自添寫了這樣一段：

「（以後，魯迅在有一些回憶和一些文章中，對創造社的個別人也曾提到過一、二句，但那口氣，已經和過去完全不同了。）

當時，許廣平老師提出：魯迅在廣州時，曾和粵區書記陳延年同志見過面⋯⋯。

李立三同志說：「在此以前，魯迅可能和黨有關係，但我不知道。」

在《摘記》第六段，即李立三同志說：「這次會見的地點，是在我們黨的一個秘密機關。」接下來，李立三同志在我的《摘記》後面又添寫了一句：

「（大概是創造社的黨組）。」

當許廣平老師提出：傳說會見的地點在西藏路即從前的虞洽卿路靠近四馬路的爵祿飯店？──李立三同志連連搖頭⋯⋯。

許廣平老師取出沈鵬年編著，1958年出版的《魯迅研究資料編目》第486頁所寫：

「李立三同志約魯迅先生見面談話，他們兩人討論了關於魯迅自己的戰鬥任務和方法等問題。（在同年《魯迅日記》五月七日有『晚同雪峰往爵祿飯店，回至北冰洋吃冰淇淋』的線索」。（原件複印附後）

　　當場拿給李立三同志看，李立三同志看了以後，他用右手食指指著「爵祿飯店」幾個字，連連搖頭，予以否認。由此可知，沈鵬年在《魯迅研究資料編目》第486頁所寫的這段話，是妄加臆測之詞。我早年的輕率，應該檢討。

　　《摘記》中接著記錄的李立三同志的原話是：

　　「至於，和魯迅如何聯繫，由誰陪見，已完全不記得了。」

　　李立三同志看了《摘記》後緊接著這段話，又親筆加寫了這樣一段話：

　　「（陳賡同志是當時特科的負責人，很可能知道此事。」

　　李立三同志為了證實黨中央指定他和魯迅先生會面的歷史背景，還談了「在這次會見之前，我們曾經首先去找過創造社黨組負責人談過……」等詳情。

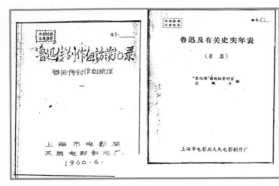

　　這份許廣平老師訪問《李立三同志的談話摘記》，我是當場的記錄者，親眼目睹了李立三同志審閱記錄時親筆添加的三段重要文字。所謂「會見地點」的「爵祿飯店」之說，最初是我1958年的妄加臆測之詞，1960年3月1日李立三同志當著許廣平老師和「始作俑者」的我，明確予以否定。為此我在1960年6月把《李立三同志的談話摘記》編印入《電影〈魯迅傳〉訪談記錄集》；還在1961年我編寫印行的《魯迅及有關史實年表》鉛印本第91頁中早已對此事作了改正。

　　我私心為攝製電影《魯迅傳》塑造形象著想，問李立三同志：「當時魯迅先生已經高齡五十歲了，請教您當時幾歲？」李立三同志說是三十歲。我說我是搞資料工作的，能否看看您當年的照片？李立三同志想了一下，「恐怕找不到了……」，又說可以找找看。約我在星期天到東單北極閣三條一號去看。他找出了一張三十年代中期在莫斯科拍的照片。我借去請北影廠朱今明攝影師翻拍了，原照如下：

　　從中可見當年李立三的風貌。當我把原照還給他時，順便請他來上海舊地重遊。立三同志說：他還有兩個心願，一是去江西井岡山；一是到上海瞻仰魯迅先生墓。1965年7月至8月，李立三同志先到上海參觀魯迅紀念館、瞻仰魯迅先生之墓；接著去江西井岡山，作了《井岡好》四首詞。表達了對魯迅先生的敬仰和對毛澤東主席的忠誠。照片和他的的手跡如下：

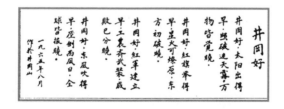

　　李立三同志作為中共的一代領袖，歷史上犯過「左傾」的「立三路線」錯誤，但不等於他和魯迅先生的會晤也是錯誤的。李立三同志在「文革」中受盡摧殘迫害，1967年6月22日含冤而死。馮雪峰同志在當時李立三被誣陷的大氣候並迫害而死的情況

下，於同年8月寫了《關於李立三約魯迅談話的經過》。當時的背景是很複雜的。

據李立三同志的夫人李莎同志在《我的中國緣分》第305頁：

> 「文化大革命」後，北京流傳的不少報刊上刊出了1967年5月16日毛澤東和康生談話。毛澤東回憶歷史，講道：「那個時候，李立三、瞿秋白、王明都是反對我的，罵我是右傾，說山溝溝裏出不了馬列主義。他們一個比一個左。」在這次談話後，康生對中央文革小組成員說：「你們不要以為李立三是『死老虎』，死老虎也有虎威。你們要在他身上放一把火，徹底燒一燒。」
>
> 1967年5月24日晚，中央文革成員關鋒、戚本禹接見了華北局機關「紅色造反團」，明確指出：「你們華北局運動的大方向搞錯了，你們的矛頭不應該對準李雪峰同志，而應該對準李立三。」李立三不是「死老虎」，他是裏通外國分子。又問：「李立三的老婆鬥過沒有？為什麼不鬥她？她的問題大，是大特務。」「紅色造反團」的人說：「我們力量不夠，準備與天津聯合鬥。」戚本禹說：「北京鬥不了？幾百人鬥不過李立三？在北京聯合搞嗎！」
>
> 戚本禹代表中央文革小組說出這番話，無疑是對李立三所作的「最後判決」。

在江青、康生、謝富治控制的專案組迫使下，馮雪峰同志為了表示對毛主席的忠誠，不得不根據我在《魯迅研究資料編目》

第435—436頁的錯誤材料寫了這份《關於李立三約魯迅談話的經過》，其咎在我，我要引為鑒戒。

1980年3月20日，中共中央為李立三同志補行追悼會。鄧小平、胡耀邦等中央領導同志出席追悼會，並向李立三同志的夫人李莎同志及其子女親切慰問。照片如下：

1980 年 3 月 20 日，在李立三同志追悼會上鄧小平親切慰問同李莎及子女

中共中央在《悼詞》全面而充分地肯定了李立三同志一生的功績後，嚴正指出：「他為中國人民的解放事業和偉大的共產主義事業，貢獻了自己畢生精力。現在，黨中央決定為李立三同志平反昭雪，恢復名譽。林彪、『四人幫』一夥強加給李立三同志的一切誣陷不實之詞，都統統推倒。」

1980年6月20日，夏衍同志在上海華東醫院高幹病房三樓，當面囑咐我：由於1976年10月「四人幫」粉碎前出版的《魯迅研究資料》第一輯刊出了1972年12月25日馮雪峰和胡愈之談《李立三同魯迅見面》，他們適應當時的大氣候，說什麼「李立三要魯迅發個宣言。公開擁護他的立三路線」；還說什麼「李立三要發

給魯迅一支槍，請魯迅帶隊，搞武裝鬥爭。魯迅說『我沒有打過槍，要我打槍打不倒敵人，肯定會打了自己人。』……」（見該書第83頁）這些話好像「天方夜譚」，卻印在官方的出版物上。夏衍說：胡喬木、周揚同志認為這些話不符合當年的歷史真實。他們獲悉上海電影局與天馬電影廠早在1960年6月編印的《「魯迅傳」創作組訪談記錄集》，已打印了李立三回憶1930年在自由大同盟成立前同魯迅先生那次會晤內容的記錄。說這是弄清事實真相的重要證據。

四、幫助演員于藍，塑造影片中許廣平形象

　　許廣平曾對她的愛子海嬰說：于藍為了演好這個角色，多次與自己接觸交談，甚至搬來與自己同住，以便觀察自己的生活細節，如神態、動作、語氣等。

　　于藍在自己的日記中，記述了1960年12月6日、1960年12月27日、1961年6月4日、1961年6月5日與許廣平的四次談話。于藍為了演好許廣平這一角色，多次向許廣平請教其生平問題，許廣平雖然工作繁忙，仍然支持于藍的工作，耐心地向于藍講起了自己的生平經歷，並首次披露了她和魯迅的一些生活細節，不僅為于藍飾

演好許廣平這一角色提供了很好的參照，而且也為魯迅研究提供了第一手的珍貴資料。

簡況如下：

第一次、1960年12月6日的談話

1960年12月6日的談話中，許廣平介紹了自己童年時期的經歷，如出生第三天就被父親作為娃娃親許配給馬家，自己反對裹腳，機智地學習國語等故事。

第二次、1960年12月27日的談話

談話中，許廣平介紹了自己在二哥的幫助下解除了婚約，並到廣州女師附小高小、天津女師、北京女高師的學習經歷，另外，還談到了她和魯迅由相知到相戀的經過。

第三次、1961年6月4日的談話

在1961年6月4日的談話中，許廣平重點講了她和魯迅定情的經過，這不僅是許廣平而且也是魯迅生平中的一件大事。于藍對此作了詳細的記錄：

有一次她給魯迅抄稿子，魯迅叫她停下來，看看她手指的紋路，實際是想握著她的手。許大姐感覺到了魯迅對她的愛。她說自己是打破了一切束縛，解放了的女性，對於愛情是沒有任何條件的，所以魯迅先生深深愛上了她。

第四次、1961年6月5日的談話

在1961年6月5日的談話中，許廣平又繼續講到她和魯迅的愛情，並講到了在兩人婚後生活中發生的一些事，其中還特地談到了兩人之間的小糾紛。于藍也對此作了詳細的記錄：

她還談到一次魯迅和她避難住在外邊，不知什麼原因魯迅不見了，她急死了，自己跑到內山書店和周建人家，兩處都不見，她自己又跑回原來住處，怕敵人監視，不敢開燈，摸著黑一個房間一個房間地摸，她都嚇死了也找不到。周建老和內山都又跑來探問。過了一會兒，魯迅悄悄地回來了，原來他到南京路獨一處去了。許大姐懷著愛意地說：「他就是任起性來，什麼都不管。」

　　于藍後來說：「她和我談的話，是在特殊的規定情景中，為了使我理解他，她以極為真誠而平等的態度訴說了她的一些往事。我想她在這些往事中的精神風貌和特有的心態是鮮為人知的。」

　　于藍同志最近在《名家口述中國文藝》一書中寫道：

> 1961年我們準備演《魯迅傳》，我演許廣平，我們也是下了很大的工夫，而且我也去看了許廣平，和許廣平的秘書都聯繫好了，也到她家去了好多回。後來由於導演病了，就這樣把這個事情給耽誤了，趙丹也很遺憾，我也很遺憾。後來1962年上海領導他們提出寫「十三年」，這個《魯迅傳》就停止了。（按：上海領導即柯慶施提出寫「十三年」是1963年。此處係于藍誤記。）

五、對資料工作的具體支持和鼓勵

周海嬰先生著《魯迅與我七十年》收入許廣平先生一篇遺文，其中談到「《魯迅傳》電影」，許先生寫道：

> 「《魯迅傳》電影，數年前曾在（北）京見到陳鯉庭、柯靈、沈鵬年，他們說要拍攝。……」（見該書第264頁）

其中陳鯉庭是導演、柯靈是編劇，他們都是名人，沈鵬年只是一名「資料員」。許廣平先生為何在事隔多年後還記得一個資料員呢？這也是一種緣份。因為許廣平先生早在1939年已覆信給我「敬謝存問」，和我相識逾二十年了。原信現存上海魯迅紀念館。

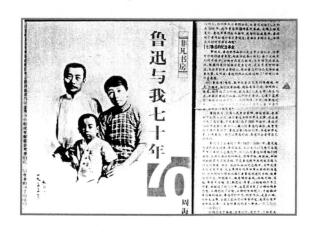

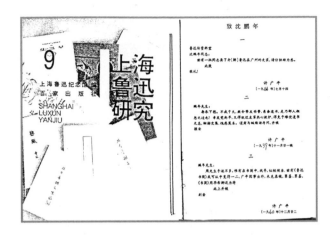

上海魯迅紀念館編、百家出版社出版《上海魯迅研究》第9期刊載了《許廣平致沈鵬年》的三封信，原件在發表時沒有向我核對年代，以致年份空缺、次序顛倒。現作補正說明如下：

1939年許廣平先生和海嬰住在上海法租界霞飛路霞飛坊（今淮海中路淮海坊）。據說海嬰曾就讀於拉都路（今襄陽路）海光小學。我原來的張瓊老師是海光小學的代校長兼教導主任。星期天我去辣斐德路339號看望賀樹、張瓊兩位老師，兩位老師告訴我：聽說許廣平先生霞飛坊寓所的廚房失火，未悉災情如何？魯迅先生的遺書有否損失？很是惦念。組織紀律規定他們不便公開寫信，就由我出面寫信，並代表老師向許先生敬致慰問。許先生回信中所說「致令摯友動警，懸垂遺書」，就是指我的老師賀樹、張瓊。張瓊老師早在擔任何香凝先生秘書時已與許先生相識。「八・一三」日寇侵略上海後，何香凝轉移去香港，組織要張瓊潛伏於海光小學。組織原則是不能隨便發生橫向關係的。

我當時的身份是永大染織廠的練習生，業餘在黃炎培創辦的第一中華職業補習學校讀書，賀樹老師是我在「職校」的「班主任」。我遵奉老師之命，開始與許廣平先生通了第一封信。1939年11月21日的回信如下：

鵬年先生：

　　辱承下慰。不戒於火，致令摯友動警，懸垂遺書，是乃鄙人粗忽之過也！幸發覺尚早，又得就近友輩熱心救護，得免於難使遺書無恙，慚謝交集，愧感莫名。謹肅與緘敬謝存問，並候

撰安

　　　　　　　　　　　　　　　　　　許廣平

　　　　　　　　　　　　〔一九三九年〕十一月廿一晚

第二封信是1960年我在《魯迅傳》攝製組負責資料工作期間。創作組長葉以群說：影片片頭《魯迅傳》三個字，最好用魯迅先生的親筆手跡，在銀幕閃閃發光的展現，效果更好。於是就由我寫信，向許廣平先生請教。1960年12月22日的回信如下：

鵬年先生：

　　周先生手跡不多，惟有在書簡中，找尋，似較便當，茲有《魯迅書簡》或可從中覓得一二，廣平因事出外，未克恭候，罪甚、罪甚，《書簡》用畢希擲還為荷

此上並候

刻安

許廣平

〔一九六〇年〕十二月廿二

　　許先生回信所說的《魯迅書簡》，我早已收藏有銅版紙皮脊精裝、宣紙本線裝和硬紙面簡裝本三種，所以未去借用。

　　第三封信是1966年「文革」初期。為了魯迅先生1926年冬應中山大學聘請的事，成仿吾不瞭解內情，曾說魯迅先生是應國民黨邀請去就職的。成仿吾在1926年還沒有參加共產黨，黨內決策不可能知道。他認為中山大學校長戴季陶是國民黨元老、又是蔣介石的盟兄；副校長朱家驊雖在北京大學曾與魯迅先生相熟，但此時已是陳果夫、陳立夫的「CC」系紅人。而出面發函邀請魯迅的又正是朱家驊（其實還有一位顧孟餘）。當時擔任山東大學校長的成仿吾在校內寫文章談了這件事。山東大學的紅衛兵「追問成校長」，成仿吾堅持「魯迅接受國民黨聘請」的說法。山大紅衛兵去北京向許廣平先生核實。許先生寫了文章發表在山東大學一份內部刊物上。據山東大學紅衛兵說：許先生告訴他們「魯迅當年去廣州中山大學出任文學院長，是共產黨的推薦。當時國共合作，毛澤東擔任國民黨中央的宣傳部部長，茅盾擔任國民黨中宣部秘書。因原文學院院長郭沫若，離職參加北伐，遺缺由共產黨推薦魯迅接任。由顧孟餘、朱家驊具體辦理。」許先生還明確告訴山東大學紅衛兵：「魯迅去中山大學是出於共產黨的推薦，是電影《魯迅傳》創作組沈鵬年等調查、發表過調查報告的。」1966年7月14日她寫了介紹信要山東大學紅衛兵到上影廠「《魯

迅傳》資料室」來找我。我看了許廣平先生的信，便把拙文《魯迅在廣州的若干史實——赴粵因緣：黨的推薦》的《光明日報》交給了他們。許先生的原信如下：

魯迅傳資料室
沈鵬年同志：
　　茲有一批同志要了介〔解〕魯迅在廣州的史實，請你協助為感。
此致
敬禮！

許廣平
〔一九六六年〕七月十四

　　該刊公佈三封信的時間，從孤島時期的上海、解放後籌拍電影《魯迅傳》期間、直至1966年「文革」初期，跨度長達二十八年。由此可知我與許廣平先生識荊的淵源。使我更難忘懷的，她對《魯迅傳》創作組資料工作的極大關懷和支持。
　　當《魯迅傳》文學劇本的提綱、初稿、二稿印出後，都先後寄呈許先生徵求意見。許先生的

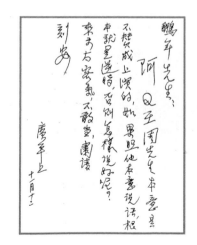

覆信我給葉以群、陳白塵閱後由我保存。「文革」抄家，造反派從我家掠去，後轉給上海魯迅紀念館，原信在《上海魯迅研究》第9期發表，但未注明來由。故在本章「第二方面：認真審閱劇本、提出書面意見」中加注說明，以明究竟。

此外，我先期轉移、未被抄掉的許廣平先生覆信，尚有──

1960年11月12日覆信、是專門回答寫「阿Q」：

當時創作組討論《魯迅傳》劇本上集詳細提綱「第一章：辛亥革命時代」，其中以「阿董」、又作「阿冬」為名寫了「阿Q」。在「詳細提綱」出現的「阿董」有六個場景、八個情節：

第一章第一節：介紹魯迅登場──「辛亥革命前夕，……紹興城內東昌坊口一家台門裏走出青年魯迅。他剪了辮子，穿日本學校的舊制服，著皮靴，腋下挾著洋裝書，穿過大街和小巷……；從一家大台門裏走出舉人老爺章介眉，從眼角上射出鄙視的一瞥，罵（魯迅）『衣冠禽獸』！跟在他身後的雇農阿董，忙攙他下臺階。」章介眉罵魯迅，阿董跟著笑……。

第一章第四節：武昌起義成功，魯迅率學生遊街，歡迎革命軍進紹興城。

「阿董問散傳單的學生：『小兄弟，朝庭沒了，還交租交錢糧嗎？』學生大聲說：『民國是老百姓當家啦！』另一學生補充說：『五族共和啦！宣統皇帝要砍頭啦！』阿董追問：『砍了頭，就不交租不交糧麼？』魯迅走過來了，想跟阿董說什麼，阿董已經走回舉人老爺家的大台門去了。」

同上節之末，夜間，章介眉家後門口埠頭停的小船，船裏堆滿箱子。準備逃往杭州避風頭。──「那撐船的，正是那個農民阿董。」

第一章第七節：章介眉「咸與維新」，重返紹興。

「夜間，舉人家後門外埠頭剛停下一隻大三道船，船上燈火明亮，照見撐船的還是那個阿董。他辮子剪掉了，但還有鴨屁股。」

第一章第十節：《越鋒日報》社門口，幾個彪形大漢手執短刀或手槍一擁而入搶劫。門前河裏搖來一隻大船，船上盡是大小皮箱、木箱。撐船的是阿董。阿董停下篙、停下船看他們搶報館。

「幾條大漢轉身出來」，「罵一聲：晦氣！窮報館！」——轉身回來躍上阿董撐的大船。「阿董正看得出神」，對大漢搶劫「連叫『好漢饒命！這是舉人老爺的東西，動不得。』另一個大漢用手槍抵住他，喝聲『住口！』……」

第一章第十二節：魯迅和范愛農怒闖王金發都督衙門。見「一小隊士兵擁簇著一個被捆著的人直奔都督府而來。魯迅忙提起燈籠一照，正是阿董。阿董以乞求的眼光看著魯迅，叫『老爺，東西不是我搶的！』魯迅剛認出是誰，叫了一聲『哦！』阿董已被推進都督衙門了。魯迅木然……」。

第一章第十三節：魯迅被迫離開紹興，航船碼頭，目睹阿董被殺。

「河岸上有人叫：『槍斃人啦！』魯迅抬頭一望，……那囚人哀嚎道：『我不是強盜呀！我也不是革命黨！冤枉呀！老天爺！……』魯迅上前一步，認出他正是那個阿董，驚呆了。突然一聲槍響……魯迅流下了淚。說『他為這次革命做了替罪的羊了。……』（見鉛印本詳細提綱第1、4、7、9、10、11頁）

從六個場景、八個情節，可見影射「阿Q」的阿董是劇中一個相當重要的角色。攝製組請著名表演藝術家（主演《林家鋪子》獲

獎的）謝添扮演。謝添認為：這樣寫阿Q的遭遇，不夠準確……。

創作組對提綱討論中也出現了不同意見。主要是：

1、影片開頭，緊接主角魯迅上場的是章介眉和跟隨章的阿董。阿董成為開場戲的第三個角色出場，份量太重了。

2、八個情節有點照搬《阿Q正傳》、是《阿Q正傳》部分章節的改寫，但改寫得不恰當。

3、寫魯迅目睹阿董被殺「流下了淚」——不符合魯迅的性格。據夏衍和葉以群與魯迅先生接觸的感覺：「魯迅先生一般不容易輕易流淚。」認為「與其寫『哀其不幸』，不如寫『怒其不爭』。」

4、《阿Q正傳》寫阿Q唱紹興高調「手執鋼鞭……」等精彩情節；假洋鬼子「不准革命」等含義深刻的描寫……反而沒有採納，是不足的。

我奉命把以上情況稟告許廣平先生，請她提出寶貴意見。許先生回信很謙虛，只告知魯迅先生對「阿Q」上演的原則意見，具體情節未作回答。原信如下：

「鵬年先生：

阿Q在周先生（魯迅）本意是不贊成上演的，如果照他本意說話，根本就是逆時，否則怎樣說好呢？

來示太客氣，不敢當，肅請

刻安

廣平上

十一月十二」

第三章 籌攝《魯迅傳》
邁出最初的四步

　　籌拍《魯迅傳》是時代的需要，黨和政府曾經傾注全力想促其儘快完成；作為魯迅先生最親密的伴侶，許廣平先生對創作組和攝製組更是有求必應、未求先應，作了極大的關注和支持。那麼，「籌備小組」為電影《魯迅傳》應該做哪些實際工作？

　　這使我想起了夏衍同志和以群同志一次有關的重要談話。他們兩人是三十年代「左聯」的老戰友，談話是從吸取《艱難時代──魯迅的故事》的教訓、如何搞好《魯迅傳》電影文學劇本談起的。為了理解這次談話的意義，特從兩人的歷史淵源和他們與魯迅的關係，根據當年筆記簡介如下：

　　夏衍（1900－1995），原名沈乃熙、字端先。浙江杭州人。1919年在家鄉參與創辦《浙江新潮》，1920年赴日本留學，開始接觸馬克思主義和進步文藝。1924年經孫中山先生介紹加入中國國民黨，擔任國民黨駐日本總支部常委兼組織部長。1927年蔣介石發動「四‧一二」政變，他提出抗議，遭國民黨右派通緝被迫回到上海。同年7月加入中國共產黨，編入黨的閘北區街道第三支部，從事工人運動、翻譯出版高爾基的《母親》、創辦藝術劇

社推動革命的話劇運動。1929年10月黨派他參加「左聯」籌備工作，是12位籌備委員之一，黨派他與馮乃超一同將「左聯」《理論綱領》等文件送請魯迅審閱、徵求意見。從此開始了與魯迅的聯繫。1930年3月2日「左聯」成立，他與魯迅、錢杏邨一同推為大會主席團。被選為「左聯」執行委員，負責理論研究和宣傳工作。主編出版「左聯」刊物《藝術》和《沙侖》。1931年2月7日柔石等「左聯」五烈士犧牲後，他與美國史沫特萊、日本尾崎秀實和山上正義將「左聯」《揭露國民黨屠殺革命作家宣言》等檔譯為外文傳播到國外，得到國際上積極聲援。同年10月協助日本友人翻譯出版《支那小說集〈阿Q正傳〉》。這本日譯《阿Q正傳》由日本四六書院出版。這些實際工作，贏得了魯迅對他的好感。1932年1月28日，日本帝國主義侵略上海，夏衍與魯迅、茅盾等文化界人士聯名發表《告世界書》堅決反對日本帝國主義。接著，他在瞿秋白同志參加的「文委」會議上，奉命與錢杏邨等成立中共地下黨的「電影小組」。

夏衍說「當時我32歲，與錢杏邨同年，還有王塵無、石淩鶴、司徒慧敏，共五人，我是電影小組的組長。我們赤手空拳，打進資本家開設的電影廠，這也是共產黨用『借腹懷孕』的辦法佔領電影陣地的開始。」

夏衍說：「當時在王明的左傾路線領導下，瞿秋白同志被排擠在領導核心之外，但他畢竟還保留中央委員的身份，主動和魯迅先生合作，為左翼文化運動作出極大貢獻。秋白同志指導我們利用同鄉關係打進私營電影廠時，對我說：『你們要記住所處的環境，要入污泥而不染。但你們寫的劇本一要使老闆能賣錢；二

要在國民黨官方審查時能通過。否則，寫出劇本理論一大套、拍出影片審查通不過。老闆蝕了本，你們沒有立足之地。所以要學會和資本家合作的本領，這也是一門藝術，千萬要注意。』──這樣，我們邊學邊幹，總算站穩了腳跟。但當時王明兼任江蘇省委書記，管得很『左』，江蘇省委宣傳部長馮雪峰執行王明路線，批評我們：『共產黨員替資本家賺錢，怎麼行？』左傾教條主義不允許我們這麼幹。」

夏衍還說：「我們挨了馮雪峰的嚴厲批評，他奉王明的命令不准我們這麼幹。我見了秋白同志訴苦。秋白同志在黨員中間威信很高，但在四中全會被批判挨整，受到排擠，沒有實權。馮雪峰聽了王明的一套，振振有詞。按照組織原則是不能違抗的。秋白思索以後，對我說，去內山書店等候魯迅先生。假如爭取魯迅先生說話，也許馮雪峰能夠高抬貴手，放你們過關了。我聽了秋白同志的話，到內山書店去了兩次，終於見到魯迅先生。我把雪峰的話婉轉告訴了魯迅先生。魯迅先生說：你們搞電影和我們出版圖書一樣，不得不首先讓資本家有利可圖才肯出書。雪峰難道連這一點都不懂嗎？不懂中國的國情，照搬蘇維埃的一套，在租界裏能行嗎？」

魯迅先生說：你去告訴雪峰，叫他去翻翻《萌芽月刊》第三期，我翻譯的《現代電影與有產階級》，雖然日本的岩崎昶不如蘇聯的愛森斯坦，但總要比領導雪峰的頭頭高明吧。魯迅先生還說：「你告訴他，這話是我說的。雪峰來找我時，我當面向他提出……。──夏衍說：秋白出點子、魯迅先生幫助我們抵制了王明路線。後來向雪峰彙報時，他說，你們認為可以，那就這樣吧。

夏衍和以群講了這段往事後，明確地告訴以群。

「你們創作《魯迅傳》，一定要突出魯迅的獨立思考，不要按照馮雪峰的框框——什麼『黨給魯迅以力量』——有一次我見到毛主席，毛主席問我：黨給魯迅以力量，當年王明給了魯迅以什麼力量。王明把白區的黨損失了百分之百，王明卻給了魯迅以力量，這合邏輯嗎？你和馮雪峰都是過來人，這符合事實嗎？——夏衍說：《新民主主義論》要我們「深長思之」——「共產黨在國民黨統治區域內的一切文化機關中處於毫無抵抗力的地位，為什麼文化『圍剿』也一敗塗地了？」「而共產主義者的魯迅，卻正在這一『圍剿』中成了中國文化革命的偉人。」——難道魯迅先生靠了王明路線的「領導」才成為『中國文化革命的偉人』嗎？」（錄自筆記）

夏衍同志對以群同志語重心長的談話，事隔五十多年，還在熠熠發光。

在這樣的情況下，夏衍同志為籌拍《魯迅傳》定下了最關鍵的四個步驟，這四個步驟，就是：

第一步：立主腦——聽取中央、市委意見

第二步：建骨架——編出《魯迅史實年表》

第三步：充血肉——整理編印《訪談記錄》

第四步：定方案——制訂《劇本初步設計》

第一步：立主腦──聽取中央、市委意見

中央領導對電影《魯迅傳》籌拍的意見，不僅有中共中央宣傳部副部長周揚、副部長林默涵；中央文化部長沈雁冰、副部長夏衍、副部長兼電影局長陳荒煤……；還有更高級的周恩來總理和毛澤東主席。

周恩來總理1960年4月3日對籌拍電影《魯迅傳》的指示（大意），早在1960年6月由我整理並經市委宣傳部領導批准後編印在《「魯迅傳」訪談記錄集》卷首，已經廣為流傳五十多年了。至於毛澤東主席對電影《魯迅傳》的關注，最初由《解放日報》在1961年5月3日的長篇報導中透露過。比較具體的記載，見於三十年前北京人民文學出版社出版的專著《毛澤東與著名作家》，在該書第6─7頁記述了原定扮演魯迅的趙丹同憶1961年5月1日毛澤東接見他時同他談魯迅及拍攝《魯迅傳》的一些談話內容。（原書如下）

北京人民文學出版社是國家級的權威出版社，《毛澤東與著名作家》是流傳較廣的著名圖書。毛澤東與電影《魯迅傳》主角趙丹的談話是首次刊登在國家級的出版物上，轉錄如下：

　　該書介紹《憶趙丹談「毛魯會見」》，文章是上海電影製片廠編劇孫雄飛所寫，原題是《憶趙丹談「毛魯會見」的經過》。原文如下：

　　　一九七九年冬的一天，我陪趙丹從徐家匯文化館步行回上影廠，他興致頗高，步子穩健。路上談到電影《魯迅傳》，趙便把一九六一年五月一日毛澤東接見時的談話告訴了我。

　　　毛澤東問趙有沒有見過魯迅？趙激動中脫口而出，說了「沒有見過」。毛澤東說：沒有見過也不要緊，只要多讀魯迅的著作，讀得有深度。又說，影片拍成後先讓他看一看。趙記得當毛澤東說到這裏時，對魯迅很有感情，又說：我見過魯迅，所以對你演魯迅演得像不像，我有發言權。趙問毛澤東在什麼地方見到魯迅？毛澤東說他是在北大見過，以後又去魯迅家登門拜訪。趙說：毛澤東見到魯迅時，魯迅在教育部工作，負責管理圖書館的事務，去過北大圖書館。當他知道毛澤東每月工資只有八元錢時，曾提出願意介紹他到其他圖書館工作，工資有幾十元，這樣生活境況可以改善一些。毛澤東表示他志不在此，便婉言謝絕了。

事實上，毛澤東與趙丹談話，並非談什麼與魯迅「會見」不會見的問題。兩個人「會見」了怎麼樣？不會見又怎麼樣？都是無足輕重、不值一談的生活細節。毛對趙所談，是為拍好電影而引起的。趙丹很想在「五四」前後的戲中有「毛魯會見」的情節，但總理明確指示：「毛主席本人不同意」。趙丹不甘心，所以趁此機會專門問了毛主席。這是趙丹親口和我談的，在場的還有夏天。當時我和夏天同住一室。趙丹還說：假如「五四」前後的戲中有一場「毛魯會見」的話，那要比現在的「李（大釗）魯會見」精彩了。夏天說：李大釗由藍馬扮演，假如出現毛主席由誰來扮？趙丹說有了戲總有人扮演的，可惜不同意……。

　　在電影《魯迅傳》藝術檔案中，有一份注明「機密」而從未擴散過的材料：《毛主席與〈魯迅傳〉演員談話——1961年5月1日接見趙丹的談話記要》。原件由上影黨委書記丁一同志保存，複印件部分如下：

　　據原始記錄，當時，毛澤東一見趙丹，就風趣地說：「你過去剃光頭留辮子，現在留頭髮了。」趙丹激動得連連點頭。毛澤東知道這些大明星很少有時間讀書，帶有考問的口氣問趙丹：魯迅有一篇《頭髮的故事》，你讀過嗎？應該讀一讀。他希望趙丹「要多讀

點魯迅著作。文如其人，通過其文瞭解其人，把魯迅演得有點深度。」他要求「影片拍攝後先給」他「看一看」……。

毛澤東最關注的，是要趙丹「不要緊張，放手演，演得自然點。」他要趙丹「多讀點魯迅著作」，「把魯迅演得有點深度。」

據說毛澤東興致好時往往要談黨的歷史。當趙丹問及魯迅與黨的關係時，毛澤東告訴趙丹：

> 魯迅和我們黨的不少領導幹部，老中青三代都熟悉。南陳（獨秀）北李（大釗）與魯迅關係很好；瞿秋白、李立三和魯迅交往（趙丹說「打交道」），有過很好的合作；潘漢年、夏衍、周揚與魯迅接觸時都是小青年。黨處境越困難，魯迅和黨靠攏得越緊。魯迅是共產黨的患難之交。
>
> 還說：陳獨秀右傾，李立三和王明左傾都是黨內的事，魯迅不可能瞭解。他從現象上覺察有問題，進行勸告和批評。勸告我們搞白區工作不能照搬蘇維埃的一套，批評王明……不懂中國的國情，意見都很正確。……

——由此可知，毛澤東與趙丹談話，是要趙丹瞭解歷史，更好地演好魯迅這個角色。體現了他對電影《魯迅傳》的關注。同時，也反映了他對魯迅的評價是很高的，他認為魯迅遠比王明要高明、正確。

據中央文獻出版社出版《毛澤東傳》第1609頁記載，毛澤東於1971年11月20日在武漢同一些高級幹部說：

「我勸同志們看看魯迅的雜文。魯迅是中國的第一個聖人。中國第一個聖人不是孔夫子，也不是我。我算賢人，是聖人的學生。」

——從1961年5月1日同趙丹談話、到1971年11月20日同黨內的高級幹部談話，對魯迅的高度評價是一致的。

至於周恩來總理對電影《魯迅傳》的談話，據我所知至少有五次。

在《「魯迅傳」訪談記錄集》卷首的《周總理有關〈魯迅傳〉的幾點指示大意》已經眾所周知。

1968年3月，原文化部和中國影協的造反組織經「中央文革」批准出版一本專著《電影戰線兩條路線鬥爭大事記》（原書如下）

在1960年4月的記載是：

「4月周總理對夏衍和《魯迅傳》執筆者（葉以群等）作了嚴肅的原則指示，後來又作了第二次指示。周總理明確指出：《魯迅傳》影片一定要以毛主席在《新民主主義論》中對魯迅的評價為綱，並介紹了魯迅對毛主席無限崇敬（？）的事實。」（見該書第64頁）

這項記載的出處來自文化部。這就證明：在1960年4月，周恩來總理關於拍攝《魯迅傳》電影有過兩次指示。一次是「人大」會議結束後宴請張瑞芳等人時在飯桌上回答的幾句話；另一次是應《魯迅傳》創作組長葉以群請示對劇中的「難題」如何處理所作的談話。

這次談話由我記錄，在全國文聯副主席兼秘書長陽翰笙幫助下，他指定杜繼昆同志打字，限印四份：一份給夏衍；一份給總理「文辦」主任兼文化部黨組書記齊燕銘；一份給創作組長葉以群；一份由記錄者保存。1966年「文革」初期，葉以群為拒絕交出這份記錄而銷毀殉難的。「四人幫」粉碎後上影新黨委成立，我把原件交黨委書記丁一同志保存。我本人遵守組織紀律，從未擴散。現在時限已逾五十年。複印件部分附下：

1961年7月，周恩來總理與出席全國電影故事片創作會

議的代表同游香山，見了《魯迅傳》攝製組扮演許廣平的于藍、扮演阿Q的謝添，又詢問《魯迅傳》的拍攝情況。談話時，《大眾電影》攝影記者胡星原搶拍了這個鏡頭。我在筆記中記下了總理的片言隻語，未經打印，內容從略。原照附下：

在周總理旁邊：右一是許廣平扮演者于藍、右二是阿Q扮演者謝添、右三是《紅色娘子軍》南霸天扮演者陳強。

1961年7月2日，周總理專門找周揚瞭解《魯迅傳》的工作進展。根據周揚同志談話，我記錄後請杜繼昆同志打字，印了二份。原件如下：

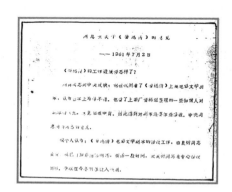

這次談話，總理認為「《魯迅傳》電影文學劇本的修改工作，由夏衍同志負責」，並給創作假一月，「專心修改劇本，爭取在今冬明春（即1961年冬－1962年春）投入攝製。」

中央最高層領導的意見，充分顯示了黨和國家對籌拍《魯迅傳》電影的重視。周揚、夏衍、林默涵、陳荒煤等文化部門領導的意見，則是反覆要求編劇注意歷史的真實。在強調遵循藝術規律的同時，充分發揚創作民主。他們的所有發言，全部由我記錄、整理後打印存檔。現舉周揚、林默涵談話記錄注明「沈鵬年記錄」的兩件為證：

周揚和《魯迅傳》攝製組同志的談話、夏衍和《魯迅傳》攝製組同志的談話，兩人的十多次談話均已收入《周揚文集》及《夏衍全集》。此外，夏衍同志對《魯迅傳》劇本四稿處理問題的重要談話，夏衍對攝製組（導演和主演）提問的答話，夏衍在天馬廠和攝製組工作人員的談話以及林默涵、陳荒煤的多次談話，打印件均由我保存至今，尚未公佈和收集。

《周揚文集》和《夏衍全集》收入了我的記錄，證明我當時的記錄工作不僅忠實可靠，而且文字水平也比較到位，使我感到欣慰。

至於上海市委宣傳部、華東局宣傳部等領導同志的談話記錄，將在本書下冊披露，此處從略。

第二步：建骨架──編著《魯迅及有關史實年表》

《魯迅史實求真錄》作者因田一野（即孫雄飛）在《始末》中寫了「在劇本創作過程中，上影廠請了一位『魯迅通』沈鵬年來負責資料收集工作」。（見前引《大眾電影》）便詛咒對我加上「魯迅通的『諡』號」是「對整個魯迅研究隊伍的褻瀆。」──我笑問雄飛：「馮雪峰先生逝世後，被『諡』為『魯迅通』；我好端端活著，為何觸我霉頭『封此諡號』？」

雄飛說：「這『魯迅通』三字又不是什麼皇帝的聖旨皇封，犯了哪個皇朝的禁令？招惹誰了，要如此詛咒！？」他說這三個字是聽了副導演夏天所說才寫上去的。他拉了我同去淮海路上方花園夏天家。

夏天聽雄飛談了，便找出當年《魯迅傳》攝製組發的工作使用的《魯迅及有關史實年表》對雄飛說：「就憑沈鵬年一個人利用每天晚上和星期假日，在短時間內編著印出這本《年表》供組內主創人員參考使用，贏得大家叫他一聲『魯迅通』。大家認為沈鵬年編著這本《年表》，對魯迅生平及有關史事融會貫通才寫出來的，大家表示對他的佩服，又沒有犯『禁』。何必詛咒？」

夏天還說：「這本《年表》別出心裁，把國內外近百年的歷史、政治、經濟、文化、社會動態的演變和發展與傳主魯迅的本事結合串聯、融會貫通、縱橫對照、排列在同一頁的年月日內——要查魯迅在何年何月何日他的周圍發生什麼重大事件，從這本《年表》中一查便知。對《年表》作者叫他一聲『魯迅通』有何不可呢？」

　　夏天說畢，右手搭我肩頭，招呼雄飛：「來！再給我和『魯迅通』照張合影⋯⋯。」原照如下：

　　這本《魯迅及有關史實年表》是夏衍前輩提出、經葉以群審閱、由黨委書記丁一批准後鉛字排印、大十六開本內部印二百冊供工作使用的。

　　夏天說這本《年表》別出心裁、與眾不同——確實如此。這一點是出自夏衍前輩的提示。他說「一般《年表》都是孤立的傳主一人，與周圍看不出聯繫。能不能與周圍聯繫起來，讓傳主置

電影〈魯迅傳〉籌拍親歷記

身在歷史和社會的動態中間，使用時可以從魯迅一個人身上反映整個世界。」

我動了腦筋，最後編著出這樣一本包羅萬象的《年表》，封面及目錄如下：

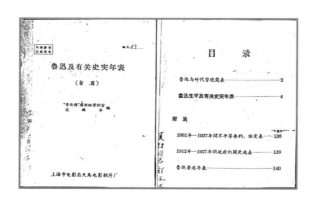

在《年表》卷首，寫了《說明》闡述編著的意圖，現照錄如下：

《年表》說明

一、本年表係為攝製《魯迅傳》電影需要而編輯的一個參考資料，起於1881年魯迅誕生，迄於1936年魯迅逝世，前後56年間的歷史事件，提綱摘要、詳「新」（新民主主義）略「舊」（舊民主主義）、順序編排、按月並列，俾便於縱橫對照以探索其相互間的聯繫。僅供內部參考，請勿外傳。

二、為了在使用時便於掌握歷史發展的線索和規律，以及從歷史事件的發生、發展和演變中更好地瞭解魯迅思想的成長和發展——從進化論到階級論的相互關係和影響，因此，「年表」正文部份分為六欄：

1、國內外大事：主要提供「帝國主義和中國封建主義相結合，把中國變為半殖民地和殖民地的過程」的一些事實，但其中僅側重於統治階級上層及資產階級政黨的政治變化，國際間、民族間、階級間的一些主要矛盾，還缺乏生產關係、社會經濟發展的事實。因此，極不全面。

2、社會情況：記述中國人民在三大敵人統治下苦難深重的情況和社會經濟面貌的一部分事實，而歷年的災荒兵禍，更予側重擇錄。

3、國內外革命活動：主要是無產階級革命政黨的大事紀，其中特別側重於馬列主義之傳入中國、毛澤東同志的初期革命活動、以及中國有了共產黨、中國就起了翻天覆地的變化的事實。同時，編者根據黨的文件《關於若干歷史問題的決議》的精神，試圖提供幾乎和魯迅「上下而求索」的同時，中國無產階級和我們的黨，如何在艱苦卓絕的革命鬥爭中、在黨內反對右傾機會主義和「左」傾冒險主義的奮鬥過程中終於找到了和產生了自己的偉大領袖毛澤東同志的一些事實。

4、文化鬥爭紀要：試圖反映「文藝是時代的風雨表」

這個真理，並初步提供文化戰線上兩條道路的鬥爭、關於資產階級的新文化和封建階級的舊文化的鬥爭；以無產階級的共產主義思想為指導的革命文學、向著帝國主義文化、封建文化和資產階級文化展開英勇進攻的一些事實。此外，擇錄了部份較有代表性的作品篇目，以見當時文壇動態之一斑。

5、魯迅本事：偏重於生平大事中他和黨的關係、思想發展以及在尖銳的階級鬥爭和巨大的歷史潮流推動下不斷前進的一些事實，並及於重要著譯。其全部著譯年表則另附。

6、有關人物紀事：偏重於曾和魯迅交往的共產黨人及戰友，以及電影劇本中涉及的有關人物。此外，兼及當代著名人物的活動、歷史人物的生卒、重要科技發明的記載等。

　　總的以階級鬥爭為經、時代發展為緯，前三欄偏重於民族矛盾和階級矛盾錯綜複雜的鬥爭、後三欄則是這些鬥爭在意識形態上的具體反映。

三、正文前《魯迅與時代背景簡表》，是鴉片戰爭以來近百年的革命大事紀，可作為《魯迅年表》的綱和一般參考之用；附錄三種：《1881年－1937年間不平等條約、協定表》是帝國主義侵略中國的具體記錄；《1912年－1927年間政府內閣更迭表》，則是有關魯迅在北京的十四年中苦悶求索時的歷史環境的材料；《魯迅著述年表》，供進一步研究魯迅的索引。

四、由於本書涉及的範圍較廣、資料根據又來自各方，而
　　編者水平又低、見聞有限，在材料的運用上既缺乏有
　　機的分析，選擇取捨之間更難免有錯誤、遺漏，輕重
　　不當，前後重複之處。現在只作為一個《魯迅年表》
　　的初步草稿拿出來，請求大家的批評和指正。

編者

　　正如《年表說明》所宣稱：「本《年表》係為攝製《魯迅傳》電影需要而編輯的一個參考資料」。為了便於創作組和攝製組的主創人員的參閱。

首先，提供「時代背景」的四幅圖表

其一、是《魯迅與時代背景簡表》

　　年代從1839年虎門焚煙起至1918年，舊民主主義革命時期。其中尤以1881年魯迅誕生為界。從1919年「五四運動」至1936年西安事變，新民主主義革命時期。具體分為「三大敵人的侵略和壓迫」──「人民的反抗與鬥爭」，對照排列，以示醒目。

其二、是《魯迅與當代人物年齡比較表》

分為「魯迅誕生前」與「魯迅誕生後」的有關人物年齡的比較。

（附頁）

魯迅与当代人物年龄比较表

（1881年魯迅誕生前）

一	二	三	四
孙中山 (1866—1925)16岁	严复 (1853—1921)29岁	李鸿章 (1827—1901)54岁	高尔基 (1868—1936)13岁
章太炎 (1867—1936)15岁	康有为 (1857—1927)24岁	張之洞 (1837—1909)44岁	岡察罗夫 (1812—1891)70岁
蔡元培 (1868—1940)14岁	林纾 (1852—1924)30岁	張謇 (1853—1926)30岁	托尔斯太 (1828—1910)52岁
徐錫麟 (1873—1907)9岁	譚嗣同 (1867—1898)17岁	袁世凱 (1861—1918)21岁	契訶夫 (1860—1904)22岁
秋瑾 (1875—1907)7岁	梁启超 (1873—1929)9岁	吳稚輝 (1866—1956)16岁	左拉 (1840—1902)42岁
		段祺瑞 (1864—1936)18岁	法郎士 (1844—1924)38岁
	俞樾 (1821—1906)61岁		莫泊桑 (1850—1893)32岁
	馬相伯 (1849—1939)42岁		罗曼罗兰 (1866—1944)16岁
	黃遵憲 (1848—1905)34岁	章士釗 (1880—) 1岁	巴比塞 (1873—1937)9岁
陈独秀 (1880—1942)2岁	刘鶚 (1850—1910)32岁		馬克吐溫 (1835—1910)47岁
吳虞 (1871—1949)11岁	辜鴻銘 (1854—1928)29岁		德萊塞 (1871—1945)11岁
	李伯元 (1867—1906)15岁		太戈尔 (1861—1941)21岁
沈鈞儒 (1875) 7岁	吳研人 (1867—1910)15岁		易卜生 (1828—1906)52岁
	王国維 (1877—1927)5岁		肖伯納 (1856—1950)26岁
			夏目漱石 (1867—1916)15岁
			島崎藤村 (1872—)10岁

（1881年魯迅誕生后）

一	二	三	四
郭沫若 (1892)12年	周作人 (1885) 5年	戴季陶 (1882) 1年	許广平 (1898)18年
茅盾 (1896)16年	胡适 (1891)11年	汪精卫 (1885) 4年	周建人 (1889) 9年
周揚 (1908)28年	朱家驊 (1893)13年	蔣介石 (1886) 5年	
夏衍 (1900)21年	林語堂 (1895)15年	陈立夫 (1890) 4年	★ ★ ★
田汉 (1897)17年	陈源 (1895)15年		
叶圣陶 (1894)14年	傅斯年 (1895)15年		
巴金 (1904)24年	罗家倫 (1896)16年		齊寿萼 (1882) 2年
成仿吾 (1897)17年	徐志摩 (1896)16年		钱玄同 (1888) 8年
阳翰笙 (1907)27年	瞿实秋 (1901)21年		刘半农 (1891)11年
郁达夫 (1896)16年	杜衡 (1907)27年		
蔣光慈 (1901)21年	胡風原 (1900)20年		

其三、《1881年－1937年間不平等條約、協定表》

從魯迅誕生到逝世期間統治集團與帝國主義所訂的屈辱條約。其中又分為：當時簽約的統治政府、帝國主義國家的國名、條約名稱等三方面的實況。

附录(一)

1881年——1937年間不平等条约、协定表

年　代	当时统治政府	帝国主义国家	条　约　名　称
1881年	清政府	俄国	中俄伊犁条约
1882年	清政府	俄国	中俄喀什噶尔界约
1883年	清政府	俄国	中俄塔尔巴哈台界约
1884年	清政府	法国	中法天津简明和约
1885年	清政府	法国	中法天津条约
1885年	清政府	英国	中英续订烟台条约
1885年	清政府	日本	中日天津条约
1887年	清政府	葡萄牙	中葡条约及澳门租借条约
1890年	清政府	英国	中英印藏条约
1894年	清政府	美国	中美华工条约
1895年	清政府	日本	中日马关条约
1895年	清政府	俄国	中俄密约
1897年	清政府	英国	中英新约及滇缅界务商务核约
1898年	清政府	德国	中德条约
1899年	清政府	法国	中法广州租借条约
1901年	清政府	英美等十一国	辛丑条约
1902年	清政府	俄国	中俄（交还）满洲条约
1902年	清政府	英国	中英通商行船条约
1903年	清政府	美国	中美通商行船条约
1905年	清政府	日本	中日满洲善后条约
1906年	清政府	英国	中英印藏条约
1909年	清政府	日本	东三省交涉五案条款
1915年	北洋政府（袁世凯）	日本	二十一条件
1918年	北洋政府（段祺瑞）	日本	中日军事协定
1932年	国民政府（蒋介石）	日本	中日淞沪协定
1933年	国民政府（蒋介石）	日本	中日塘沽协定
1935年	国民政府（蒋介石）	日本	中日何梅协定
1936年	国民政府（蒋介石）	美国	中美白银协定
1937年	国民政府（蒋介石）	美国	中美金银互换协定

（138）

其四、《1912年－1927年政府內閣更迭表》

從1912年民國元年起至1927年赴廣州前，魯迅一直是中華民國的政府官員，任教育部僉事及科長，人稱「做京官」。國家元首更迭變換近十人，各有不同的帝國主義作背景、後臺。試作此表供創作人員參考。

附录(二)

1912年——1927年 政府內閣更迭表

職務	姓名	在位起訖	背景	內閣總理(國務卿)姓名
南京臨時總統	孫中山	1912(民元)年1月1日起 同年3月10日止		无
北京臨時總統	袁世凱	1912(民元)年3月10日起 1913(民二)年10月10日止	美日	1.唐紹儀 2.陸征祥 3.趙秉鈞 4.熊希齡
正式大總統	袁世凱	1913(民二)年10月10日起 1915(民四)年12月12日止	英德日美	1.熊希齡 2.孫寶琦 3.徐世昌(國務卿) 4.陸征祥
洪憲皇帝	袁世凱	1915(民四)年12月12日起 1916(民五)年3月22日止	日本	1.徐世昌
大總統	袁世凱	1916(民五)年3月22日起 同年6月1日死止		1.段祺瑞
繼任總統	黎元洪	1916(民五)年6月7日起 1917(民六)年7月1日出走	英美	1.段祺瑞 2.伍廷芳 3.江朝宗
代理總統	馮國璋	1917(民六)年7月6日起 1918(民七)年10月7日止	日本	1.段祺瑞 2.王士珍 3.錢能訓
非法總統	徐世昌	1918(民七)年10月10日起 1922(民十一)年6月2日出走	英日美	1.錢能訓 2.靳心湛 3.靳云鵬 4.薩鎮冰 5.靳云鵬 6.顏惠庆 7.梁士詒 8.周自齊
復任總統	黎元洪	1922(民十一)年6月11日起 1923(民十二)年6月13日出走	美日	1.顏惠庆 2.唐紹儀 3.王寵惠 4.汪大燮 5.王正廷 6.張紹曾
空位時代	直系軍閥控制	1923(民十二)年6月14日起 同年10月10日止	美英	高凌蔚攝政
賄選總統	曹錕	1923(民十二)年10月10日起 1924(民十三)年11月3日出走	美英	1.高凌蔚 2.孫寶琦 3.顧維鈞 4.顏惠庆
空位時代	馮軍控制	1924(民十三)年11月3日起 同年11月23日止		黃郛攝政
臨時執政	段祺瑞	1924(民十三)年11月24日起 1926(民十五)年4月9日出走	英日美	初由政以總統兼總理，后設：1.許世英 2.賈德耀 3.胡惟德
空位時代	奉系、直系軍控制	1926(民十五)年4月20日止	日本英美	1.胡惟德 2.顏惠庆 3.杜錫珪 4.顧維鈞
附：安國軍總司令	張作霖	1926(民十五)年12月1日起	日本	1.靳雲鵬 2.顧維鈞
安國軍政府大元帥	張作霖	1927(民十六)年6月18日起 1928(民十七)年6月3日作戰死止	日本	1.潘復 2.楊宇霆 3.王士珍(治安維持会)

(189)

其次，《魯迅年表》的正文，更是創新嘗試分六大欄：

——這是筆者最為費盡心力的重點，例如下：

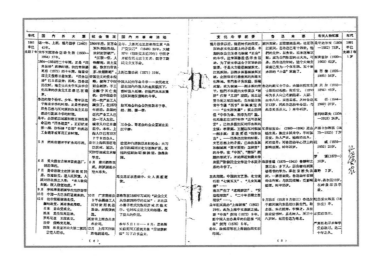

第三、編著作、翻譯、輯逸、宣言等全部著述繫年目錄

——這一工作比《求真錄》作者近幾年與人合作完成同類編書的時間，要早了四十五年。

正是由於這些工作，夏衍前輩一再地公開宣稱：「《魯迅傳》創作，資料工作搞得很好，改編就有了依據。」時隔半個世紀，反思當年在同蘇聯大論戰的反修高潮寫的這本《年表》，留有時代烙印的局限，字句存在著不少「左」的思潮痕跡。但每條史事都有根據出處，決無杜撰。正像馮乃超前輩所說：「有些地方有出入，也是所根據的材料本身的說法不一所致……，是不能責怪作者故意『捏造』的。」馮雪峰先生也說：「歷史上許多重

大的事情，細節都是不清楚的，有的是當時就不清楚，傳說不一的，但這決不影響這些重大的事情的真實性。」（見《新文學史料》1979年8月出版第四輯第147頁）

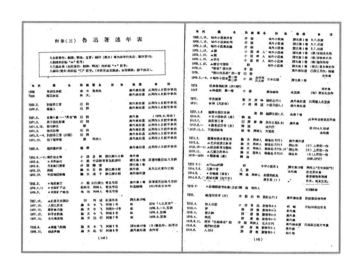

第三步：充血肉——整理編印《訪談記錄集》

我受命為電影《魯迅傳》搞資料，自己的工作準則是：首先要把握魯迅一生基本的歷史事實；要理清歷史、時代演變的脈絡，「塵凡多變敢求真」，用真實的歷史事實來說明問題，編著《年表》供創作《魯迅傳》電影文學劇本有所參考。

《年表》的內容雖然比較全面，但無數大大小小的歷史事件還需要許多具體而生動的細節來豐富充實。故事片不同於紀錄

片。乾巴巴的歷史教科書，沒有鮮明生動的藝術形象和引人入勝的情節結構，是無法打動廣大觀眾的。因此，周恩來總理指出的——「訪問知情人、收集活資料」——成為《魯迅傳》創作組的重要任務。

魯迅扮演者趙丹在藝術性自傳《地獄之門》中寫道：

> 「周恩來總理對《魯迅傳》創作人員說：『魯迅一生經歷了清朝、北洋軍閥政府、國民黨政府三個朝代，通過影片的編排，以魯迅為中心把三個朝代的歷史資料收集起來，是十分重要的工作。」（原書如下）

> 周總理明確指出：「《魯迅傳》上集要寫到袁世凱，對袁（世凱）我不熟悉，但北京有熟悉袁的老人，可以訪問。下集中如果出現蔣介石，我可以向你們提供資料，兩次國共合作，我和蔣（介石）的來往不少，對蔣比較熟悉。……」

——正因為有了周總理的指示，我們在北京不但訪問了末代皇帝愛新覺羅・溥儀，訪問了國民政府代總統李宗仁；訪問了「左聯」時代擔任中共地下黨江蘇省委書記的李富春副總理；訪問了魯迅的北大學生、《蘇俄文藝論戰》譯者任國楨（曾任中共地下黨山西省委書記）的夫人、時任全國總工會副主席的陳少敏同志——在「文革」的「九大」上她是唯一敢於抵制誣陷劉少奇的鐵骨錚錚的老共產黨員。我們還訪問了赫赫有名的「立三路線」本人李立三同志。訪問了李大釗烈士的長子中共中央委員李葆華部長。瞿秋白烈士的夫人楊之華大姐則由周總理提名當我們《魯迅傳》創作組的顧問……。

　　作為籌拍《魯迅傳》電影的資料員，我幸運地和這些中華英傑親謦欬、作記錄，實在是人世間可遇難求的機遇和因緣。——出自這些全國最高級的知情人之口，由我記錄的「口述歷史」累計逾百萬字。當年天馬廠導演室有一口供我專用的木箱，裝滿了一箱的筆記本。從中選擇可以公開印出的《訪談記錄集》不過十分之一、二。

　　當年文化部和市委宣傳部的打算、準備像莫斯科電影製片廠廠內有專門的「高爾基資料室」一樣，上影廠通過拍攝《魯迅傳》電影，也要設立「魯迅資料室」——然後像蘇聯的高爾基電影三部曲：《童年》、《在人間》、《我的大學》；我們要陸續拍攝《魯迅的童年》、《魯迅在日本》、《魯迅在紹興》、《魯迅在北京》、《魯迅在西安》、《魯迅在廈門》等系列片，網羅全國電影話劇老中青表演藝術精英，把清朝、北洋軍閥統治到中華民國初年的歷史和人物，以魯迅為中心用電影的藝術形象在銀

幕上表現出來。這是周總理高瞻遠矚的偉大手筆。

從1960年6月至1961年3月，《「魯迅傳」創作組訪談記錄》油印五集、複寫了三集。第一集打印100冊，第二至第五集打印50冊，複寫的三集每種只印3冊。原件如下：

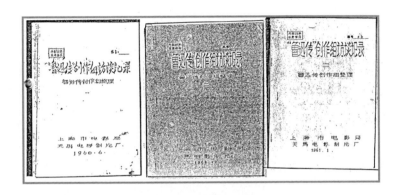

我編著的《魯迅及有關史事年表》和整理的《訪談記錄》，都作為「內部材料」嚴格控制不得外傳的。

① 《訪談記錄》引起國內、海外文化界重視

2004年，上海作家協會副主席、著名作家陳村先生從網上布衣書店購到《「魯迅傳」創作組訪談記錄》第一集，在《五根日記》作了系統介紹評述：

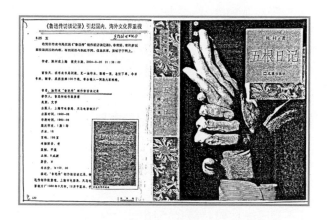

由於《五根日記》的介紹很精彩，特節錄如下：

一、《魯迅傳訪談記錄》引起國內、海外文化界重視

6.25五

收到在布衣書局買的《「魯迅傳」創作組訪談記錄》，非常好，有許多以前沒讀到過的內容，有的說法與別處不同。資訊共用，發貼子於網上。

前些天，在布衣書局閒逛，見一油印本，眼睛一亮，急忙下單。今日書來，翻看，果然值那100個錢。等會輸入一兩段大家瞅瞅。

書名：油印本「魯迅傳」創作組訪談記錄

著作人：魯迅傳創作組整理

出版人：上海市電影局，天馬電影製片廠

描述：「魯迅傳」創作組訪談記錄，魯迅傳創作組整理，上海市電影局、天馬電影製片廠1960年6月印。16開平裝本，手

工刻蠟紙油印本。書按照傳統線裝的折紙形式對拍後按平裝書裝訂，目錄4頁，正文201頁，2.2釐米厚，600克。封面上印有：內部材料、注意保存。編號：22（手寫）。目錄如下

「魯迅傳」訪談記錄匯編

（所有材料均未經本人審核，限於內部參考，不得外傳）

（一）

1、周總理有關《魯迅傳》的幾點指示（大意）

2、夏衍同志在4月8日的談話

3、邵荃麟同志在4月16日的談話

4、林默涵同志在5月3日的談話

5、夏衍同志在5月7日的談話

（以上記錄，按訪談日期先後為序）

（缺6，原文如此）

7、夏衍同志在顧問團會議上的講話

8、茅盾同志在顧問團會議上的講話

9、陽翰笙同志在顧問團會議上的講話

10、巴金同志在顧問團會議上的講話

11、邵荃麟同志在顧問團會議上的講話

12、夏衍同志在6月18日對上集匯報後的談話

13、楊仁聲同志在6月18日對上集匯報後的談話

14、于伶同志在6月18日對上集匯報後的談話

15、瞿白音同志在6月18日對上集匯報後的談話

16、張駿祥同志在6月18日對上集匯報後的談話

（二）北京採訪材料

17、茅盾同志在4月18日的談話

18、陽翰笙同志在4月24日的談話

19、陽翰笙同志第二次在5月3日的談話

20、胡愈之同志在4月26日的談話

21、許廣平同志在4月17日的談話

22、李立三同志在3月1日的談話

（本文係根據許同志的記錄）

23、許廣平同志第二次在6月3日的談話

24、周建人同志在4月15日的談話

（以上係綜合性材料）

25、王冶秋同志在4月25日的談話

26、賈芝、李星華同志在4月20日的談話

27、孫伏園同志在4月26日的談話

28、章廷謙同志在4月15日的談話

29、李霽野同志在4月8日的談話

30、馮至同志在4月19日的談話

31、陳翔鶴同志在4月18日的談話

32、孫瑛同志在4月13日的談話

33、徐彬如（即徐文雅）同志在4月13日的談話

34、徐彬如同志第二次在5月4日的談話

35、徐彬如同志第三次在5月7日的談話

36、韓托夫同志在4月14日的談話

（以上係魯迅在廣州的資料）

6月28一陰

上午給李小林打電話，把她吵醒了。問是否知道她父親（巴金）有關於《魯迅傳》的這樣一篇談話。她知道這事情，但沒見過談話。我輸入後發給了她。

把巴金、沈從文和周恩來的談話發給陳思和，告訴他出處。他們做學問的人用得著這些資料。

我在網上淘到的最有價值的書是《「魯迅傳」創作組訪談記錄》，一本由上海市電影局、天馬電影製片廠製作、油印的資料。1960年為籌拍魯迅的故事片，他們做了大量採訪，記錄中有周恩來總理的指示，茅盾、巴金、夏衍、許廣平等文化名人的回憶，未見於正式出版物或說法多有出入。研究魯迅的專家們見了此書會一個魚躍撲上去的，因他們不肯上網瞎逛，被我撲到了。熱心網友核對《沈從文全集》和他的年譜，發現沈先生長達四頁的談話失收。我諮詢巴金先生的女兒李小林，她說沒看到過父親的這篇談話。

7.6 二

李子雲老師電話，說夏衍的家人希望看到訪談記錄。晚上他孫女來電話：想全集中用，我答應複製後發送，這是應該的。

7.7 日晴

下午彭倫來，看了那份《魯迅傳訪談》，要我幫他掃描幾頁。

在這些日子，時有出版界友人來聯繫海內外出版該資料之事宜，但紙本出版拖延時日，對內容亦有顧忌，我非著作權人不謀利益，於是按下再說。權衡再三，我決意將它先期上網，讓世人一睹被高人雪藏的罕見資料原形，也順便體會網路存在之必要。

香港政府資助的純文學刊物《文學世紀》已先期發佈我提供的部分內容。感謝該刊主編古劍先生！

預告：《魯迅傳訪談記錄》即將全本上網，開創中文網路新功用

今下午，本人之夢想幸獲99讀書人公司理解、認同、襄助，已將那份頗有爭議的資料快遞，由99讀書網站負責掃描上網，向社會全文披露。

在那幾位高人稱這本資料並無稀奇、也曾取覽但拿不出手的情形下，在陳福康此等教授（我將另文在他習慣的報刊上處理之）太想抨擊、列為謠言之一種然而只能胡亂猜測的情形下，本人陳村以非「魯研專家」的身份、無意秘藏資料以炮製論文名界名世而發達虛榮，誠意公佈資料，以供真正的專家與深有學力的人士認真研究探討，還讀者一個真實的魯迅。資訊公有，吾以此為莫大欣慰！

在這些日子，時有出版時有出版界友人來聯繫海內外出版該資料之事宜，但紙本出版拖延時日，對內容亦有顧忌，我非著作權人不謀利益，於是按下再說。權衡再三，我決意將它先期上網，讓世人一睹被高人雪藏的罕見資料原形，也順便體會網路存在之必要。

11.3 三晴

《魯迅傳訪談記錄》在99讀書社區開始上傳。讓需要的人去無償收下，這才是公益。

收到李輝信。

> 陳村兄：把資料全部上網的確是好事。我總認為一直把魯迅神化，而且把毛澤東對他的評價看成毛的心裏話，其實遠非如此。
>
> 當時要拍魯迅傳，請同輩人回憶，原始記錄還有是許多有價值有趣味的故事與細節，對此是需要認真分析和校勘的，簡單的予以否定是不可取的。我非魯迅專家，也無此時間，但還是希望這本談話錄能引起年輕一代學生們的注意，如有人在做什麼碩士博士論文，把它與過去的一些回憶對照一下細細校勘，想必有些意思。
>
> 李輝

11.4 四晴上傳說明

《「魯迅傳」創作組訪談記錄》是一本跟魯迅研究有關的內部資料，編號發送有關人員。它形成於1960年6月，封面標注由

「魯迅傳創作組整理」，未列出整理人姓名。上海市電影局和上海天馬電影製片廠為資料的製作單位。

資料中，有幾十名領導和知名人士對《魯迅傳》電影籌畫的意見，對魯迅生平、魯迅跟同時代人關係的回憶。

據我們有限的閱讀，在該資料形成後的四十多年中，未見任何魯迅專家的研究專文。

這份編號為22的資料於2004年6月由陳村在網上舊書店「布衣書局」購得，遂於6.25在「天涯社區——閒閒書話」發貼《這本子買得值了》，引起關注。7.2《文匯讀書週報》在頭版頭條報導《四十年前「魯迅傳」訪談記錄「浮出水面」》，並在7.16和9.10相繼刊登武漢花明的《讀者短箋》。《中華讀書報》10.20發表陳福康《當心文壇謠言的重新泛起》一文，以這本資料的浮出為由，對據說是該資料整理人的沈鵬年激烈抨擊。

這本資料的真偽，它內容是否可信，應在閱讀和研究之後做出結論。99讀書社區和陳村以<u>學術為念</u>，<u>文化為重</u>，特全本上傳這份難得的資料，供專家學者和有興趣的網友研究。

該資料的著作權屬於原作者。

——引自陳村《五根日記》，致謝。

②《文匯讀書週報》發表頭版「舊」聞

2004年7月2日，《文匯讀書週報》在頭版發表記者彭倫的報導：《四十年前〈魯迅傳〉訪談記錄「浮出水面」》。原件如下：

報導說：——

陳村是作家圈中出了名的網上衝浪好手。最近，他在網上舊

書店「布衣書局」「閒逛」時，發現了這本標價100元的油印本《〈魯迅傳〉創作組訪談記錄》。買來翻閱之後，他發現其中許多材料新鮮有趣，自己從未見過，他高興地在網上讀書論壇「閒閒書話」中發帖說，「這本書買得值了」。……

在這些材料中，頗有帶著時代烙印而值得玩味的有趣內容，涉及三四十年代諸多文壇軼事，由於大多為口述記錄，顯得格外「鮮活」。比如由柯靈、陳鯉庭傳達的周恩來就影片所作幾點指示。「總理首先指示：魯迅傳影片應以毛主席在『新民主主義論』中對魯迅的評價為綱……關於黨的領導，總理指示應該寫瞿秋白同志和魯迅的戰鬥友誼；總理還提到內山，他說，這個人至今我們還沒有完全弄清楚。從前他曾替我們掩護過一些人，解放後搞日中友協，也受到日本反動派的壓迫，但他從前的政治背景究竟如何？還不知道。假定他從前和日本統治者有關係，而日本統治者允許他給我們做些掩護工作，這也不是不可能的……」

彭倫還說：

《四十年前魯迅傳訪談記錄「浮出水面」》見報後，武漢花明先生寄來一篇短文，《我所知道的〈魯迅傳〉訪談錄》提供了不少新的資訊，我即將文章編發見報，見下

很快，陳福康先生的「檄文」來了，討伐沈鵬年，附帶著嘲笑花明先生。我本想把他「檄文」中的罵人話刪掉些，留下些講理話，看來看去頗為頭疼。於是稿子壓了幾期。陳先生想必等得不耐煩了，打電話給主編催。恰好本人離開報社，這個刪稿的任務就留給主編了。不久，陳先生的刪節稿也見報了。結果他還覺得不痛快，又做了些修改，把長文交給了《中華讀書報》。

——於是宋濤、許愛興針對陳文不實之詞著文反駁。網路展開了圍繞《訪談記錄》真與偽的爭論。

③網路上圍繞《訪談記錄》論爭摘要

作者：陳村在上海回覆日期：2004-10-23

我不愛看教授們的文章，往往因他們的義正詞嚴，空洞無物。題目聳人聽聞，既然拿《魯迅傳訪談資料》來作文章，你接著應該證明那裏有什麼謠言吧。不去證明，而大談別的謠言。這種邏輯真是很難領會。即便別的真是謠言，跟這資料有什麼充分必要的聯繫呢？你不能用自己記不清的事情來寫論文吧，不能用你丟棄資料的愚蠢行為來證明它是謠言吧。

跟一個視魯迅先生為「沒文化的鬥士」和「反革命」並「召妓」的人來談《魯迅傳創作組訪談記錄》，那種累人和無聊是可以想見的。跟一個對中國政治生活一點不瞭解，以為1960年就有人、有合法組織公然來造周恩來總理謠言的人來談什麼叫謠言，

更顯得奇怪。連什麼叫「油印小報」都沒弄明白，連博客上的帖子和官方文件的區別都要抹殺，這樣的水準怎麼還能在bbs上爭光呢？

正如老N指出的，陳村果然不是什麼「魯迅專家」，但老N忘了問一句，他自己是嗎？不是專家就不能發言嗎？所謂專家從來沒對這本資料寫出過硬的論文，他們早先幹什麼去了？

這裏的論爭明明白白，老N雲裏霧裏再會轉貼也是沒有用的。

問題就是這些：

一、這本資料到底說了什麼？它確實不重要嗎？

二、它到底是不是謠言？證據何在？

三、學術問題是否就可以任人「有罪推定」？

四、這本資料究竟是官方資料，還是個人記錄？

五、誰是這本資料的策劃者、組織者、調查者、撰稿者、審稿者？

六、這份資料究竟印了多少，發放範圍如何？

七、僅僅憑某人即興的一句話，「所以」丟棄資料是不是合格學者應有的舉止。否則，何至於要猜想「當然，也許已有了某種『雛形』也說不定。」呵呵，也許得好！這是學術語言嗎？中國的學者、專家也太好當了吧。

八、問題的根本在於，如果下一個有人正在傳播的是「文壇謠言」的判斷，必須要用論據來論證。這是一個學者最起碼的職業道德和學術素養。老N當然不必苛求了，陳福康身為教授必須做到。

九、我並不認識沈鵬年先生，也沒興趣沒學力為之辯護或聲討。我得到這份資料，並不秘藏去賺論文，而是希望更

多的人看到，希望有學問有能力的人來研究它，這有錯嗎？這份資料的存在在報刊上有過詳細記錄嗎？記者采寫新聞，報告它的依然存在有錯嗎？

十、在1960年的中國，在所有談話者都健在的情況下，在其中不少人是高官、是《魯迅傳》電影直接領導人的狀態下，印的是一份官方機構簽署的資料，即便有人犯了毛病活得不耐煩要作偽，他有多大的空間？

——據好友周正章兄告知：網上爭論的帖子數以萬計。公道自在人心。老朽鞠躬致謝。

第四步：定方案——制訂《劇本初步設計》

拙著《行雲流水記往》面世後，北京謝其章先生賜函云：

「您是那段歷史的親歷者，書中出示了那麼多的物證，應該能夠糾正許多人對您的誤解，這種誤解影響甚廣，我向幾個朋友說起您這本新書，他們的口氣證明誤解的勢力是很大的。」（2009年5月3日來函）

這些「誤解」，追根溯源，大抵是我在《魯迅傳》電影籌備階段：整理領導談話、編著《魯迅年表》、油印《訪談記錄》不意間得罪了某些「權威」所致。他們利用權勢、操縱刊物，編謊反誣、壓制申辯，三十多年間在「魯研界」敗壞我的名譽。詛咒我「褻瀆整個魯迅研究隊伍」於前，污蔑我「造謠飾詐不容於

世」於後，其氣勢似欲置我於「死地」而後快。其故安在？文人相輕也。我遵紀守法從事正常的業務工作，被人由妒而誣所謂「偽造」，揚言要「繩之以法」，誤導了不明真相的廣大好心的讀者。

正當「魯研界」的個別人利用職權，以不實之詞在中央級報刊發表整版長文敗壞我的名譽之時，我被自己的工作單位及上級中共文廣影視集團黨委、上海市總工會、上海市精神文明建設委員會2002年、2003年、2004年連續三年被評為市一級的先進個人、十佳好事等，受到獎勵和表彰。——這是對「誤解勢力」的最好的回答。（例證如下）

——這些事實應該可以保衛我的人格、信譽和話語權。希望偏聽、誤信諸君明察。

這樣，讀者諸君可以放心地跟我進入我親歷的《魯迅傳》電影籌備的第四個步驟：定方案——制訂《劇本初步設計》。原始文件如下：

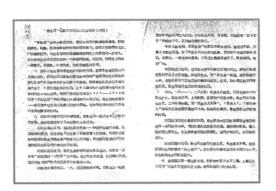

「《魯迅傳》電影文學劇本的初步設計（草案）」，簡稱《設計》。是經過葉以群、陳白塵、杜宣、柯靈、陳鯉庭集體討論、反覆研究，由我整理成文，再經葉以群、陳白塵修正定稿後列印的。

《設計》前言簡述工作打算，然後從劇本主題、劇本內容、全劇篇幅等三個方面予以說明。

《設計》前言：

《魯迅傳》創作小組成立後，經過十來天的閱讀資料、參觀、訪問和研究、討論，提出劇本創作的初步設計如下。訪問工作尚待去北京、廣州繼續展開，作品及資料仍須繼續閱讀，研究工作更待進一步深入，這個設計僅僅是目前設想的一個草圖的輪廓，待訪問、研究等工作告一段落後，再修改。補充內容，寫成詳細提綱送審。

劇本主題：

一、劇本以毛主席對魯迅先生的評價為綱，表現魯迅在舊民主主義革命時期，新民主主義革命時期和由中國共產黨領導的民主革命的深入及共產主義影響的擴大時期中的發展，描寫魯迅從民主主義走向共產主義，從進化論走向階級論、從個人奮鬥和小集體奮鬥走向大集體的階級鬥爭的道路，特別著重地描寫他在1927─1936年間反「文化圍剿」中向著敵人衝鋒陷陣的鬥爭歷史，寫出他的硬骨頭──殖民地半殖民地人民最可寶貴的性格，寫出他作為中國文化革命的主將和旗手的作用。

劇本內容：

二、劇本不作編年式的平鋪直敘，在魯迅的一生歷史中，扣緊時代背景，突出地描寫如下幾個時期的鬥爭歷史。

　　1、辛亥革命前後：寫魯迅參加革命──率領學生遊行示威、光復紹興的經過，通過魯迅與王金發（紹興都督）的關係，寫出辛亥革命的變質和魯迅對這次資產階級革命的失望。同時描寫夏瑜式的革命家的犧牲和阿Q式的農民的被出賣。

　　2、五四運動前後：寫魯迅由抄古碑到參加五四運動，由參加《新青年》的編委到《新青年》的分裂。通過魯迅與胡適、陳源等的關係，顯示魯迅與資產階級知識份子的決裂和鬥爭。

　　3、女師大事件到三・一八：通過劉和珍的死，寫魯迅這一時期對青年的愛和對敵人的恨。寫出魯迅反帝、反

軍閥、反陳源等「正人君子」的堅決鬥爭，直到被通緝而流亡。

4、大革命時期：寫魯迅在廣州參加大革命運動，黨通過畢磊、應修人與魯迅接觸，給了魯迅極大的關懷和鼓舞，支持青年學生的革命活動，目睹四・一五事件的爆發，於是進化論思想破滅了，憤然辭職，離開廣州。

5、左聯成立前後：寫魯迅與青年作家柔石等的交往，研究介紹馬克思列寧主義文藝理論，並用這觀點，對「新月派」胡適、梁實秋展開鬥爭，在黨的領導下參加左聯的籌備和成立。柔石、殷夫等左聯五作家被殺害，魯迅對國民黨反動派提出抗議。

6、九・一八－一・二八時期：民族危機深重，左聯在群眾中的影響擴大，魯迅在北平、上海演講，宣傳無產階級文學。秋白同志與魯迅會見，二人並肩作戰，對「民族主義文學」、「自由人」、「第三種人」等等文壇群醜展開激烈的鬥爭。秋白同志離滬，魯迅贈聯以示對黨的嚮往。

7、國民黨政治的最黑暗時期：魯迅參加中國民權保障同盟等團體進行一系列政治鬥爭，與國民黨反動派短兵相接。楊杏佛被暗殺，敵人擬繼續加害魯迅。魯迅決然參加楊杏佛喪禮，出門不帶鑰匙，以示決死之心。

8、長征勝利前後：秋白同志被國民黨殺害，魯迅營救不果，抱病編校秋白同志著譯《海上述林》。長征勝利和

陝北會師消息傳到上海後，魯迅致電毛主席祝賀勝利。

全劇篇幅：

三、全劇篇幅較一般電影為長、初步估計要分上下二集。上
　　集擬止於離開廣州或止於左聯成立大會。待寫詳細提綱
　　時再決定。

《劇本初步設計》由局廠黨委送呈上海市委石西民書記。石
西民建議請「創作顧問團」集體審議。

1960年4月16日，由顧問團團長夏衍主持，在北京國際俱樂
部會議室召開「《魯迅傳》顧問團座談會」，討論、審議《劇本
初步設計》。

「創作顧問」原定十一位，中央和上海市委一致同意的十
位是：

魯迅親屬二位：許廣平、周建人；

魯迅戰友二位：茅盾、瞿秋白夫人楊之華；

左聯同事三位：夏衍、陽翰笙、周揚；

青年朋友三位：巴金、邵荃麟、陳荒煤。

未定的一位，原由茅盾推薦馮雪峰，周恩來總理不同意；
夏衍推薦于伶，上海市委柯慶施不同意，柯說「于伶與魯迅不熟
悉、不合適」。後來一致同意請馮乃超當顧問，馮因病堅辭。4
月16日開會，許廣平臨時為蔡暢同志約去商量要事；楊之華因公
出差在長沙；周揚因中央有重要會議。請假者三位。蒞會顧問和
創作成員簽到如下：

　　座談開始前先向顧問分發《劇本初步設計》草案，請大家審議。顧問們把《設計》稱為提綱。座談會主持人夏衍先請劇本上集執筆人陳白塵介紹創作構思的經過。然後請顧問們「審議」——「請提意見……」。

　　夏衍「先請建老——魯迅胞弟周建人——提寶貴意見。」周建人很謙遜：「先聽大家的……。」

　　顧問們在仔細看了《劇本設計》草案後，表示贊同，並提出意見。夏衍作為「顧問團首席顧問」，首先作了比較系統的發言。間歇時，茅盾搶著發言。茅公講後，夏衍接著再講，……氣氛很活躍。

夏衍同志的發言

　　創作組先和我交換意見，提綱初步考慮分上下兩集。關於整個創作過程，大體分三步：

　　第一步：先把結構樹立起來，初步考慮分八段行不行？上、
　　　　　　下集之間怎樣斷？怎樣結？現在上部斷在北伐和大

革命失敗；下部結在長征勝利或逝世。這個方案行不行？請大家審議。

第二步：把劇本初稿寫出來。

第三步：對魯迅的人物、性格、對話、個性、以及整個劇本的風格等，再作進一步加工。

現在是邊採訪，邊把結構建立起來。當然，風格和結構有聯繫。這部影片是很嚴肅的歷史傳記片？還是記錄性的傳記片？還是故事片？故事片像《聶耳傳》藝術上虛構較多，《魯迅傳》是否也容許虛構？考慮了一下外國的傳記片，如美國的《伏爾泰傳》（筆伐強權），我在抗戰前看過。看過後對了一下傳記，影片有若干虛構。主要是年代和人的問題，年代不一定相同，但事件必須是事實。又如蘇聯的《詩人萊尼斯》，基本上根據歷史事實。沒有太大的虛構。

《魯迅傳》私人生活不可能寫得太多。《伏爾泰》、《詩人萊尼斯》也著重寫時代背景。

初步研究分前四段、後四段。這樣有一個好處：第一部開頭對辛亥革命期望到對資產階級革命大失望，進而轉到進化論；第二部開頭又對國民黨蔣介石那套革命大失望，進而轉到階級論，成為馬列主義者。

接著，茅盾同志發言

前兩天以群和我交換意見，我是贊成這個方案的。

一、關於結構問題：主要根據歷史事實，有些地方允許虛構，如王金發應該要虛構，在歷史基礎上可以有虛構，但私人生活可以避開不寫，（夏衍插話：對海嬰可以寫一些，這

樣便於表現魯迅的人情味。）這可以寫，但份量不多。

照現在計畫看，從辛亥革命前後寫起，略去日本求學和生病到死，從效果看這也好，篇幅可以省一些，筆墨更加精簡。我個人是傾向於分八段，照這計畫的寫法的。大事情以歷史事件為背景。這樣就非分二集不可，至於在何處分為宜，要看長短。

二、關於人物及其他問題：

1、有些人一定要用真名，主要是死者，還有如反面人物，胡適就用胡適，活著的人中，許大姐一定要出場，也沒有辦法用假名的。另外的人，與其用假名，還是不出場為妙，可以在對話中間提一下就完了。

2、在左聯成立前，和創造社太陽社筆戰，可以側面寫，但馮乃超等的話可不必寫。是否可以在這中間用畫外音，如表現魯迅在筆戰的時候的思想在想，畫外音出來：「逼迫著看普列哈諾夫、馬克思主義的文藝理論書，並且翻譯出來」。並不一定要用一段話。

3、楊杏佛、瞿秋白、陳延年可用真名。陳延年的照片是否找得到？（當時茅公問沈鵬年關於陳延年照片的對話，從略。）我和陳延年在廣州一段相當熟。有些人可不必出現了，如許壽裳，否則魯迅熟朋友很多，片子嚕嗦了。

4、從廣州分段，從魯迅的思想發展上看也比較好一些。在1927年以前，魯迅對北洋軍閥已深惡痛絕，在政治上已傾向於共產黨，但思想上還不是馬列主義者。大

革命以前魯迅說：「從俄國文學中看到了有階級的存在」。話是在後面說的。但思想在以前早就有了，從進化論到階級論，思想上是過渡的。五四時代和李大釗的關係，也有路子可找。

5、這部影片要搞好，二個演員非常重要，一個是魯迅，一個是瞿秋白。（他說笑話道：許廣平倒可以請許大姐自己演，她能演戲的，頭髮染黑一下。）要找一個見過魯迅的演員不一定有了，魯迅的聲音笑貌，走路說話沒有記錄下，不能見到了，但魯迅是「文如其人」，只要多讀他的文章，可以從中揣摩。建老比魯迅先生模樣小一號。（意謂瘦小一些。）

　　楊杏佛演說有時拳頭一伸，臺子一碰，很有煽動力，魯迅先生就不是這樣劍拔弩張。惲代英也是煽動家，又是另一個風格。

6、表現魯迅文章的影響問題，當時《阿Q正傳》在《晨報副刊》發表，有些人疑心要罵到他了，特別是假洋鬼子，這的確是事實。以後的雜文更厲害了，尤其在九一八前後，罵蔣介石不抵抗，完全和歷史背景配合的。寫柔石等犧牲時，可以圍繞《為了忘卻的紀念》，特別是「慣於長夜過春時」一詩，演員可以吟出來，用低音，不用朗誦，最好用老式的念詩方法念。

7、關於電報問題，（慶祝長征勝利賀電）恐怕原文也不長，好像經過史沫特萊轉去的。（夏衍同志插話：請茅公再擬一個好了。）

接著，夏衍繼續發言

魯迅在病中和病前，始終關心著長征，在此以前，他對蘇區反圍剿鬥爭也非常關心，他找陳賡同志去談了：沈澤民從鄂豫邊區來過一次上海，時間很短，來買點藥，找醫生看病，後來又進去（回蘇區了），當時是我陪了他去看魯迅先生，在內山書店後面的房間內，對反圍剿鬥爭，對蘇區發展情況，魯迅問得非常仔細。後來開始長征，在長期憂慮之後，聽說紅軍到達陝北，魯迅高興極了，打賀電，應祝勝利。賀電當然不是打電報，可能有二條路：一條是經過史沫特萊由莫斯科轉；一條是通過胡愈之由法國巴黎《救國時報》吳克堅轉去。

左聯成立以前和魯迅在上海接觸的共產黨員有張秋人（按：中共浙江省委書記），張秋人犧牲後我去告訴魯迅，魯迅表示對國民黨十分憤怒。關於秋人的材料可找上海民主婦聯的朱承妹，現名朱鏡平。（茅盾說：「紡織工業部的錢之光也和秋人熟的。」）

寫《魯迅傳》郭老（郭沫若）不出場也不行，此事怎樣處理才好？送火腿給黨中央的問題，還是疑問？說由西安辦事處轉是不可能的，「雙十二」以後（按：西安事變以後）才建立西安辦事處，那時魯迅已死了。送到江西也許可能的，馮雪峰1933年下半年進去，那時他在江蘇省委宣傳部下來以後，臨走前，到魯迅處去討個差使。問帶點什麼進去？是完全可能的。（按：事實是1936年8、9月間送的。）

五四以後曾出版一本書，《女師大事件前前後後》可找來一看。資料除找直接的人以外，還應找間接資料。如當時報紙，如哪一天示威？出動多少人？有的時候魯迅沒有接觸，也可容許寫

接觸了。

陽翰笙同志發言：

我同意這提綱草案上的八段。當然是很嚴肅地寫魯迅，以魯迅思想的發展為綱，同時還可以寫時代。魯迅所處的時代，包括從舊民主主義革命到新民主主義革命的兩個歷史時期，以此為線索，可以概括很多東西。這八段是最主要的鬥爭。時間上從辛亥革命起，也好。這是魯迅一生重要的開始。

我也同意茅盾同志的意見：照魯迅生活鬥爭貫串下來的這條線。某些地方可以虛構，比如時間、地點、人物安排等等。可以允許創作者有所變動，這部戲不是一般的《魯迅傳》，根據魯迅思想發展，鬥爭的發展和歷史事實，在細節上的創造和虛構是完全可以的。

從辛亥革命，五四運動、大革命、左聯……一直串下來，圍繞著當時的重大政治、歷史事件，可以寫出很多東西……

……廣州「四‧一五」事變，實際上在四‧一四晚上就動手了，李任潮從上海和蔣介石碰頭回來，就叛變殺人。我當時也在廣州，和許滌新同志回到上海，在上海碰到陳延年同志。當時阿蘇（蘇怡）也在廣州。這一段我可以提供材料。儘管四‧一四犧牲很大，死了許多人，但廣大工人、青年學生……看得更清楚了。群眾運動和革命鬥爭更加深入。魯迅經歷了辛亥革命、五四運動、第一次大革命，從「四‧一四」的屠殺中看透了國民黨……從這一條線上可以寫很多東西，這幾個時期中的許多細節，情節可以根據歷史加以適當虛構，這既使戲更為強烈，面鋪得開，可以做到更真實的反映時代。

在戲中，有幾個人是可以用真名的，比如像柔石。柔石在北京時就和魯迅接觸了，應修人認識魯迅也很早。

　　在廣州一段，寫陳延年出場很好。大革命失敗前陳延年任兩廣區委書記，在當時是很有威望的一個領導同志，張太雷也在廣州。陳延年當時不同意陳獨秀的做法，他估計國民黨要叛變。但陳獨秀不聽，還派了彭述之來。批評兩廣區委不正確，就這樣，陳延年的意見被陳獨秀壓了下去。有一次，聽總理說：「延年是正確的，可惜還沒有搞翻陳獨秀的魄力，否則大革命的形勢會改觀了。」在「五大」以後，陳延年調上海，任江蘇省委書記，後來被捕，像個苦力。敵人不認識他，吳稚暉這個老王八蛋去對質，認出是延年，就犧牲了。

　　魯迅在文章中曾提到過打算和創造社合作，郭沫若同志也在文章中談過合作的事，後來乃超、彭康、朱鏡我、李初黎四人從日本回來，郭老一走，事情就鬧翻了。

　　關於李大釗，李葆華年紀大一點，可能會知道的，還有劉清揚也可以會知道一些事情。

　　李偉森在廣州時任團市委書記。

　　李濟琛（即李任潮）在廣州時黨政軍大權都在他一個人手裏。

　　關於上集究竟止於離開廣州，抑或止於左聯成立？陽翰笙問：能否止於左聯成立？

　　茅盾和夏衍都認為，從離開廣州到左聯成立，其間相隔三年。下集只剩下短短五年，輕重失衡。上集還是止於魯迅離開廣州為宜。——大家表示同意。

巴金同志發言

以前上海已搞過一個《艱難時代》，太構於事實，每一段話都有出處，每一細節都很正確，這對學習和研究的人看，固然很有幫助，但對一般觀眾就不能激動。

對魯迅的生平，事蹟，將來可以再搞一部大型紀錄片。（夏衍同志插話：已經有過一部《魯迅生平》了）

這一次為了使更多的人，特別是青年，瞭解和學習魯迅，就一定要寫出魯迅的精神面貌，只有這樣，才能起教育人、鼓舞人的作用。

照提綱草案的八段分法，我覺得很好，影片分上下兩部也好，主要問題是要能貫串到底。有些人物可以取消，如許壽裳作用不大，可以略。凡是合乎魯迅性格的，可以創造一些。不必完全拘泥於事實。對反派人物，可以誇張一下，可以加一些東西進去。有些人物可以集中概括，有些人物與戲關係不大的可以不要。

寫魯迅主要是寫他的思想發展，私人生活可以精煉一點。

這部片子，外國對它的期望也很大，影片放映出來，要使從來沒有看見到魯迅的人，使不知道魯迅的人，也能夠瞭解，也能夠感動。

這一次搞，我相信是一定可以搞好的。

邵荃麟同志發言

搞《魯迅傳》是很大一件事，拍出來影響很大。

一個是魯迅和革命的關係問題；一個是魯迅思想的發展過程；還有一個問題是魯迅的性格和個性，個性又和思想相聯繫又不能離開環境。

影片分上下集，上集止於廣東。下集從1927年大革命失敗後開始，這樣分法也好。

　　寫魯迅要寫出中國革命知識份子從民主主義走向共產主義的道路，這樣的人在全世界也並不多，高爾基是一個，托爾斯泰是從貴族出身，但沒有達到。羅曼羅蘭是從民主自由走向共產主義。有的走了一段又退回來，魯迅是堅持走這條道路的，因此魯迅不僅是中國、也是有全世界的意義的。

　　（夏衍同志補充一條：魯迅「俯首甘為孺子牛」的精神也是全世界知識份子的榜樣。歐洲有這樣一些知識份子：「走你的道路，但是要和你分庭抗禮」，而魯迅對黨是俯首。聽黨的話，甘心做「馬前卒」。）

　　胡風在解放前，把魯迅從頭到底解釋為人道主義，說魯迅繼續了歐洲的人道主義，從五四直到現在，藉以抵抗毛主席的《文藝座談會講話》。在解放後，他又調過來了，說魯迅從五四以來就是馬克思主義者，又以這個藉口來抵抗毛主席。企圖否定知識份子的思想改造。我們一些同志在駁斥胡風時說：「魯迅在五四前後是進化論，1927年以後才轉變為階級論的。」這個說法也不夠恰當。說魯迅在看到1927年的「四·一二」才恍然大悟，突然接受了階級論，那是不可能的。從革命的民主主義者到成為共產主義者，其中有一個過程，基本上正如秋白分析的，五四以前是進化論和個性解放；五四以後，還保留著進化論的殘餘，但有了新的東西，徹底的革命民主主義者，這是主導。經過五四有變化，他寫《墳》就是要把過去埋葬在「墳」裏。五四以後，社會主義因素在他身上出現了，但他沒有很好用文字寫出來，他對

蘇聯是嚮往的。對革命是嚮往的。他是徹底的反帝反封建，徹底拋棄改良主義，徹底否定中國走改良主義的道路。改良主義還是唯物主義，這是第一個問題。辛亥革命成功他希望能建立一個資產階級共和國，辛亥革命失敗，這個理想在他頭腦中毀滅了。但「建立無產階級共和國」的理想在他腦中還未成長。「徹底的反帝反封建」，這是毛主席對他評價的第一句。這一點魯迅超過了十九世紀的任何作家。無論是果戈里、托爾斯泰、契訶夫，他們都沒有超過這一點，而魯迅超過了他們。魯迅在五四以後的文章中很突出反對改良主義，反對自由主義，反對人道主義。這都是事實。

在第二次文代會的報告（馮雪峰等起草）拿到中央政治局討論時，原來提出繼承延安傳統是繼承文藝座談會以來的傳統。

> 毛主席提出：繼承傳統為什麼不從五四開始？主席提出：要重視魯迅，說魯迅在五四後不包含社會主義因素是說不通的。
>
> 主席說：從五四到大革命，魯迅的文章中還保留著殘餘的進化論觀點，但如果說魯迅的世界觀還是以完整的進化論為主導，是不對的，很難得出這個結論。

不要在影片中寫成上半部是一個民主主義的愛國者，和伏爾泰一樣；下半部忽然變成一個馬列主義者而看不出思想發展的道路，看不出過渡。1927年過渡以後還不斷進行思想改造，過渡並不等於完成，魯迅到死還在不斷自我改造。搞清這一點很重要。

毛主席特別肯定他「徹底反帝反封建，骨頭最硬」，魯迅不是資產階級民主革命家，應比他們高一級，但上集中還不是馬克思主義者。

李大釗不能不寫，避免了戲就難做。寫了李大釗觀眾會不會問「魯迅為何不入黨？」這個顧慮不必要。高爾基也不是一認識列寧馬上就入黨的，高爾基入黨以後還犯過錯誤，列寧還批評他，魯迅最後也沒有入黨。但魯迅比高爾基更強。

魯迅在1925年前就注意看關於蘇聯的書了，當時馬列主義的書翻譯還不多，他是文學家，當然多注意文學方面的書。毛主席稱魯迅後期是偉大的共產主義者。有地方又稱魯迅是中國文化革命的聖人。在十年圍剿中二條戰線，一條在蘇區，一條在上海。上海反文化圍剿，手無寸鐵，搞出一個「一二九」運動，一個共產主義者的魯迅。魯迅參加了當時的政治鬥爭，寫了很多雜文就是為了粉碎「圍剿」。解放區的長征勝利，國統區的一二九運動，最後逼出蔣介石抗戰，考慮一下，如何寫進去。

秋白和魯迅的關係怎麼寫？如具體怎樣講話？二人在大談政治，不好。二人只談些文學上的事，單是文學也不能顯出全貌。

演員問題很重要，郭老（郭沫若）有一個評語，「說魯迅是從熱到冷，冷裏發出熱來是最大的熱，冷與熱結合，又是冷又是熱。」這個精神狀態要表現出來。

周建人同志發言

關於人物的出場，同意沈部長（茅盾）和巴金同志的意見，除必要的外，有些熟朋友可以不要寫。否則，魯迅早年和陳儀、和蔣抑卮都是熟朋友，一一寫來，太麻煩了。

最後，夏衍發言：

整個戲最主要的有二點：

第一、必須以毛主席對魯迅的評語為綱，以中國革命為背景，寫出中國革命知識份子所走過的道路和思想上經歷的變化。參加到革命中的知識份子有資產階級、地主階級、小資產階級等出身，但所走的道路是不同的，像鄒韜奮是一種，他以前是基督教青年會，和黃炎培接近，搞職教社，企圖以改良主義改變舊社會。像魯迅是另一種，他最初企圖以科學和民主來改革舊社會，後來從進化論到唯物論，成為馬列主義者，可以寫出中國革命知識份子所走過來的道路。

第二、是黨的領導，特別是黨對文藝運動領導的一條線，當然，不像毛主席在文藝座談會這樣清楚，但也是有團結有鬥爭的。馮雪峰一直講左聯運動是自發的，沒有黨的領導，是他推動了魯迅……這是胡說。魯迅的進步實際上是靠攏黨，思想上起了變化的結果。魯迅和黨的關係早在廣州就開始，不是直到左聯才開始的，更早的還有李大釗。（茅盾插話：陳獨秀和魯迅早期相當熟），這條線應該寫出來。

夏衍還說：

搞一個《大事年表》掛在牆上，還要查閱當時的報紙，如物價如何？一包香煙買明天幾個銅板，服裝，衣飾照片，可以查看北方的《國聞週報》和南方的《東方雜誌》，細節的真實性很重要。（茅盾插話：「當時女學生大都穿裙子，穿旗袍是沒有的。」）恩格斯講的細節的真實性和典型環境的典型性格相當重要。當時的毛頭小夥子，現在已經老年了，當時語言和現在語言

有很大不同。

瞿秋白溫文爾雅，樣子瀟灑得很，和郁達夫在某種地方有點相像，身穿長衫，瀟灑得很。

史沫特萊可能要出場，楊杏佛死在長征前後。有許多地方史沫特萊是一個聯絡人。史沫特萊已死，現在可以講了。史沫特萊是第三國際派到上海的特派員，在上海設聯絡站，她是美國人，美國籍，比較方便。如德國基希到上海見魯迅也是她帶去的。（茅盾插話：伐楊‧古久列和魯迅見面也是她聯繫。）伊羅生跑後，由格萊尼契編《中國論壇》（CHINATODAY）也和史沫特萊有關係。史還請魯迅到蘇聯去養病。（茅盾插話：那時在上海蘇聯領事館，是晚上，宋慶齡也在場。）

秋白犧牲，魯迅聽了，還不相信，他說：「我想他走哉，那是國民黨造謠。」直到看到報上登出消息，魯迅才相信了，於是決定編《海上述林》。

最大的問題是演員和導演，怎樣表現魯迅先生的氣質，他幽默得要命，假如寫成刻板，就不行了。他講一句話，並不笑，但你仔細一想，忍不住要大笑。（夏衍講了關於魯迅幽默的二個事例）

有一次去看魯迅，他摸出一包香煙，我一看，是「品海牌」，我就摸自己的香煙，他笑我說：「儂上當哉」，「裏面是三五牌，形式和內容不一致啦！」非常平易近人，愛開玩笑，很隨便。（按：品海牌是普通香煙，三五牌是美國進口的高級香煙，魯迅用來請客人抽的。）

還有一次聽說魯迅和馮乃超一起開好會，在外面吃飯，他喜歡吃點酒，馮乃超也在座，他說了一句：「喝兩杯是勿會醉眼朦

朧的」。（按：馮乃超早期文章中曾說過「魯迅醉眼朦朧」。）

有幾個問題：一個是魯迅作品在當時所起影響如何表現？包括小說和雜文。另一個是影片中應該提到蘇聯，不僅是國際主義，中蘇文化之交，在戲裏要有適當反映。

關於演員，別的片子可搞新演員，《魯迅傳》恐怕不行，要老演員演，如孫道臨在《革命家庭》裏，1927年的知識份子就表演不到位了，一下子見了妻子連擁抱也來了，當時握手還不通行呢！

（當天，夏衍對主演和導演問題一再表示關切。他認為《魯迅傳》要拍好，主演的發揮和導演的處理特別重要。當然紅花還要綠葉扶，其他演員也不能忽視。）

座談結束，顧問們都在原座位用餐，由服務員送上西餐。

夏衍舉起原來的茶杯，向大家說：

「今天大家的發言很好，對《設計》方案一致認可了。這個方案就是創作電影文學劇本的底線，創作組將根據這個方案寫出劇本初稿，再請大家審閱……。」

——創作組回到上海，就開展了對《魯迅傳》電影文學劇本從提綱、初稿直至定稿的創作歷程……

第四章 電影文學劇本創作歷程的 「一波三折」

　　上影——天馬電影製片廠籌拍《魯迅傳》故事片，最後雖未投產拍攝，但在《上海電影志》中有所記載。

　　《上海電影志》是當時中共中央候補委員、上海市電影局黨委書記、上海市電影局局長兼上影廠廠長吳貽弓主編。是具有權威性的「上海市專志」，其記載堪為信史。關於電影《魯迅傳》是這樣寫的：

> 「1961年3月，文化部副部長夏衍來滬與海燕、天馬兩廠領導和主要創作人員座談電影事業的經營管理問題。
>
> 是月，中共中央宣傳部副部長周揚在杭州召開座談會，座談天馬（廠）準備投產的故事片《魯迅傳》文學劇本問題。
>
> 夏衍在滬期間多次與《魯迅傳》主創人員交換意見，並參加劇本修改。
>
> 但由於對劇本的意見無法統一，外借人員合同到期，後報請中共中央宣傳部同意，決定暫停投產。」
>
> ——見《上海電影志》第68頁

原書如下：

　　——經過三年的籌備工作，最後未能「投產」拍攝的根本原因是：「由於對劇本的意見無法統一」，無可奈何地「決定暫停投產」。

　　那麼，究竟是誰?「對劇本的」哪些「意見無法統一」？

　　是上層內部、還是基層領導？是編劇？抑或攝製組統帥的導演？

　　《魯迅傳》劇本上集執筆者陳白塵先生的長女陳虹教授，讀了拙著《行雲流水記往》中《巨片〈魯迅傳〉的誕生與夭折》，2010年3月6日來函指出：

　　「……有關《魯迅傳》的文章拜讀了。……您是當年劇組中的資料負責人，因此這樣的文章也是非您莫屬了。許多資料在我來說，都是第一次看到，您費心了。

　　但讀後有一問題還需與您商討：《魯迅傳》的夭折，原因很多。從書面資料上看，您的文章是比較齊全了。但是：

①上層內部的意見（不便公開者）；

②創作者本身的原因，便不是他人能夠掌握得了。

以後者為例，家父（陳白塵）就在此時遭遇『審幹』結論的簽字。（當然，後來均作『冤案』處理了。）夏衍『出山』修改第四稿，似乎也有這一原因。（沈按：事實與此無關。）這一切都是家父生前親口對我所說，是他一輩子的『心痛』。……」

為之痛心的豈僅陳白塵？！親口向我表示痛心和遺憾的，更有葉以群、杜宣、柯靈；還有衛禹平和夏天；乃至1985年12月25日授意我寫《巨片〈魯迅傳〉的誕生與夭折》的夏衍前輩……。

環顧當世，存者幾人？往者已矣，來者可鑒。作為親身經歷、見證、記錄了當年「對劇本的意見無法統一」全過程的當事人，僅將創作過程「一波三折」實錄如下：

第一個波折：葉以群執筆階段（1958年－1959年）

一、起因

1958年「大躍進」期間，毛澤東主席在省市委書記會議上提出，各地要有自己的「魯迅」……。上海市委第一書記柯慶施在《紅旗》雜誌第一期發表《勞動人民要做文化的主人》，寫道：

「新的文化藝術生活，將要成為工人、農民生活中的家常
便飯……，每個廠礦、每個合作社……都要有自己的屈
原、魯迅和聶耳。」

在一次會議上，柯慶施號召要產生自己的魯迅，還要超越魯
迅……。

周恩來總理說：產生魯迅、超越魯迅首先要瞭解魯迅、學習
魯迅。建議上海拍攝《魯迅》的故事片，使大家可以瞭解魯迅，
又為建國十周年獻禮。與此同時。于伶和孟波合作編寫《聶耳》
電影劇本。

上海市委決定攝製電影《魯迅》故事片，由文教書記兼宣傳
部長石西民貫徹落實。石西民與宣傳部副部長兼上海電影局黨委
書記袁文殊作了研究：要原上影副廠長、三十年代與魯迅熟悉的
作協副主席葉以群負責編寫電影文學劇本。

「北影」廠長汪洋獲悉後，立即指定「北影」著名編劇趙慧
深負責編寫「魯迅」的劇本。趙慧深（1914-1967）是著名文學
家趙景深之妹，譽滿影劇界的才女，在影片《馬路天使》中與趙
丹、周璇、魏鶴齡齊名的四大名角之一。葉以群因公赴京，趙慧
深約葉以群交流編寫《魯迅》劇本的意見。雙方君子協定：趙慧
深寫「魯迅在北京」；葉以群寫「魯迅在上海」。——這就是葉
以群親口告知的起因。

二、分歧

葉以群向石西民、袁文殊提出：為了集思廣益，他要求兩年前上影拍攝《魯迅生平》記錄片的導演佐臨、編劇唐弢一同參加創作小組。

石西民、袁文殊表示：佐臨時任「上海人藝」院長，為國慶十周年獻禮劇目而無法分身。唐弢的編制在上海作協，沒有問題。只是要找一位合適的導演頗費躊躇。

海燕廠的鄭君里一肩雙挑，執導《林則徐》、《聶耳》兩部重點片。沈浮在導演獻禮片《老兵新傳》。江南廠的應雲衛正為《不夜城》挨批停映、支援福建、撤銷建制而忙著。算來算去，只有天馬廠的陳鯉庭空著。他自上影建廠以來還沒有拍攝故事片。於是便要他和以群、唐弢一起參加創作小組。

在劇本主題問題上，唐弢與以群產生分歧。

以群提出：劇名《艱難時代──魯迅（在上海）的故事》；

劇本主題是：「魯迅在黨的領導下，堅持著對敵鬥爭，展望著中國的未來」。

唐弢提出：劇名《旗手魯迅》；

劇本主題是：「十月革命一聲炮響，促進了魯迅投入文學革命；黨給魯迅以力量，通過對新月派、第三種人、民族主義文學的『三大戰役』，粉碎『文化圍剿』，成為文化革命的偉人。」

石西民同意以群的劇名和主題，唐弢以調赴北京為由脫離了創作小組。

三、成果

　　1958年12月19日，以群獨自一人寫出了電影文學劇本初稿。劇本平實、樸素地描寫魯迅在上海的生活。原件如下：

劇木目錄如下：

艱難時代

——魯迅的故事

主題：魯迅在黨的領導下，堅持著對敵鬥爭，展望著中國的
　　　未來

第一章：從一點一滴做起（一－六節）

第二章：走向大聯合（七－一四節）

第三章：豎起新興木刻的旗幟（一五－一七節）

第四章：在敵人的屠刀面前（一八－三一節）

第五章：革命的友誼（三二－三四節）

第六章：擴大戰線，迎接抗日（三五－四二節）

第七章：嚮往蘇區，深入戰鬥（四三－四六節）

第八章：在荒漠中播種（四七－五一節）

第九章：在短兵相接的鬥爭中（五二－六七節）

第十章：黨的「知己」（七〇－七三節）

在劇本中，以群注意到突出情節的政治性的同時，適當描繪了魯迅與幼兒和老母之間的親情，使魯迅身上保留了他原有的人情味。例如：

第一章第六節：寫畢文章哄幼兒入睡

（六）

是日深夜，人們都已入睡，弄堂裏傳來小販淒涼的叫賣聲。

魯迅振奮地寫著《論硬譯和文學的階級性》，忽聽樓上嬰兒的哭聲。即擱筆上樓，輕輕抱起孩子，坐在腿上，拿兩個香煙罐的鐵蓋敲擊著，逗孩子玩。孩子倦了，他就平托著孩子走來走去，唱著自編的兒歌：

　　「小紅，小象，小紅象，

　　小象，紅紅，小象紅，

　　小象，小紅，小紅象，

　　小紅，小象，小紅紅。」

第二章第十四節：聽柔石講少先隊員

（一四）

五月，已是炎熱的季節，魯迅已遷到「北川公寓」三樓。

柔石穿著異乎尋常地整齊地西服來訪。

魯迅見了感到驚訝說：「好久不見你了，今天穿得這樣紳士氣十足，是預備赴女朋友的會，還是發了意外之財？」柔石說：「不是預備去赴會，是已經赴完了一個會。」魯迅有些懷疑，追問：「難道會見的真是那麼一個閨秀氣十足的女性嗎？如果是，那恐怕你也是華蓋運當頭了。」柔石嚴肅地說：「剛參加了一個黨召開的『全國蘇維埃區域代表大會』的準備會議，接連開了十天，吃住都在會場裏，一步門不出，所以，你這裏也很久沒來了。」他又說：「我是本地代表，萬一有事，要出來當外交代表，所以要特別化裝一番，扮作正人君子的樣子。」魯迅聽了大笑說：「想不到你這個老實人居然還會演戲。」

於是，柔石坐下來，興奮地談起會中的印象。

參加這個會的除了上海的工人代表之外，還有各地蘇區的代表，各地紅軍、遊擊隊代表、各地紅色工會代表、各革命團體代表，還有幾個少年先鋒隊的代表列席……

柔石說：「記得你在一篇短文裏說過『青年們先可以將中國變成一個有聲的中國，大膽地說話，勇敢地進行，忘掉了利害，推開了古人，將自己的真心話說出來。』在這個會議裏，我看到了你的希望得到了實現——列席這會議的，有一個少年先鋒隊的隊長，十六歲，他的身體非常結實、強壯，臉上看去敦厚而有點蠻氣，兩眼圓而有神彩。他的發言很簡樸，但很大膽。據說他曾打死過十幾個白軍。奇怪的是，他很喜歡讀詩，他的小本子上還

抄著一些詩句。我記得裏面就有郭沫若的《湘累曲》。他曾問我：『寫詩的人裏面也有革命的，對嗎？』」

魯迅感歎說：「這些少年真是幸運兒。從他們身上才真能看到將來！」⋯⋯

第八章第四十八節：魯迅北上探母

（四八）

古老的北平，風沙的北平，戰鬥的北平。

在西三條21號的住屋裏，丁香在院子裏搖曳，棗樹已經脫葉了，氣候帶著初冬的意味。

魯迅和母親在閒談。

母親：「我身體倒還硬朗，這幾年一坍坍風險，心裏著實惦記，想看看你，他們給我打了這個電報。老大，你老多了！」

魯迅：「接到電報，我馬上買票動身。心裏也作過估計，電報由三弟轉，卻光叫我一個來，我就預料可能只是『母親病』。」

母子倆愉快地笑起來。

「你又看了那麼多小說？」魯迅望了望枱上的書，不等母親回答，就過去把兩部章回小說拿進來遞給她，「我這回帶來兩部。」

母親戴上眼鏡，略略一翻，指著一部說：「這部我看過了！」

「這一部看過了，不打緊！明天再找幾部沒有看過的來。」

母親：「不忙！我近來看報的時間占去我不少！」

魯迅：「報上都是小鉛字，還看得清嗎！」

「看得清，就用這個！」母親一面說，一面又摸出眼鏡，下意識地戴起來。魯迅含笑望著她。

魯迅：「海嬰老是打聽你的模樣，給他看照片，說是頂好親

眼看一看。要不是他身體不好，這回我就把他帶來了！」

「真乖！」母親望著牆上的照片，呵呵地笑起來，「我也是這樣，真想看看他。他長得和你小時一模一樣，看來要比你高一點。」

「我沒有他漂亮！」魯迅一面說，一面從皮夾裏摸出一張新帶來的照片，遞給母親。

母親托著眼鏡，把照片左看右看地看起來，臉上浮著愉快的笑容。

整個室內充滿著親子之間和給與歡樂的愛。

第十章第七十節：魯瞿談心、「黨的知己」

（七〇）

雨夜，何凝坐在一輛洋車上……

深夜，急敲魯迅家後門的聲音。

魯迅擬下樓開門，被披衣起來的景宋所擋。景宋慌張地下樓開門。門開，站在門前的是何凝，景宋驚喜地將何拉進門來。

何凝登樓，魯迅和他緊緊握手，半天說不出話。

「好象幾年沒有見到你了！」魯迅終於說。

「我今天是來向你們告別的！」何凝的第一句話。

魯迅驚詫，說不出話。

「得到中央的指示，明天就要出發去蘇區。」何凝解釋說。

「這對你是個好消息！而對我卻是個壞消息，今後的戰鬥，難免要寂寞一些了！」

他們坐了下來。何凝說：

「今後在白區的鬥爭，一定會更加困難、更加難苦，但我深

信你是會做得好的，全黨的同志們都會支持你，都會成為你的好戰友！」

魯迅感慨地說：

「我所走過的路是曲折的，也是困難的，像你所說：『從進化論進到階級論，從士紳階級的逆子二臣進到無產階級和勞動群眾的真正朋友』，這中間是經過不少痛苦經驗的，現在深感到：只有共產黨人才是我唯一的知己！……」

他站起身，展開一張宣紙，在上面寫著：

「人生得一知己足矣！
斯世當以同懷視之。」

他肅然站著說：

「澤東先生我沒有機會見面，少奇、恩來先生，儘管有很長時間和我住在同一個城市，但被敵人隔著，我只能領會他們的精神，不能和他們見面。這兩句話，就作為我給他們，給你，給黨的所有同志們的饋贈，也就算作我對黨的誓願吧！」

何凝緊緊地擁抱住他，然後說：

「我一定帶給中央所有的同志們，並代表黨感謝你的同志式的饋贈！」

「黨的切切實實、腳踏實地、不怕流血犧牲，為中國民族，中國大眾謀幸福的鬥爭精神，我是永遠佩服的。你們能引我為同志，我永遠當作無上的光榮！」

街頭巷裏，燈火盡熄，夜已深……

四、擱下

聽取意見後於1959年3月寫了《艱難時代》修改提綱。

創作小組另一位卻認為本子太單薄，不願接手拍攝。於是，兩個稿本被擱置下來。這就是魯迅電影劇本創作歷程中的第一個波折。

五、感慨

袁文殊對以群說：平心而論，于伶、孟波合寫的《聶耳》文學劇本，原來的基礎不如《艱難時代》。導演（鄭君里）毅然拿下來，在拍攝過程中發動演員、攝影等為豐富內容出點子，群策群力，影片完成了，在國內獻禮，在國際得獎⋯⋯。

以群對我說：《艱難時代》生不逢「人」⋯⋯。

第二個波折：陳白塵執筆階段（1960.7－1961.5）

一、重起爐灶建立新組

1960年初，在周恩來總理和上海市委的共同關懷支持下，重起爐灶建立新的創作組。在原有的三人小組（即以群、陳鯉庭和掛名的唐弢）再增加三位生力軍，著名的資深電影編劇陳白塵、杜宣和柯靈。同時成立「電影《魯迅傳》顧問團」。周總理指定：由夏衍兼任顧問團團長，葉以群擔任創作組組長。夏衍、以群兩位前輩指定我為創作組和顧問團的秘書。

創作組名為六人，實際上只有五人。掛名的唐弢除了開會時說幾句「劇本寫得很好，功勞全是白塵的」客套話，三年中沒有作過一點實際工作。

這個五人創作組的工作效率是很高的。在半年中舉行了四十多次集體研討，陳白塵在五個月內完成了上集的提綱、初稿、二稿的三個稿本；葉以群主持集體研討的同時，還和杜宣、柯靈一起完成了下集劇本的詳細提綱。

二、寫出提綱聽取意見

在3月中集體討論訂出《劇本設計》、4月中《設計》方案經顧問團審議通過以後，《人民文學》常務副主編陳白塵摒擋了北京的一切事務，到上海安心創作。

陳白塵（1908-1994）在以群任上影副廠長時，是上影的藝委會主任。兩人是老戰友和老搭檔，是著名的歷史影片《宋景詩》的編劇。接受《魯迅傳》創作任務時，年已五十三歲。寶刀不老，來滬一個半月，《魯迅傳》上集劇本的詳細提綱即脫稿付印。（如下）

《魯迅傳》上集劇本詳細提綱，依據《設計方案》構思創作，計四章五十六節。

第一章：辛亥革命時代（一至十三節）

第二章：五四時代（十四至二十五節）

第三章：五卅至三一八（二十六至四十一節）

第四章：一九二七年大革命時代（四十二至五十六節）

詳細提綱鉛印30份，分送北京、上海有關部門審閱，聽取意見。

現將比較具有代表性的四位，即中共中央宣傳部副部長林默涵、文化部副部長夏衍、中國作協副主席邵荃麟；上海市委宣傳部常務副部長陳其五的意見，轉錄如下：

1960年9月1日，林默涵、夏衍、邵荃麟對「魯迅傳」劇本提綱的意見。

林默涵說：

總的很好，政治上未發現有什麼原則不妥之處和錯誤。藝術

上也很不錯。因為魯迅對於人們，不論認識的，還是不認識的，都有一個偉大的革命文豪的印象，每個人都有權提出像不像的問題。從現在作品看，是像了，體現了魯迅的性格、精神和戰鬥的生活，但還覺得不夠深刻，不夠滿足。

魯迅為人很深沉，表面冷靜，內心很熱。如學生會等活動，都是別人找他才有行動的，平時對人也不是表面很熱情，招手等。現在的問題是：如何使這「冷」「熱」很好地結合起來。現在很多青年怕不易理解這種性格，弄不好，反會使人覺得魯迅在很多場合是說風涼話。我覺得應表現的熱烈些，明快些，不能太限於本人的真實表現。不能完全按許廣平的說法那樣去寫。要更加強些對運動的態度，更積極生動些是可以的。符合藝術真實的。我不贊成完全拘泥於事實的真實。傳記電影不可能沒有強調。總之，可以表現其獨特的性格，但他對運動的態度，不能表現為旁觀、冷淡，找到他他就說幾句話，鬥爭應更熱烈些。

對話問題：無關重要的，不說了，幾段重要講話，可能反映了其真實思想，但是否在那場合，那樣說？值得斟酌。

「三一八」時，對學生示威態度的一段話，就有站在一旁，說風涼話的味道。那一段話，當然是充滿憤慨，深刻地揭露統治者，但當時不會對青年那麼講。如真的那麼講，不但現在的青年不能接受，就是當時的青年也不會接受的。事實上，遊行、請願、示威，還是起著教育、引導人民的巨大作用的。影片中要明快些、強烈些，不能將文章中所寫運動的曲折、隱諱、嘲諷……等手法，不恰當地用於電影。諷刺朱家驊說：「我是不革命的……」一段，也可能引起青年的誤會。對國民黨的態度，也

可考慮講些正面的話，使觀眾能夠理解。

《新青年》編委開會一段，擔負著表現無產階級知識份子與資產階級知識份子的決裂任務。這可寫得不精彩。與胡適的鬥爭，應更針鋒相對些。不要太曲折、隱晦，使人看不懂。這一段要重新組織，要看到兩個人在思想上的對立。

真人真事問題：是否全部真事？不可能，總要做些調查。對魯迅本身活動只要無嚴重不符便可。但要符合其性格。如抱女師大校牌，這種動作就不是魯迅的動作。與表現其人關係不大者可去掉，也可設計些其他動作，但要使人覺得合乎魯迅身份，是魯迅的動作。李大釗同志，要不要出面這麼多？本是當時黨的領導者，與其多寫，不如少寫些，露面少，而在重要關鍵處起作用，對魯迅有影響，要少而精。多寫了，反而會平凡。而像組織稿件這類事，盡人皆知是錢玄同所為，不宜按在李大釗身上了。又如李當面奉承魯迅的一節使人看了不舒服，風格不高。對胡適、傅斯年、朱家驊，也要力求真實。胡適還可寫的更壞些，但不可如此露骨，不能不像。完全不像，既無力量，他的門生也會提意見。

在廣州時陳延年給魯迅的影響，應提到毛主席。北伐時，主席在廣州很起作用，現在只看到陳延年。陳講：「……發動農民，組織武裝……」一段話，便可以說明是毛主席講的，從而引出主席。事實上，這也首先是毛主席的思想。

在結構上還顯得平鋪直敘了一些，要集中突出幾個事件，著力刻畫人物，其他交待過去即可。

夏衍說：

戲基本上可站住了，政治上無大毛病。寫當時社會全貌，

時代背景少，更未將其貫串於情節發展，貼在人物身上。典型環境，典型性格。如歐戰、十月革命……不一定專門去寫，道具、環境的襯托極重要，要有時代感。

要面向大眾，使完全不懂魯迅的人可以正確理解，使很懂得魯迅的人挑不出毛病。

事件太多了，妨礙了寫人的性格、思想，須割愛。「三‧一八」都可再凝聚，留出篇幅寫人物性格，有幾處應很感人。到教育部，郭嘯朋找魯迅，魯的苦悶彷徨抄古碑，可再寫深透。最後看到希望。李批評魯的戲也應寫足，時間縮短搞幾場重場戲，過場可略。

風格要再統一，反面，要寫出其壞，應深挖，但不醜化，段祺瑞就被漫畫化了，念佛珠、殺人、方法也不新鮮了。朱家驊是極鬼極「聰明」的，但很紳士派。對這些人物的描寫，應是現實主義的。思想可以是浪漫主義的。魯迅就是冷靜的現實主義。郭寫得還好，李則要再深化，許不能寫得太高、太積極。張棣華可再挖掘，作為「五四」時一種典型，不一定要很多筆墨。許多細節要再加工。辛亥革命背景精神狀態便不像。有些名詞如部隊，當時稱「兵」，請你負責，當時講「幫忙」等，要再核定。上集長度，不應超過一萬尺。

《狂人日記》應是文章寫完後簽名。

目前劇本生活寫得太少了些，還可寫得更有風趣些，魯迅有其幽默處。蔡元培在何處當教育部長，因而那裏情形好些，未講清楚。戲也應再有些起伏。如：魯迅到教育部，大失望，抄古碑、低潮、淒苦，再轉過來。

邵荃麟說：

「三・一八」後集中些，辛亥革命、「五・四」運動則差。前半部吸引力不強，開頭的魄力也不夠，對辛亥革命時氣氛的嚴肅性刻畫不夠，有滑稽感，如服裝、髮式等。那次革命失敗，應對魯有很大的打擊。阿Q死時，魯不應是流淚。說：「革命黨穿洋裝，我不配」的話無甚意思。還可寫集中些。「五・四」時代魯的性格，是徹底的不妥協，但有懷疑，對群眾運動也有異義，還要看一看。如描寫其遇到問題，被動多，主動少，與作為革命的思想家的身份不符。劇本強調了李大釗對魯的影響，魯迅自己的一面則少了，「三・一八」時較突出。

以《新青年》編委會來表現分裂是不夠的，分量過輕。會開得很短，根本分歧不在於談主義還是談政治，以此不能表現其實質。張、郭的戀愛不清楚。黨的成立，應著力加以表現，魯是關心和追求新事物的。

「三・一八」後，李與魯談話一段要多斟酌。當時李是北方局的書記，這次談話實際上是替魯以前的思想做總結，表現了黨幫助魯迅，使魯的思想水平是否寫得太低了。如說「⋯⋯這個問題，我完全沒有想到」。當時報上常有罷工消息，常有赤化問題，知識份子分化已很明顯。《響導》已出刊，魯不可能不注意、「沒想到」這些問題。對《阿Q正傳》的批評是否正確？是否如此消極？當時魯迅是提出了農民問題，且怒其不爭，但沒能提出爭的方法，前途問題未能解決。

關於女師大的鬥爭，楊蔭榆，應是寡婦的陰險，而不像目前這樣嬌滴滴。對胡適，寫表面多了，降低了對手。

「三・一八」許廣平為魯抄搞而未參加遊行一段不妥。如系知道有陰謀，為什麼不向組織上提出提妨；如不知道，為什麼只看到消極面？許是總指揮為什麼不去遊行？屠殺後的戲是好的，激動人心。

陳延年找魯迅，材料是在省委，劇中寫茶樓，當時的廣州到省委去是可能的。還應寫出魯迅主動找陳的一面。提到農民問題，魯應多有感慨，他對農民還是熟悉的。當時的農民已發動起來了。關於農民問題，從阿董、阿Q到李大釗談，陳再談，便可貫串了。司的克黨寫得太多了些。更殘酷的屠殺還是「四・一二」。那時各地動手時間先後不一，應有傳聞，有準備。事後找朱家驊時感情不夠，此段是否如此寫？要與「三・一八」不同，而更加強烈。

魯迅的性格還是寫出來了，前面則感到提不起來，可省略。

林默涵還說：

辛亥革命可省略些，魯迅當時作用不大。而當時像他那種表現者甚多。總的看來勢必要去掉些東西。按今天大家所談意見再加工，還頗需要費些力氣。這是一件重要的大事情，絕不能搞得不錯、但不很好。要大力加工。上集搞好了，站住了，下集就好辦了。

1960年9月11日，市委宣傳部對「魯迅傳」上集提綱的意見

陳其五同志的談話

這個本子基本上寫得好，化了功夫的，藝術上精心構思，看來是很成功的文學作品。從政治上看，看不出什麼大問題。小問題無非是如何更好一點的問題。

上集四章中，前二章散一點，後二章就比較集中精彩。我們考慮以後，對這個本子基本上是肯定的。寫魯迅，基本上是寫出來了，但如何更深一點，下面幾點意見提作參考：

（一）關於魯迅和黨的關係問題

如何表現魯迅同黨的關係？通常考慮以及從劇本上表現，無非是從：魯迅和黨的負責同志直接接觸；當時革命運動對他的影響；馬列主義、黨報黨刊對他的影響⋯⋯等方面來考慮。

1、魯迅和黨的負責人直接接觸，在北京是李大釗，在廣州有陳延年，這樣寫基本上是好的。

幾個共同感覺是：大釗同志出現次數確實多了。還是搞成在重要關頭上出來的好。當時有許多重大事件，如黨的成立、二七鬥爭等等，通過大釗同志告訴魯迅，當時，魯迅也不是完全不知道。

大釗同志當時是北方黨的負責人，有些對話則可以考慮。如回答胡適時講「《新青年》如果真的是色彩太濃，那可以略為沖淡一些⋯⋯」

李、魯對話中講到《狂人日記》、《阿Q正傳》⋯⋯，對這些作品是要肯定，但有些話的分量講得是否過重了一點？還可考慮。

後來李大釗勸魯迅出去，這是可以的。問題是許廣平在旁，李大釗又說要他們一起走，似乎不妥。能否可以改為不是李提出而是由魯母或廣平自己提出來。

另外在廣州時，陳延年對魯迅的講話中應該突出毛主席。毛主席在1923—1926年正在廣州。他在廣州編《政治週報》（從一至七期）在上面寫了很多文章——特別是關於農民問題的文章。應該有所反映。

2、魯迅從當時的革命運動接受了黨的影響。辛亥革命也是革命運動，但在他的一生中影響不是最大，主要是十月革命的影響和五四運動，特別是六三以後，工人階級踏上政治舞臺，1921年中國共產黨的成立、二七鬥爭、工人運動更是轟轟烈烈的起來，魯迅這樣的革命家、思想家對這些大事情不可能不知道，也不可能不關心的。當時的具體記載少了一點，但可不可以越出這個限制，總感覺到是一個缺憾。

　　現在，青年運動是比較突出了，其他還不夠。此外，在「三一八」中，黨在領導的線脈還不清楚。

3、關於馬列主義對他的影響，寫到一些，但還不夠。

　　五四以後，毛主席編的《湘江評論》，當時《民眾大聯合》一文的影響很大，董老去年在匈牙利黨代表大會報告中曾引用過一段。當時的馬列主義著作、《新青年季刊》、《響導》。毛主席在上海辦的《天問》等許多黨的刊物，魯迅作為革命的知識份子，那時候，對這些刊物不可能不注意的。

　　這三個方面，現在都有涉及，再考慮寫得深一點，有些方面交代得更清楚一點。

此外，還有一個陳獨秀的問題。在今天看來，陳獨秀早期也有應該肯定的地方。後來投降叛變，有點類似普列哈諾夫的樣子。現在的本子裏對陳獨秀的估價不夠恰當。前面講到他好幾次，後面只提了一句講他反對人民武裝，前面肯定多了，後面否定少了。

（二）五四運動時期

　　統一戰線內部分裂和知識份子的分化問題，是一件大事。戲裏有二場爭論，對這個問題總的是寫得好的，但還要深一點，如何深法？

　　首先是魯迅，魯迅是完全站在無產階級這一面的，毛主席評價他是三個家、五個最（偉大的文學家、思想家、革命家，最正確、最勇敢、最堅決、最忠實、最熱忱）如何更好地表現他的政治遠見、鬥爭性和犧牲精神。

　　其次是胡適，還要把他揭露得深一點，表現這個鬥爭也還要深化一點。胡適在五四以前，有幾件事可注意利用。他在美國時候發表的《給留美學生的公開信》和《留學日記》，他贊成袁世凱當皇帝。他說袁世凱接受日本二十一條，是又柔又剛，不失國體又不壞事。他還無恥地自稱是眾矢之的。回國時標榜「以哲學為職業，以文學為娛樂」。五四以後哲學上宣傳實用主義，文學上宣傳易蔔生的個人主義。他反對文學革命只主張文學改良。他說中國文學史是文字結構、形式、工具的變遷史，他是不搞思想的。要揭露他口頭上講不談政治，實際上有反動的政治野心。五四前夕他請來了杜威，杜威在中國二年多，講學十一省，每到

一處演講，都是胡適自己當翻譯，洋奴氣十足。

1919年寫《多談些問題少談些主義》，公開反對馬列主義，誣衊搞社會主義的人是阿貓、阿狗，是懶。

1922年又針對《中國共產黨第一次對時局宣言》寫了文章攻擊。

1922年5月他又辦刊物《努力》，寫了很多文章罵《新青年》和《響導》，發表《我們的政治主張》，提倡好政府主義。

我們黨提出反對帝國主義，胡適寫了《國際的中國》反對共產黨，說「帝國主義把中國搞得四分五裂的說法是鄉下人談海外奇聞。」以後他又提出什麼「五鬼鬧中華」……。

從文學到政治，他只主張一滴一點的改造，而反對根本上改革。他主張漸進而反對革命。他說「政治是任人擺佈的百依百順的女孩子」，他標榜「尊重事實，不談抽象的道理，大膽假設、小心求證」等等。

總之要從五四以來一系列的政治主張和態度，歷史事實集中概括，把胡適的本質揭露得深一點。

（三）魯迅的文學影響問題

魯迅作為偉大的文學家、思想家、革命家，而主要是以偉大的文學家出現的。這一方面的表現還不夠。

魯迅作品在青年中的影響要強烈地表現。現在零碎的把文章過堂似的，走馬燈似的介紹很多，但這樣對今天青年的印象不會深。在第四章中對作品也沒有提到，而魯迅和一些文學刊物的關係這一方面，則出現得稍多一些了。如《新潮》、《莽原》、

《國民雜誌》，有些不是文藝的，有些純文藝的如《莽原》也並不好，《新潮》則是傅斯年、羅家倫編的，把這些過多的與魯迅牽在一起是否好？請考慮。

魯迅對青年的幫助、關心、培養，使文學青年更好地成長起來，可以考慮多寫。黨辦的刊物可以多寫，有的刊物雖然有些關係，但政治上不十分好的，儘量少搞一點。

（四）魯迅與青年

魯迅一生熱愛青年，同時又從青年中吸收養料，如何更好地表現？

他對青年運動的一些講法，要考慮一下。如有些地方顯得他對遊行示威不感興趣，似乎魯迅站在運動旁邊，說說風涼話，現在的青年對他的話不易全面理解，會引起這樣的誤解的。（許廣平抄書一場可以不要。）

青年的形象出現很多，正面青年也寫得不錯，但和反面青年相比，顯得少了，總的是死的多，活的少，反面多，正面顯得弱一點。朱家驊、傅斯年還要揭出他們的本質，不然青年觀眾會搞不清楚。柔石出現是好的，但對他小說的稱讚要考慮，因他自己感到不好，「要撕掉這本小說」。不如改為只鼓勵他一番。

戲裏出現的人物很多，部裏一個同志統計了一下，有對話的人物有54個之多，有些我們還不熟悉。而青年不易搞懂。因此有些不是代表性的少提或不提算了，有些重要的則還可以加一些色彩。

（五）關於魯迅性格掌握問題

　　總的，魯迅的性格寫出來了，但不足。大家講魯迅是外冷內熱。現在的問題是外冷有餘，內熱不足。有些地方似覺陰沈了一點，一開頭的讀拜倫詩集，第二章開頭的抄古碑，相當多的地方表現了他的彷徨和苦悶。懂的人會看出他並非是消沉，但青年觀眾看了會產生問題的。

　　魯迅有苦悶、有倔強、有彷徨、有鬥爭。在苦悶彷徨時他對革命的信念始終沒有冷卻。他苦悶的原因是找不到革命的出路、馬列主義還沒有找到。

　　毛主席說：「先進的中國人，經過千辛萬苦，向西方國家尋找真理。……向西方學得很不少，但是行不通，理想總是不能實現。多次奮鬥，包括辛亥革命那樣全國規模的運動，都失敗了。國家的情況一天一天壞，環境迫使人們活不下去。懷疑產生了，增長了，發展了。……十月革命一聲炮響，給我們送來了馬克思列寧主義。十月革命幫助了全世界的也幫助了中國的先進分子，……重新考慮自己的問題。……」

　　毛主席對這個時代的精神面貌作了生動的刻劃。魯迅正是這樣的一種情況，對舊的仇恨得要命，又沒有辦法，一時還沒有找到出路，但始終是倔強的。他是徹底的硬骨頭。

　　這樣可以更全面的掌握魯迅的性格。

（六）關於劇本結構等問題

　　對劇本結構部裏的同志有二種意見：

一是主張從五四寫起，辛亥革命不容易寫，從此開頭，氣勢不壯。同時魯迅受辛亥革命的影響不大，對辛亥革命的貢獻也不大。

二是主張從辛亥革命寫起，著重寫魯迅的反帝反封建，又介紹了故鄉紹興，發展階段上正好從舊民主主義革命過渡到新民主主義革命。我是傾向於後一種的。

毛主席評價魯迅，是講他一生的發展。他在舊民主主義革命時期也是堅決反帝反封建的。在第一章，調子不要那麼低沉。魯迅在日本讀書時決定棄醫學文，是他一生中重要的轉折。如何適當交代一下。現在在辛亥革命有些突然，思想沒有基礎，為什麼要革命？為什麼這個革命不解決問題。魯迅思想上應該有所準備，使形象更為完整。

王金發一段，也有點來得突然，變得突然的感覺。

第三章中，魯迅送麵包不如聯合大家一起送的好。

第四章中，戴季陶的壞、陰險、奸詐，還可再深化一點。從他三個名字：戴天仇——戴季陶——戴傳賢的變化上也反映了他的性格。

陳源寫得好，很像。一看就知道是壞蛋，就是那麼一個人。陳源平時講話聲音不高，並不太會說話，外表很嚴肅，也很奸。在清華教外國文學。（陳源當時是陳其五的老師。）

胡適的口吻基本上像的，這個傢伙口若懸河、滔滔不絕，是很會講話的，能吸引人。

最後，幾個小地方要注意一下：

第三頁「中華民國萬歲」不如改「光復萬歲」！

第四頁「宣統皇帝要砍頭啦」這裏有少數民族問題。

第廿八頁「兩間餘一卒，荷戟獨彷徨」，——寫的時間上提前了九年。

第六十四頁「打倒中國共產黨」這一條標語可不要了。

——提綱寫出後，北京、上海四位領導談話，體現了官方的政治要求。好在陳白塵過去寫《升官圖》、《美國小月亮》、《宋景詩》等政治性的戲寫慣了、寫熟了，因此，這許多的意見難不倒他。他聽了這些意見後，只化了兩個月便寫出了劇本上集初稿，實在是文章快手、高手。

三、再接再厲寫出初稿

1960年11月27日，《魯迅傳》電影文學劇本上集脫稿付印。攝製組稱它為初稿，陳白塵稱它為二稿。這裏按照當時攝製組的習慣，仍稱之為初稿，以示與後面的行文相一致。（原書如下）

執筆者吸取官方意見，增加政治性內容，與提綱相比，初稿全劇四章依舊，原五十六節裁併五十節，篇幅從67頁增至118頁。

1、增加片頭、介紹時代背景

片頭新增一節，用外景介紹會稽山下紹興到紫金山下南京；翰林台門、三味書屋、當鋪藥店等出生環境；南京讀書到日本留學；孫中山、章太炎的思想影響到光復會；學習哲學、科學和文學；看影片國人殺頭刺激而棄醫從文；辦《新生》失敗到出版《域外小說集》——最後這些文學活動都失敗了。——照搬紀錄片的開頭。

2、修改結尾、突出毛澤東作用

提綱結尾：魯迅在海輪上接過南昌來的報紙，魯迅看報驚叫「廣平你看」，報紙上是「八一起義的新聞」。……魯迅說「中國，你有了希望了！」（見提綱67頁）

初稿結尾：「魯迅在海輪船舷上讀信，面有喜色。驚叫『廣平』。魯迅興奮欲狂地說『這是我等了幾十年的好消息！是中國人民等了幾千年的好消息！』迭印畫面配畫外音：毛澤東領導農民舉行秋收起義。——魯迅高聲說：

『掃蕩這批最後的吃人者，掀掉這最後的人肉筵席的時候到了！中國呵！你有了希望了！』——魯迅微笑地聽學生唱國際歌，紅旗在頭上飄揚。」（見初稿第117－118頁）虛構了借魯迅之口高度評價「秋收起義」的偉大作用。

3、渲染了十月革命和共產黨對魯迅的影響

在「五四運動」一年後1920年5月4日，魯迅給他的學生宋崇義寫信道：

> 「比年以來，國內不靖，影響及於學界，紛擾已經一年。世之守舊者，以為此事實為亂源，而維新者則又讚揚甚至。全國學生，或被稱為禍萌，或被譽為志士；然由仆（魯迅自稱）觀之，則於中國實無何種影響，僅是一時之現象而已；謂之志士固過譽，謂之禍萌是甚冤也。」

—— 這是當時魯迅對「五四運動」的看法。

魯迅還說：

> 「近來所謂新思潮者，在外國已是普遍之理，一入中國，便大嚇人；提倡者思想不徹底，言行不一致，故每每發生流弊，而新思潮之本身，固不任其咎也。……今之論者，又懼俄國思潮傳染中國，足以肇亂，此亦似是而非之談，亂則有之，傳染思潮則未必。中國人無感染性，他國思潮，甚難移植；將來之亂，亦仍是中國式之亂，非俄國式之亂也。」

—— 這是當時魯迅對「十月革命」的清醒認識。

電影〈魯迅傳〉籌拍親歷記

作為創作組組長，葉以群以為應以魯迅的真實思想來寫魯迅。但聽取官方的要求後，陳白塵不得不以「領導」的意圖來增強劇本的政治色彩。於是在初稿中增加了：

「俄國紅軍攻打冬宮，十月革命一聲炮響，地平線上現出曙光」；

「上海望志路108號，鮮豔的黨旗，中國共產黨成立」；

「工人運動風起雲湧。農民起義。……魯迅對學生說：我送你去農村……」；

「在老虎尾巴（魯迅書房）李大釗與魯迅促膝談心……魯迅向李大釗忠告『應該躲開這個鬼地方』；李大釗勸魯迅離開北京，先到廈門，再去廣州」；

「國共合作，進行北伐，轟轟烈烈的大革命……」；

「魯迅到廣州，中共粵區書記陳延年派畢磊迎接……」；

「上海工人三次武裝起義……。魯迅傾聽『陳獨秀機會主義被批判』」；

「上海『四一二』、廣州『四一五』血腥大屠殺……」；

「魯迅聽到『毛澤東領導湖南農民運動扭轉局勢』後說『中國有了新的希望！』」

——劇本把魯迅描繪成：被十月革命的炮響驚醒，在共產黨直接領導下的「郭沫若式」的人物。

上海市委文教書記石西民、華東局宣傳部副部長俞銘璜審閱劇本後，意見如下：

華東局宣傳部、上海市委對「魯迅傳」劇本（初稿）的審查意見

華東局宣傳部俞銘璜副部長：

《魯迅傳》劇本看了二遍，沒仔細看，總的看來很好。廣州時期補充了重要材料，魯迅的精神面貌出來了。但到處有大場面，高潮在哪裡？開頭太熱鬧了，後來如何出場，值得考慮。魯迅重要的是世界觀的改變，從進化論到階級論，現在前面寫高了，後面就難於看到發展。若強調一下如何逐步轉變則意義更大，對現在的幹部更有意義。從現在劇本中看來，其轉變是說了一段話，到底他的生活感覺又是什麼？還不夠明顯。魯迅的某些原話不能照用如「青年總是勝過老年」。雖然主席亦常講，但現在來看除了進化論還有個人集體等問題。

「五四」時期，胡適、傅斯年等人物的轉變，從歷史主義看是這麼回事，但現在的青年甚至中學生亦不易理解，他們沒有完全讀過魯迅的著作，不易看懂。要把反面人物寫得通俗化一些。

段祺瑞和蔣介石。段已著力寫了，蔣與其出現照片倒不如出現人、或不出現。

魯迅在前面作為進化論者，應有其局限性，有些問題在當時是否能如此明顯。從其早期作品《野草》、《彷徨》來看，是有彷徨心情的。若前面提得過高，後面作為共產主義者將如何顯現。總之，魯迅如何從民主主義者到共產主義者要好好表現。

魯迅作品受農村生活影響較大，所以寫了阿Q，正因如此，前面對魯迅與農村的關係應有表現，否則後面太突然了。

五四時，學生斷指寫血書，是否需要表現。

魯迅之偉大，其表現之一是在革命高潮時不突出，而革命低潮時則十分堅定，這點要充分表現。

魯迅與李大釗前面既很親密，李犧牲，魯應有所反映。

石西民部長對劇本意見：

總的看來是好的。就是感到大場面太多，難於處理。

前面，我的意見還是用文字講一下就可以了。現在這樣寫，沒有人物活動，效果不大，可以省略。不僅前面，後面有許多交代背景的東西亦可不必體現。如魯迅到北京，誰上臺，後來又換某人上臺，通過這些無非想表現時代背景。現在這樣表現，觀眾能否看懂，還是問題。同時，作為傳記片，這樣寫，反而把主要情節沖淡了。如五四運動，是否需要把全國的反映，都表現出來。總之「過場」性質的東西太多，表現魯迅寫的書亦太多。

兒童時代要不要表現，希考慮。

　　若要求更高一些的話，對魯迅筆下被壓迫的人物寫得不夠。通過這些人物，是體現吃人的社會。現在閏土等人物出現，給予篇幅不多，觀眾仍無印象。

　　辛亥革命時代，有幾條線就夠了，一條是與王金發等人鬥爭已有了；一條是對封建勢力的鬥爭還不夠，整個時代還看不出來。

　　魯迅與范愛農對飲，二次找王金發，已經寫足，後面的戲可以考慮集中。

　　五四、三一八的篇幅太多了，遊行場面太多了，可留些篇幅來寫人物。胡適出現要搞清楚。某些東西可以暗寫。五四現在多了，三一八也可研究一下該怎麼寫，是否需要寫這麼多。

　　魯迅是怎樣逐步轉變為階級論者的，要體現得突出。

　　與許廣平的戀愛，現在是由老太太暗示，不要；要就不寫，要就寫得多一些，寫透。

　　紹興時期，還希望將封建勢力寫得著力一些。廣州，魯迅對資產階級民主革命更看穿了，可以再寫得多些。

　　魯迅從廣州到上海，從劇本中看是他感到希望，我認為那時還是苦難時代，魯迅的認識也不會那麼明確，大家研究應怎麼辦。

　　對胡適、陳源的鬥爭感到太簡單化了。又渲染資產階級思想的影響太重了。

　　傳記片人物是多，為了要說明事件，一定要帶出許多人，但一定要精練，否則，主要人物反而刻劃不出來。

　　——聽了意見後，陳白塵再動手修改劇本，寫出二稿。

四、推向全面大討論

1960年12月，陳白塵寫出二稿，石西民提出：公開發表，聽取廣大讀者的意見。二稿劇本便在《人民文學》1961年1—2月合刊上全文發表。

中宣部要北京《電影藝術》編輯部去北京大學中文系、北京師範大學中文系召開座談會，聽取意見。

《電影藝術》編輯部整理的兩校中文系學生代表的意見如下：

北京大學
北京師大　　對《魯迅傳》的反映

北大魯迅文學社（十一人參加）座談電影
劇本《魯迅傳》，情況概述如下：

對劇本感到很滿意。認為它的時代色彩很鮮明。比影片《革命家庭》還突出。魯迅這個形象也塑造得很動人，深刻，通過這個人物反映出時代的特色和變化，寫出了魯迅對統治階級的深刻仇恨，對資產階級知識份子的批判，對農民的關懷，對革命青年的愛護與培養，寫出了他在黨的影響下，在鬥爭中如何由一個進化論者成長為一個唯物論者，表現出他的韌性的戰鬥精神。

過去學術界對魯迅的思想轉變，爭論很多。劇本這方面提供了新的材料，如黨的領導和李大釗同志對魯迅的影響。過去以為魯迅從北到南，從廣州到上海是偶然的，通過劇本知道這都是與黨對魯迅的指示、幫助分不開的。

認為劇本尚有不足之處：

1、劇本寫出了魯迅的思想及其發展。但不夠清晰。在十月革命成功前，他思想上有震盪，但劇本還未更明顯寫出十月革命前後，他思想上有何區別。魯迅當時與李大釗相處，好像他的思想已相當明確，未更明顯地表明他與李大釗在思想上的區別，以及李對他的幫助。

魯迅的成長，除了寫出黨和時代對他的影響，還要寫他自己的自我批判精神，這些劇本就顯得很不夠。

魯迅對知識青年關懷較多。對傅斯年、韓立本、吳夢非的批判就不夠。缺乏階級分析，這就顯不出魯迅的導師作用。有一個同學認為魯迅最恨個人名利思想的，可是他幫助吳夢非寫小說，似乎有些助長個人名利思想（當時就有人笑了）。也有人不同意這種看法，說當時魯迅是關懷、培養青年。並不知道吳夢非將來會變質。有一個同學認為如果劇本還要加強對小資產階級知識份子的批判是很難的，主要是揭露封建統治階級以及大資產階級知識份子胡適之流，現在都寫得太多，什麼都想寫，就更亂了。也有人主張要加強敵我雙方對青年的爭奪。

2、劇本在許多地方敢於創造，但同時在許多地方又拘泥於生活的真實，人物繁多，結構複雜。希望將人物集中，有的可以刪去，如范愛農（也有人不同意，認為這一刪，第一章就不好寫。）知識份子多是斷線，韓立本就不夠豐滿，可刪，豐富吳夢非就可以了。革命青年也可集中一下。劉和珍是寫得好的。

在反面人物塑造方面也有類似情況。

3、語言問題。劇本把魯迅作品中的話引用過來，許多地方用得很好，但也有的地方顯得生硬。格格不入。將來影片上映時，會有許多觀眾沒有看過魯迅的作品，因此希望注意到群眾化的問題。

4、魯迅的形象好像僅是兩目炯炯，幾乎次次如此，這就給趙丹提出了一個表演上的難題。實際上，他對敵人也不是單純怒目，也有嘲笑、諷刺。大學教授開會一場，就表現得很好。

5、影片的開頭缺乏氣派，有點像紀錄片《魯迅生平》，除了景物之外，希望有人物。有一個同學具體建議：開始是一面紅旗，掀開，魯迅遺體，各階層前往憑弔，還可有毛主席、宋慶齡的唁電，並引毛主席對魯迅的評語。送葬的行列。魯迅作品，各種中外版本。最後劇名（並建議用《民族魂》）。（有人笑了，有人不置可否）

6、魯迅與范愛農在酒樓上飲酒，樓下流浪漢披著麻袋躲避風雪，雖然劇本在這裏所寫的性質不同，但卻容易使人想起過去所說幾家高樓飲美酒，幾家流落在外頭。

7、劇本對魯迅抄古碑的估計，是否消極了些？

8、最後魯迅說如何由進化論進展到唯物論，這是在結婚場面上，不協調，希望放在前面，就是當他目睹現實，得到教訓，深有所感，然後忿忿道出。

9、王金發的變化過程沒有寫明。

北京師範大學中文系青年教師及三年級同志

（各四人）座談《魯迅傳》，簡要情況如下：

一致認為這個劇本寫得很好，看了很興奮，增加了對魯迅的瞭解。劇本突出表現了黨對魯迅的關懷和影響，表現了他怎樣從進化論者進步到唯物論者，表現了他自始至終都是一個參加政治鬥爭的戰士。魯迅的性格寫得很鮮明，把他的思想演變過程和作品形成過程結合起來寫，很好。大家還認為這個劇本概括了偉大作家的一生，也概括了那個時代。魯迅是處在時代激流的中心，是那個時代產生了魯迅和他的作品。大家提到有幾場戲很動人，給人印象很深，例如在北大開會一場、在中大講演一場、點名和結尾等等。

劇本的語言，取自魯迅作品或作品序言裏的話，大家認為運用得很好。有人起初擔心一般觀眾不易聽懂，但現在認為還不難懂，而且很親切、自然。但也有人認為仍不易為一般觀眾聽懂，如122頁「僵屍們的復古運動是屠殺了『現在』也就是屠殺了『將來』！」

劇本也有一些不足之處和值得再斟酌的地方：

（1）十月革命對魯迅的影響不夠明顯、突出。

（2）《阿Q正傳》的形成過程不及影片《聶耳》裏「義勇軍進行曲」的形成過程動人，而且阿冬、閏水、流浪漢等人都出現在第一章，後來魯迅已參加了五四等鬥爭，再轉到阿Q形象的創造，不緊密。

（3）魯迅在許多地方都是氣衝衝的，這不符合他的性格，魯迅不單是對敵人痛恨，同時也很老練，單表現他氣衝衝的就不夠了。

對魯迅的平易近人、誨人不倦和「俯首甘為孺子牛」的精神表現不夠。對魯迅嚴肅的創作態度和艱苦工作的精神表現不夠。

（4）魯迅對民間文學很關心，也受民間文學的影響，劇本沒有表現這方面。魯迅的奶媽是否可以出現？還希望有一兩個魯迅幼時看社戲的鏡頭。在下集裏希望表現一下魯迅對群眾文藝的評價、愛好和做的工作，還有他在兒童文學、翻譯、木刻等方面的作用。

（5）魯迅抄古碑固然是找不到出路而苦悶的表現，但是他在這裏面也積累了很多關於中國歷史的知識，所以他對中國的情況瞭解得那麼透徹。這些積極作用應該提一下。

（6）辛亥革命時，魯迅的積極行動不多，深思太多。

（7）劇本的開頭是否先寫他從日本回來，看到農民的情況，然後回溯到國內的情況，怎樣想用文藝來改變國民的精神，似乎比現在這樣用旁白介紹好。

（8）魯迅到廣州時，通過遊行介紹了當時廣州的革命形勢，但還嫌強調得不夠，當時北伐軍的勝利前進，工人運動、農民運動的蓬勃發展，最好有些畫面直接表現。

（9）反面人物應該更醜化一些，特別是胡適，現在把胡適寫得太瀟灑了。

——林默涵看了北京兩校中文系學生代表的意見後，又在1960年12月27日召開「中宣部對《魯迅傳》劇本討論會」；在1961年3月6日邀請學者專家舉行「《魯迅傳》劇本座談會」。

——兩次會議記錄的原件如下：

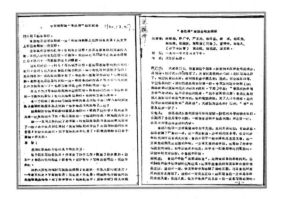

　　在兩次會議上，官方代表、新進專家發表滔滔宏論，大抵從政治角度上著眼，沒有什麼新意。現選擇比較有深度、言之有物的代表：文學研究所所長何其芳；北大教授、魯迅老友章川島和林默涵總結性的發言轉錄於此：

劇本執筆陳白塵首先發言

這次修改，主要改了兩點：

一、加強魯迅和農民的關係。幼年時代難寫，難集中。可能寫得很長，而且幼年時代抒情的東西多。和後面接不起來。又不敢放手虛構。因為沒有資本，真是捉襟見肘。

　　附帶改的是關於王金發的戲。上次稿，用陽翰笙同志的話說是「把他擠到反革命方面去了」。這次稿，把章介眉放在中間來寫。王金發於辛亥革命有功，死得不妙，但無論如何是被敵人殺死的。關於章介眉，這次發現有新材料，他當過袁世凱的秘書，死於一九二六年。

所以後來沒敢再發展下去，只寫到五四之前出現，作為封建僵屍。

二、關於五四運動。五四包括文化運動和愛國運動。上次稿強調了後者，這次著重寫《新青年》。魯迅和五四的關係，材料極少，只是在當天向劉半農等人詢問過運動的情況，十分關心。他主要是參加《新青年》活動，但是也只有幾封信。就從這幾封信中化出一個魯迅來。魯迅和胡適在五四以後還通信，沒有撕破臉，大釗同志對魯迅很讚揚。現在儘量突出他們三個人的關係。胡適的東西不能虛構得太多，不然，將來他要否認。不過他的思想是賴不掉的；要賴，我可以對證。《新青年》編輯會議沒有根據，但會上的話有根據。五四時期，胡適破壞罷課，勸學生上課。沈尹默說，他陪胡適去的，被學生轟下來了。

何其芳的發言

看得匆忙，只能說點印象式的意見。這是件有意義的工作，同時又是件困難的工作。寫成這樣，已經很不容易了，是個好的成品。表現了魯迅的精神、時代背景、他所參加的鬥爭。這是令人滿意的方面。也有不滿足的方面。因為魯迅是現代人，大家熟悉，材料很多。這是有利條件，但是在很多材料中，哪些是重要的、有特點的？選哪些？不選哪些？哪些容許虛構？哪些不容許？各人有不同的看法。我的不滿足，細想一下，大概是這樣的：

魯迅不但是文學家，也是革命家、思想家，要表現他的思想，現在感到思想方面還不大夠。魯迅突出之點是思想的深刻，

有他的特點。雖然有些地方有限制，例如對群眾的看法。對中國前途的看法，有他的偏頗之處，但是這些地方仍舊有他的特點。我感到不足之處就在這裏。關鍵在於怎麼理解他的特點。是不是就現有的架子，著重表現他看問題的獨到，而不在於把他一生的事表現得很多。電影有篇幅的限制，即使放映四個鐘頭，也不可能表現得全面。能不能表現魯迅的特點，作品影響的深刻性。現在，精神上大體符合，只是深度還不夠。

虛構問題。劇本裏真真假假都有。當然不是要一一考證，問題是不管有根據無根據，總不要使人懷疑。例如魯迅和李大釗的來往是不是那麼親密，我就有些懷疑。有沒有根據？是不是在老虎尾巴裏那樣談心。什麼消息都告訴他？到廣州後，陳延年給他《湖南農民運動考察報告》，魯迅的反映還相當強烈。這個有沒有根據？他看到沒看到這本書？即使看到，能不能認識其重要性？是不是就能看到農民的革命性？虛構，我想也應該符合一點什麼東西。不一定是符合事實吧（因為是虛構），是不是要符合魯迅當時的思想情況、和黨的關係等等。還有魯迅當面對王金發不客氣，我也有些懷疑。傳記片有兩種：一種是有事實根據，文獻性的；一種是故事性的。這部片子應該屬於後者，細節、次序，當然容許虛構和變動。但是總不要引起讀者的懷疑才好。

作為藝術片，不夠統一。後面虛構多一些，鬥爭寫得比較集中，前面卻有些像紀錄片。而且第二段寫背景，還有漫畫式的寫法，變化很多，一會兒魯迅來了，一會兒出現了個流浪漢。一下子又是章介眉。很零碎，粗筆勾勾就過去了。我知道目的是寫背景，能不能也有個事件，寫得集中一點，完整一點，同時也寫了背景。

還有些個別意見：143頁魯迅說：「張棣華萬里尋未婚夫……」這種玩笑不像魯迅的口吻；146頁「離開憤怒」，不大口語化。怒目太多。最後一頁，魯迅說他認識到沒有國民性，只有階級性，恐怕不對。因為他後來的雜文裏，談到阿Q時，還說國民性。

章廷謙（川島）發言

這個劇本影響很大。通知裏說這是一件大事。我想這部影片不僅要把魯迅的偉大精神表現出來，同時也能反映出我們電影藝術的水平來，因而劇本還需要提高。歷史傳記片可以採取現在劇本這種結構。但魯迅生活的年代究竟離我們還不太遠，因而除了研究魯迅的著作之外，還可以多訪問一下魯迅的親人和朋友，多找一些材料，加進一點生活的東西。現在的劇本寫魯迅的思想發展太直。魯迅的革命思想怎樣從無到有，從小到大，劇本裏寫了，但不怎麼清晰、明顯。整個劇本感到有這麼幾個問題：一、劇本是用魯迅各個生活片段湊合起來的，是個平面的東西，隨便抽掉一段，似乎影響全劇不大，因而劇本需要更有機更明顯的貫串線索。二、魯迅先生的貢獻：他一方面革命，一方面從事學術研究，但後者表現得不足。三、魯迅先生和青年的關係。他對青年的愛護和關懷表現得很夠，但他怎樣指導青年、影響青年寫得淡了一點。他對青年總是吃苦在先，自己先上去，這是一種高尚的風格。劇本裏還應該有所加強。四、劇本裏出現的共產黨員無論李大釗、陳延年，還有幾個年輕的黨員都處於配角的地位。魯迅的思想發展與他受共產黨員的影響分不開的。他們不是可有可無的。五、還有把魯迅的文章拆散變成臺詞，長篇大論，是否合

適？平常我們和魯迅接觸，他說話不怎麼長篇大論，往往只三兩句話，話很短，而且在電影裏長篇大論也不適宜。話多了些，行動少了點。有些地方文章還是文章，沒有把文章中的話弄活，沒有把文章變成行動。六、魯迅的進化論的思想怎樣拋棄的？這個發展變化的過程表現得不夠明顯有力。七、我感到劇本的語言缺乏時代性，五四時代的語言和現在不一樣。例如，當時魯迅先生稱呼許廣平為密斯許，直至他們結婚後，給我們寫信還是說密斯許長密斯許短。現在劇本中人物相互之間稱呼較亂，要統一。像胡適，他叫人總是喊密斯特張、密斯特王。他坐在洋車上見了熟人遠遠就叫密斯特某。還有，那時候叫「家驊兄」的不多，「李大釗先生」這樣稱呼的也很少，多稱呼號，如稱魯迅先生為「豫才兄」，不大帶姓。只有客氣一點的時候才稱某某先生。特別是胡適對人拉攏，一定叫號，叫筆名。當時新派一點的人不會稱「傅斯年君」的。

下面還有些零碎意見，主要是劇本中有一些小地方不大符合歷史的真實。例如：

一、五四時候，胡適還沒有汽車，只有包車。胡適的包車後面有塊銅牌，上面鑴有他的名字「適之」而且用的是他的簽名式。一直到一九三×年，胡适才有汽車坐。是個舊福特，樣子很古老。車廂四方四正，很高，汽車牌號是88號。我們稱胡適的臥車叫「高軒」。

二、反面人物形象的刻劃問題。（1）劉百昭是個司長，他和段祺瑞不能直接發生關係。劉的上面還有人，當然劉百昭這個人物可以醜化一下。不過魯迅被免職了，劇本寫道：「魯迅把辭職書撕了，抓起那分命令……劉百昭不

知所措了，伸手想拿回那份命令。」這有點過了，劉百昭不會伸手去搶的。（2）陳源當時見到魯迅還很客氣，還打招呼。他罵魯迅時還說：「我們很尊敬的魯迅先生」如何如何；另外，陳源在學校不大穿西裝。（3）胡適在當時不穿馬褂，常穿竹布大褂。穿馬褂被視為封建守舊（倒是魯迅先生有時穿馬褂，周作人就曾寫文章攻擊過魯迅穿馬褂）。當時穿西裝褲、皮鞋、中國大褂。（嚴文井同志插話問：「是否還圍一條白圍巾？」）川島：「沒有圍巾，我看見過只有像宋春舫才圍一條白紗圍巾。」（4）胡適對傅斯年等說：「上海方面有一筆錢，打算保送幾個學生到英國去留學……」實際上不是去英國而是去美國。（5）朱家驊在「三一八」的時候，他是頭一批通緝的五個人中間的一個（根據《魯迅全集》第三卷P431頁文內載，第一批通緝的五個人中間並無朱家驊，而是第二批通緝的四十八人中有朱家驊，排第九名——紀錄者注）。朱家驊在當時是披上了畫皮的。當時北大有《現代評論》派、《語絲》派、《猛進》派。朱家驊既不屬於《現代評論》派，也不屬於《語絲》派，而是接近《猛進》。劇本中把朱家驊寫得太露，朱是逐漸變壞的，是否會像劇本所描寫的朱在中山大學一下子就把他的反動面目暴露無餘？值得考慮。

三、環境和背景、細節的真實性的問題。（1）「魯迅從退堂裏掀起門簾，探身出來……」紹興人很少掛門簾。（2）章介眉「三千畝地才革個命」，三千畝太多了，

紹興最大的地主也不到三千畝。（3）搖船時說「快走！」不如說「快搖」「快開」有水性。（4）幾次說到青豆。青豆是烘的不是曬的。（5）教育部，作者寫的除了一個徐先生以外，其他都很差。魯迅有一篇文章「今天天氣哈哈哈」就是專門寫教育部的同事的。這場戲還可以寫得複雜和色彩豐富一些，不完全僅讀報紙而已，還可以有些今天天氣哈哈哈之類細節的描寫：像魯迅作品中高老夫子、魯四爺這種形象可以在教育部裏出現。（6）劇本的開頭，阿冬被殺頭很像夏衍的《秋瑾傳》裏的描寫，有些雷同。（7）李大釗在圖書館的閱覽室裏對郭小朋等十來個學生談話，是否改個地方。因為閱覽室學生們要看書報，不大好談；當時的閱覽室門口訂的牌子是藍底白字，還有，李大釗是圖書館主任，但「主任室」並不在圖書館裏面。（林默涵同志插話問：「那時候北京大學的校牌是不是沈尹默寫的？」川島：「是沈寫的。」林默涵：「《青春之歌》裏面北大的校牌是個美術字的牌子很難看，掛的也不是地方，掛的很低，北大的校牌是掛在上面的，很高。這些地方要力求符合原來的樣子。」何其芳：「是啊，我是在北大念過書的，看到《青春之歌》這麼搞就不舒服，不真實。」）（8）北京各大學脫離教育部，開評議會不是在教室裏面，而是在二院校長室旁邊的屋子裏。當時很少在教室裏開會，會議的主席是顧孟餘而不是李大釗。（9）在老虎尾巴「魯迅面窗坐在寫字桌前的籐椅裏」

不對，因為他的書桌不是面窗擺的。（10）當時，只有老百姓勞動人民叫「老」什麼，在一般知識份子中間很少叫「老」什麼，叫「小」的倒有。（11）李大釗對郭小朋提到「孫中山先生到了北京了，我太忙……」當時孫中山到北京是件大事，很轟動，可以提一下，但不會是這麼說的。（12）劇本中虛構的一個人物——郭小朋是個進步的青年，後來成為共產黨員，作者寫郭小朋是從紹興跟魯迅到北京的，這點值得考慮。因為大家都知道從紹興跟魯迅到北京的只有一個孫福熙，現在是右派分子。（13）《阿Q正傳》是在《晨報副刊》上發表的，不是在《晨報》上。（14）在魯迅書桌上「有好幾本《現代評論》這不大可能。在魯迅家裏桌上、床上很少見攤有一本雜誌之類的東西。特別是像《現代評論》這種對立的雜誌。（15）「叫條子」這是胡適有一回到濟南去講演，回來說女學生可以叫條子。周作人據此寫了篇文章，登出來引起了風潮。魯迅說：「老二還混沌沌的，外面已經說這個謠言是他造的。」現在把它與女師大的事牽在一起，如何交待清楚一些。

四、魯迅的性格特徵問題。（1）「魯迅摸著腦門，激動地說……」我不大見魯迅摸過，許大姐昨天到我家裏去說，倒是周作人最喜歡摸腦門（林默涵同志插話：「這一稿還好一些，上一稿寫魯迅摸腦門的地方更多。」）（2）有個地方，魯迅說：「……需要駁斥他！」魯迅很少這樣說，要說就自己動手了。（3）有幾處說魯迅

要掉淚，事實上他的感情並不脆弱，眼眶不濕也可以。

（4）有好幾處寫到魯迅「雙目怒視」、「怒目而視」等，自然用眼睛表示魯迅的感情是需要的，但不要過了，魯迅不大這樣。（5）魯迅很少捏拳頭，捏拳頭這在當時被譏為青年會式的。（6）魯迅和《新青年》的關係，特別是和胡適等反面人物鬥爭的問題，如何表現，值得考慮。魯迅會不會和胡適當面爭論起來？而且爭論得那樣激烈，「雙目怒視胡適」？從魯迅的信件中，我們可以看出，魯迅和胡適以後還有來往。魯迅就是和顧頡剛也沒有這樣過，頂多不過拂袖而去。因而，我們一方面要表現魯迅精神，一方面要照顧歷史的真實，特別是胡適還活著，這些細小的地方盡可能真實一些才好。

我記得魯迅和守常先生的關係沒有這麼親密。

魯迅如果老板著臉，青年朋友也不會那麼願意去找他。有一次，我們八九個人拉到西直門外去騎驢，他也去了。他不是老師架子十足的。

佈景方面，當時沙發很少，胡適家裏也只幾把滕椅。當時咖啡也少，但不妨虛構。美國咖啡嘛！魯迅家裏常有花生、梅子等物，但不用盆子，東西放在餅乾盒子裏，連盒子一起拿出來。

林默涵最後發言

劇本恐怕大致上就是這樣了。我問過茅盾同志，他看過二稿，也說可以了吧。劇本寫成這樣，一方面是很不容易，另一方面也還有不足之處。現在的問題是把不足之處補一下，可能範圍內加加工，就定稿了。可以拍了。拍《魯迅傳》是件大事，但是

也容許將來再拍第二部。

《魯迅傳》不好寫，他一生的事情很豐富，但是又很難說哪一件事最能代表他，所以只好每個階段都寫寫。童年時代、青年時代也很重要，但是只好略掉。我看將來倒可以寫一部《魯迅的青年時代》，很多有趣的材料，很有詩意的。甚至可以寫個舞臺劇。現在是從辛亥革命寫起，寫了幾段，這幾段可以有詳有略，但看來都不能不寫。這個劇本，從舊民主主義到新民主主義，兩個革命階段：從他本人來說，由革命民主主義者變成共產主義者，反映了時代的變化和偉大作家本身的變化。材料很多，好像去掉哪一部份都可以，但是不這樣寫也很困難，目前所能做到的就是這樣。當然，這樣寫法，有的部份可以更詳細點，有的部份可以更簡略一些。

今天的意見很好，主要還是個發展問題。魯迅由進化論到階級論，由革命民主主義者到共產主義者的過程不能寫得太簡單。上次稿把他寫成一開始就是馬克思主義者，這次已經好得多了，但是還不夠。使人感到不夠的原因可能是對魯迅和黨的關係太強調了，和李大釗的關係太密切。在廣州和陳延年見面，可以那麼寫，因為有事實作依據，這倒是作者們新發現的材料，很重要。上次稿寫到陳延年談農民運動而沒有提到毛主席，好像農民運動這個思想是陳延年的，這不對。「農民運動講習所」是毛主席辦的嘛。陳延年能否認識農民運動的意義還不一定。南昌起義時，連總理還沒有認識到呢，所以起義後便到潮汕一帶去找海口。陸定一同志說，當時根本不要農民參加部隊。陳延年有沒有農民運動的思想還可以懷疑：就算他有，在黨內，作為代表的，是毛主

席。上次提了意見，提起農民運動時該提到毛主席，是一回事；是不是要給魯迅看毛主席的這本書，是另一回事。既然看了，就要寫魯迅的反映，當然是贊成，這樣就容易把魯迅提得高了一點。這樣，後面就不好寫了。他到上海後還和創造社來了一場爭論；而且到上海後和黨的關係越來越密切，就顯不出來了，因為他在廣州的時候好像思想水平就已經很高了。而且還容易使人懷疑有沒有這回事。因為這件事比較重要，看別的書不要緊，看這本書，人家就要追究真實性了。（陳荒煤插話：「要考慮下集的問題，下集一定要拍，現在太密切了，下集裏他和瞿秋白的關係就顯不出來了。」）

魯迅一方面有局限性，一方面又比當時一些人——甚至革命知識份子深刻（這可以寫文章研究，電影劇本裏大概無法表現。但是，他的思想的深刻、獨到的見解，在他有些話裏還可以加強）例如他和郭老（即郭沫若）比，郭老已經走上共產主義道路，魯迅還有局限性，但是他又有比郭老深刻的地方。這個人是有矛盾的。原因在哪裡？我想，他對中國社會的深刻的認識，和當時的知識份子不同，包括他對農民的認識（雖然他的認識也還不全面）。當時許多革命知識份子對中國的社會、人民、歷史缺乏深刻的認識，魯迅則不同，認識得比較深刻、系統。所以他的戰鬥踏實，不贊成說空話，對不能真正深刻反映人民生活的文學作品，他也看不慣。但是，另一方面，他的思想上沒有接受馬克思主義，這對他有很大的局限。他一方面沒有馬克思主義這個武器，另一方面又對中國現實、歷史、人民很有研究。所以他有許多從生活中得來而不是從書本上得來的獨到見解，看問題常常比當時的革命知識子還要深刻，（陽翰笙插話：所以當他接受馬

克思主義時比別人更堅決。）但是有一些本質的方面他常常又看不到。有一些本質的東西他看到了，例如舊社會的黑暗、封建制度的殘酷，他看得很深；但是反抗封建制度、起來鬥爭的力量，他看不到，看不到中國的有希望，他不是寄希望於勞動人民，而是寄託於抽象的新的一代。這些問題很值得研究，不過很不容易在形象化的作品中表現。這是個問題，所以大家感覺轉變過程寫得還嫌簡單了一點，一開始就把他寫得太進步了一點。這問題還可以研究研究，再改一改。

　　魯迅的性格的多方面，豐富性、生動性還寫得不夠。看二稿時大家對這一點談得較少。鬥爭是主要的，占去許多篇幅，又要寫他的幽默感和生活上的風趣，很困難。再加上前一段沒有家庭，只有朋友，朋友又不能寫得太多，現在的人物已經太多了，只能在現有的範圍內去表現。

　　主要是以上兩個方面，魯迅思想的發展和性格的豐富性，需要再加強一些，就很好了。另外有一點也很重要，就是語言、習慣、風俗人情等要盡可能符合當時的情況，增加影片的真實感，還要訪問些老人。不過有一些也不一定那麼辦，例如稱呼Miss之類，現在的青年看來會感到滑稽，感到是洋奴買辦思想，雖然當時左派也這麼稱呼。除了這一點以外，其他盡量符合當時的情況。《新青年》分家、和敵人作鬥爭的問題，也要盡可能符合當時的情況，稍微編造一些是可以的。胡適要聲明，關係不太大：你不編，他也要聲明的。我們不聽就是了，反正他禁止不了這部影片。反面人物還是太多，可以再集中一點，許多人還活著，不要牽涉的太多了。

五、夏衍下組、檢查工作

在北京召開兩次專家會議；向北大、北師大兩校中文系學生聽取意見後，林默涵在1961年3月6日說：

> 「《魯迅傳》劇本寫成這樣，一方面是很不容易，另一方面又還有不足之處。現在的問題是把不足之處補一下，可能範圍內加加工，就可以定稿了，開拍了。」

為了爭取定稿、早日開拍，夏衍在兩天後趕到上海，在錦江飯店小會議室與創作組葉以群、陳白塵、杜宣、柯靈等研究「把不足之處補一下，可能範圍內加加工」的問題；他下演員組與趙丹、于藍、藍馬、石羽、于是之、謝添、衛禹平、夏天等談了演員和角色問題；他下攝製組與攝影、美工、化妝、造型等工作人員談了影片中如何表現典型環境的細節真實問題；他還專門與編劇共同探討了劇本的第二章即五四運動的問題；以及攝製組工作安排問題。

林默涵所說「補一下不足」和「再加加工」：主要是在塑造魯迅性格方面補補足；在歷史真實性方面加加工。

我當場記錄，經夏衍本人審閱後在1961年5月《電影藝術參考材料》第四期發表。原件如下：

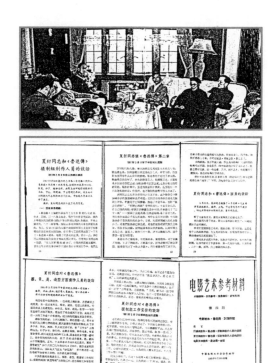

1961年3月6日夏衍和創作人員談話

歷史背景問題

　　《魯迅傳》上集的內容描寫了幾個重要的歷史時期，辛亥革命、「五四運動」、「三‧一八」事件和一九二七年大革命。現在寫在背景裏的，國內大事提到的比較多，國際大事反映得比較少，如第一次世界大戰、日本佔領青島、「二十一」條等等。國際大事和國內大事是有很緊密的聯繫的，因為，在文學劇本中，各帝國主義支持下的軍閥混戰，是帝國主義相互間的矛盾在中國

的具體反應，因此，在劇本中，應該把兩者結合起來，作出相應的反映。這個時期的國內外形勢，集中反映在中國歷史博物館的新民主主義革命的第六單元。我認為，以此作為這部影片的政治背景是很重要、很適合的。辛亥革命，是當時有民族民主革命思想的知識份子「憂國亡之無日」而激起的，「五四」運動，也是由「二十一」條引起的，「二十一」條又與歐戰有關。劇本中對於十月革命以前的國際形勢缺少反映，這樣，以後的重要事件就會顯得來得突然，前後脈搏不貫穿了。由於提到國內大事多，寫國際大事少，所以，新民主主義革命階段的兩個主要任務之一的反帝這一面就顯得不足了。現在看來，魯迅反封建的一面寫得比較突出，反帝一面就很不足。這樣，時代面貌就不全面了。建議在背景中帶到這個方面。當然，可以虛構，不一定實寫。

性格的成長

我看，沙汀同志對這個文學劇本的意見是對的，他說，「作者們是以崇敬的心情寫魯迅的」，因此，對魯迅的性格形成和思想發展的起點，提得高了一些，也許是不願或者不敢去接觸早期魯迅的歷史條件的限制。本子裏寫魯迅的由進化論者轉變為階級論者的成長，似乎還不夠清楚。對魯迅尋找道路的彷徨苦悶，寫得不足。實際上，魯迅自己也一再引用屈原的話來比喻自己：「路漫漫其修遠兮，吾將上下而求索。」他找到革命的道路，特別是找到社會主義道路，是很不簡單、很不容易的。

對這個問題特別是表現在對農民的問題上，問題有二：其一，是魯迅與農民的關係；其二，是魯迅當時對農民的看法和估

價問題。那時魯迅所看到的農民，是處於十分可悲的境況之下，那時，他還是把農民看成死水一般的沒有行動。魯迅對農民的態度，他自己說過，是「哀其不幸、怒其不爭」。他當時還不能理解到中國革命必須依靠農民。按照現在這樣寫，似乎魯迅早就發現了農民的力量，似乎在辛亥革命時期就有了這種預見，這樣，魯迅以後的轉變就成為不需要了。總之，把辛亥革命時期魯迅的思想覺悟和對事物的認識寫得稍高了一點，這樣，後面就沒有轉折了。

這個問題是革命依靠誰的問題，也是知識份子最難解決的問題，早期的知識份子都認為農民群眾是愚昧的，「不幸」而又「不爭」，似乎革命的責任必然要落在先進的知識份子身上，大有「捨我其誰」之概。所以小資產階級參加革命之初，總以領導者自居。這一定要到後來認識到工農的力量和自己的階級弱點之後，才有可能轉為「俯首甘為孺子牛」。小資產階級、資產階級出身的知識份子在走上革命道路和時候，誰都免不了有探索、彷徨、苦悶，甚至顛躓，這是一點也無損於魯迅的偉大的，相反，假如把魯迅找到革命的道路寫得太容易，——把思想發展的起點寫得太高，把歷史人物寫得過分革命化，這就會反而顯得不真實，不可信了。

減頭緒、立主腦

出場人物似乎多了一些。反面人物要寫，但我以為不必花太多的筆墨，也不宜寫得太實。例如王金發，我就覺得寫多了。寫了王金發與章介眉等喝酒，又寫黃副官與黃竟白是叔侄關係，寫實了，就跳不出來。「五四」時期，胡適與周圍的人物似乎也寫

多了。除胡適以外，其他人物如傅斯年等都可以不用真名真姓。胡適也寫得淺了一些，太外露了一些。胡適這個人是十分狡猾而虛偽的，他有各種外衣掩蓋住他的本質，他當時很有欺騙性。太露了，他就騙不了人，這一類人的害處就不大了。應該把胡適寫得深沉些、更狡猾些。

事件也似乎有些枝蔓。如對無政府主義者、辜鴻銘、林琴南等的描寫。寫這些事件，一則現在的青年不一定能理解，而且寫了就要評價，就愈花筆墨了。辜鴻銘、林琴南有功有過，我看是過多功少，但既寫了就要評價，對當時的無政府主義要評價，就得花許多筆墨才能講清楚。當馬列主義傳到中國以前，無政府主義在中國青年中也曾起過一些作用，過去許多學校都演出過《夜未央》等戲劇，不少同志都有曾受到無政府主義的影響。這些問題索性不碰也許還要好些，碰了，就得講清楚，筆墨就多了，篇幅就長了。

影片的風格與魯迅的風格

魯迅是外冷內熱的現實主義者，他沒有小資產階級的狂熱病，不是表面上轟轟烈烈，而是踏踏實實的。由於社會經驗豐富和經受過多次理想的幻滅，所以他不輕信，常常從反面來考慮問題，因此他的工作方法細緻而堅實。這部片子的整個調子，我以為應該是謹嚴的現實主義的。

語言方面，有些地方不太像魯迅的話，主要是把他文章中的話搬來了，這改一下問題還不大。其他人物尤其是反面人物如胡適、朱家驊等，我以為都寫得太露。辛亥革命時期一般不呼口

號，遊行集會也不拿紅綠小旗，在我記憶中，拿紅綠小旗已是追悼黃興、蔡鍔大會的那一年了。劇本中寫辛亥革命時期，學生們唱著歌，呼著口號。這個歌，就得考證一下，要力求真實可信。整個說來，魯迅的演講太多了些。好像是個煽動家。魯迅只有在很必要的時候才作演講，講話也很簡練、很冷雋、很幽默。左聯時期我們要請他作一次演講也很不容易。劇中在中山大學的一場演講，語言是魯迅的。魯迅是冷靜而懷疑的。他總是默默地工作，堅韌地完成它。如木刻研究，開始是他一個人默默地搞，甚至不惜和平時經常挨他批評的人合作，後來我們知道他研究木刻，請他作報告，也勸說了不止一次才答應。

1961年3月8日夏衍和演員談話

演員與角色

聽了演員同志們的意見，很高興，這證明大家確實已經鑽進去了。

劇本是集體創作，執筆者又忙裏偷閒趕出來的，搞到這樣，應該說很不容易了。這裏還有集體創作者的想法和執筆者的個人的風格問題，劇本基本上是現實主義的，當然也還有一些不夠統一的地方。

上集是從辛亥革命寫到一九二七年大革命，從魯迅三十歲寫到四十六歲，有十六年的時間，這當中經歷了辛亥革命、第一次世界大戰、十月革命、五四運動、北伐等等國內外大事。

我個人的看法，上集的魯迅主要是「橫眉冷對」為主；下集，才是達到「俯首甘為」。因為「俯首甘為孺子牛」是解決了立場問題之後才能完成的。只有在知識份子的世界觀改變之後才

有的態度。上集，更多是對舊社會看不慣，憂國憂民，找道路，找方向，反對封建、反對帝國主義，因而同情反帝反封建青年學生，同情社會上的被壓迫者，但是在這一段時間裏，道路還沒有完全找到。一直要到下集，他閱讀和研究了馬列主義的著作，參加「左聯」之後，才自稱甘為「革命馬前卒」、聽黨的話，寫「遵命文學」的。他是從同情農民、同情被壓迫、受作踐的人，然後進一步而認識到工農大眾是革命的主力，最後，才心甘情願地為他們服務的。

凡是出身地主、資產階級家庭的革命知識份子，開始常常是從同情被壓迫者，成為革命的同路人，然後才慢慢地、曲折地找到馬克思主義的。從自發到自覺，這是一個艱難曲折的過程。

魯迅自己說過，對農民，起先是「哀其不幸，怒其不爭」，當時，他是革命的同路人，甚至在「左聯」初期，也還作為革命的同路人。直到「左聯」成立之後，他讀譯了許多馬克思列寧主義的書，逐漸成為馬列主義的鬥士，才是自稱甘為革命馬前卒、寫遵命文學的。

現在，從辛亥革命時代起，似乎就把魯迅的起點寫得高了一些。他完全可以同情阿冬閏土，但當時，他還認識不到將來會是閏土們的天下的。

劇本基本上可以了。我個人看法，現在的本子，似乎：魯迅的認識提「早」了一點；他在鬥爭中的地位站「前」了一些；他的性格「熱」了一些，他的動作「大」了一些。這幾個方面注意一下，作一些必要的加工，就可以了。

從劇本的結構來看，也許還會發現一些可省的枝蔓。可考慮

再精練一些，這樣，主幹就會更清楚、更突出。精練一下，就可以留出一些篇幅，用來刻劃時代風貌、政治脈搏。設計圖已經定了，現在最重要的問題是塑造主要人物的性格。劇本也只能寫到一定程度，導演、演員可以再作一些創造。只要導演、演員對人物性格、調子，有統一的認識，這就好處理了。電影裏的一個主要人物的思想、性格等等，開頭的時候先得定一個調子。這個起點很重要，一個人物的思想、性格的起點，一開始就要定下來，過高、過低都不好，正如一個歌唱家開始歌唱之前就一定要「定調」一樣。開始定得太高了，以後就「上」不去了。舉一個例，我看電影關漢卿中的性格，也似乎起點的調子定得太高了，影片一開場，他就像是一個地下黨，好像隨時準備革命似的。他實際上是一個文人，有一點民族主義思想和正義感就是了。這部片子只強調了他反抗的、鬥爭的一面，忽略了他風趣、冷嘲的一面，這樣，一則性格變了，不合時代真實了，二則後面他的性格、思想就沒有發展了。

魯迅是平易近人的，富於正義感、富於幽默感的。但有時候，他很執拗。他自己說過，和壞人壞事作鬥爭，要「糾纏如毒蛇，執著如怨鬼」。但是，寫這種性格，不宜太露。

有些同志說：「劇本中動的太多，可以有些靜的場面，如抄古碑、抽煙徘徊的場面。」這個意見是好的，老是緊張的節奏，觀眾看了不舒服。

1961年3月10日夏衍和攝、錄、美、造型人員談話
典型環境的細節真實

拍《魯迅傳》這樣一部影片，攝影、美工、化妝、造型……方面的工作很重要，能和這方面的同志座談，我覺得很高興。

戲劇、電影中的真實性，一方面是人物性格、思想感情上的真實，另一方面是佈景、服裝、道具、造型上的真實。假如劇本是真實的，演員表演上是真實的，而佈景、服裝、道具、造型……等即使是細節方面不真實，觀眾看了也會感到不可信，由此可見，這一方面工作是十分重要的。這方面的問題也要及早研究。

　　劇本方面的事，上次已經談了，今天再看劇本，又想起了一點，這就是辛亥當時紹興地方紳士們的逃難。紹興是浙東學派的發源地，出了許多學者、作家、畫家，但據我所知，當時這地方的大財主並不多。在紹興這個人口稠密的地方，有「三千畝」土地的地方，似乎很少。做官的，也都是幕僚、師爺為多。辛亥革命爆發，紹興城裏逃難的並不太多，最多是到鄉下暫時避一避而已。我看，章介眉到杭州去的目的，找關係的成份較多，再，紹興人不常騎馬的。還有，辛亥革命十月十日武昌起義，那是「黃帝紀元」四千六百〇九年的陰曆八月十九日，浙江光復在陰曆重陽前後，當時的天氣正是「桂花蒸」，所以魯迅第一次出場，是不會穿夾大衣的。這些都是細節問題，但和服裝、置景、美工都有一些關係。

　　今天在座的是負責美工、攝影、造型、服裝等工作的同志，要做的是搞「典型環境」方面的工作，這方面的工作和典型性格有極其密切的關係，因此也一定要做到真實可信。恩格斯一再強調「典型環境中典型性格」和細節描寫的真實性。影片的政治氣氛與時代脈搏，有許多要通過背景等等來體現。辛亥、「五四」這些典型環境要與當時的典型人物相符合。若二者不相符合就不可信，就會有滑稽之感，而破壞整部片子的真實性。這件事，不

妨舉一件常見的事來做比喻。一進錦江飯店，就可以看見一大箱熱帶魚。熱帶魚的玻璃箱，箱裏的水草、沙底、溫度表……，只適合於熱帶魚，若用這種箱子來養金魚，就有點不適應之感了。反過來若拿金魚缸來養熱帶魚，亦會感到不妥當。要形成和描繪出一個典型環境，必須注意佈景、服飾、色調、音樂，甚至後景的音響效果乃至叫賣聲等等，這些都有重要意義。現在拍的幾部歷史影片，已開始重視這個問題。如《革命家庭》中周蓮等到上海後，後景「長錠要哦！」的畫外音，上海觀眾覺得很親切，造成了當時的氣氛和地方色彩。

剛才大家說正在廣泛閱讀材料，這很重要。現在應該博覽群書，但應明確這些工作是為戲服務、為人物服務、為主題服務的。任何一項工作都應有賓主之分。要相得益彰，但不能喧賓奪主。在座的可以說都是無名英雄，雖然佈景道具等等在電影片頭上也有名字，但究竟是無名英雄的工作，這些工作是為襯托情節、襯托人物而用。所以收集資料一定要廣，用時可能不多。要用得典型而又經濟，一定要花很大的力量，要認真研究。我們花了很大力量而才能得到的東西，在銀幕上可能是曇花一現，甚至是曇花不現。例如一張報紙的特寫，雖然僅僅一現，若不真實，看到人就會感到整個影片不真實。有的東西雖然是僅僅一現，因此也有人認為廣泛地閱讀資料和搜集照片等等，花力多，用處少，說什麼「這是無效勞動」，我認為這種看法是錯誤的。不管搜集了用不用得上，這工作可決不能隨便，因為現在每部影片有上千萬的人在看，有一破綻，千萬人中總會有若干人看出毛病來。戲曲、話劇的舞臺美術、燈光、音樂等，過去常常有自己

「露一手」的思想。這樣就是「搶戲」。一部影片，需要整體好，才完整，任何一點細節都不能馬虎。在電影方面，露一手的思想，或多或少也還是存在的。

色彩方面，剛才有一位同志談到，剛開始拍彩色片的時候，不管什麼內容，顏色都弄得大紅大綠，現在已經意識到色彩應服從戲的內容了，這很好。在北京的一位外國顧問看了《革命家庭》以後，就曾說：看了《革命家庭》後，看出了你們拍彩色片有進步，過去拍《梁山伯與祝英台》時，好像小孩子玩顏色，總喜歡用大紅大綠，不管適合不適合，把什麼顏色都用上。

音樂問題，事先要考慮好，我不反對用西洋音樂，現在我國的西洋音樂也在開始走向民族化，寫出了《梁祝協奏曲》和《穆桂英交響曲》，很受群眾歡迎。《魯迅傳》的音樂，我不反對請從事西洋音樂的作曲家來作曲，但務必要注意民族化。《聶耳》影片的內容在捷克卡羅維‧發利時，一些西方影評家和有修正主義思想的評委不滿意這部影片的主題思想，但是《聶耳》的音樂，卻站住了，人人都說有中國風格。這個問題要重視，要研究。例如劇本上辛亥革命時期有學生唱歌，就要研究唱的是什麼歌。當時有軍歌，也有洋學生唱的歌，這些歌曲，高齡七十的黎錦暉先生可能知道一些。音樂問題要早些決定，先組織一、二人收集資料。

市聲，過去不甚注意，以後應該錄一些資料。市聲對氣氛很有幫助。若是拍江南夏天的戲，花瓶裏插著荷花，桌上放著西瓜等涼飲料，如能配以叫蟈蟈的聲音，觀眾就會感到親切，產生一種的確像夏天的氣氛。現在可以錄些北京、上海、廣州等地的市

聲，北京可以找侯寶林。上海擅長模仿叫賣聲的還較多，可請滑稽團的姚慕雙、楊華生等錄一些。現在不搞些資料保存，將來就困難了。

季節感問題過去不甚注意，季節問題對服裝、道具，以至演員動作都有關聯，我們某些片子裏，常常有季節感混亂的毛病。我建議作家寫劇本時，每一場戲都要注上年代、季節、上下午、晴雨等等，這樣，大家就容易掌握。現在魯迅第一場戲辛亥革命時期，當年是農曆八月十九日，又是「桂花蒸」，決不能穿夾大衣。季節問題必須弄清楚，否則會造成混亂，會使觀眾覺得不真。

為了拍好一部片子，一定要善用後景、服裝、道具、音響等等來烘托出特定歷史時期的脈搏和氣氛，因為，細節的真實性必須十分重視，花一分氣力，得一分效果，這也許有人認為不是大事，但在影片中，小事常常會影響到整個影片的藝術效果的。

1961年3月17日夏衍談《魯迅傳》第二章

五四時代的人物中，李大釗、陳獨秀都是馬克思主義的先行者。陳獨秀後來成為機會主義者，有人說他晚節不終，其實，他開始就不是馬克思主義者，而只是一個資產階級的革命家。但在當時，在全國青年人心目中的影響，陳獨秀似乎超過了李大釗。儘管李大釗也免不了有一定的歷史限制，但他是一個革命家，一個真革命家，今天提起他大家都有崇敬之感。這是蓋棺定論後的看法。現在在戲中，要適當注意歷史真實，也要還他一個歷史真實的面目。在當時，陳獨秀和胡適之都是青年的偶像，他的原形未露，所以在這一章中，不宜將他漫畫化而寫成一個丑角。

從舊民主主義革命到新民主主義革命，這個階段裏中國知識份子的發展線索要寫清楚。「五四」以前的革命主要是民族民主革命，即反帝反封建的革命，當時知識份子希望免於亡國慘禍，激起了辛亥革命。當時《波蘭亡國恨》等書很流行，民族感情很強烈。辛亥革命以後，依舊存在著亡國危機，帝國主義繼續要瓜分中國，並嗾使、支持他們的走狗進行軍閥混戰，接著是日本提出了「二十一條」……因此，不論寫歷史或者寫劇本，強調愛國主義這條線、反帝這條線，是十分重要的。當然，當時青年知識份子是反封建的，但為什麼要反對封建？一方面，中國的知識份子看到當時的社會中，官僚、封建軍閥統治實在太落後、太腐敗了，亡國危機在加深，是他們在妨礙著民族民主革命，所以要反封建；另一方面，知識份子對於封建禮教、宗法壓迫，以及吃人的筵席等等不合理現象，感到極大的憤慨和不滿，所以他要打倒這種制度。反帝是「五四」運動的一個很重要的動力，事實上，沒有「二十一條」，就不會激起「五四」運動。這個背景在這一章中一定要寫清楚。當然，反對宗法禮教，反對奴隸制度，反對男女不平等、婚姻不自由、反對科舉和假道學，那是還要早得多，在這方面，也許可以追溯到曹雪芹、李卓吾……。

　　魯迅對自己懂的事、有把握的事，堅定得很。對於認識不明確，不太瞭解的事，決不輕易發言立說。這是很可貴的科學精神的態度。「五四」前經歷了彷徨苦悶，接著就寫出了《狂人日記》。當時他沒有寫工農革命，也沒有正面寫反帝。為了使思想脈絡明確，是否可把一九一四年開始的第一次世界大戰，日本佔領青島、國內軍閥混戰，段祺瑞媚外賣國等等……觸發了廣大群

眾、特別是知識青年的激憤，作「五四」前的襯景。起先，許多青年對反封建的真實意義，也還是不很清楚的，這些青年大多是地方家庭出身，他們感到封建壓迫最直接最厲害的是宗法禮教問題、婚姻不自由問題，特別是門第觀念、封建禮教等等妨礙了他們的自由戀愛，於是他們要反封建，但是這種反封建還沒有真正反到封建制度的老根子——土地問題。這個時候，正當魯迅彷徨、苦悶，寫出《狂人日記》的時候，青年們感到社會不平等、家庭不自由、國家有滅亡的危險，於是引起了許多苦悶，其中議論得最多的是救國問題。可以設想一下：用一種對比辦法，一方面教育部在談論烈女孝女，一方面青年學生對日本侵略中國感到憂憤，向魯迅請教。這裏可以表示魯迅的情緒，魯迅當時是憤世嫉俗，但對「五四」這個運動能否起來，運動起來後將對整個革命起劃時代的作用這一重大意義等等，也還可能是認識不足的。但可以這樣寫他，當運動起來後，來勢不可擋，魯迅激於義憤，為青年的熱情所激動，也終於捲進去了。別的人在《新青年》上都在介紹什麼主義……而魯迅還是在反封建、反禮教吃人，他對於自己看准了的問題、熟悉的事情是堅定不移的。這也和別人不同，別人在提倡什麼主義，而他在反封建，參加文言白話之爭，他沒有提倡什麼主義，但這無損於魯迅的偉大。火燒趙家樓可以插在這裏，作為背景。

「五四」反帝這條線不能沒有，一定要有相當份量，把人民群眾的愛國、憤怒的情緒寫出來，當然不必花太多的篇幅。

整個運動中總會有兩方面的人，一些人的衝鋒陷陣；另一些人是默默地工作，為運動作打基礎的工作。魯迅在「五四」前是

在默默地工作，後來終於捲進運動中去了。在這一章中，有些地方似乎還可以精簡，如教育部的事，辜鴻銘的插曲，馬路上看到拉壯丁……這些地方似乎可以適當壓縮，有些場子可省。抄古碑的一場應該有，他在苦悶，也看不慣周圍（教育部）的人和事，抄古碑也正和他常常講冷雋的幽默話和反語一樣，也是他不甘隨波逐流的一種抵抗。他在教育部裏，看不慣、聽不慣，也不必一定要寫他拂袖而去，他採取的是一種「不入耳之言，智者有所不聞」的居高臨下的蔑視的態度。

「五四」那一年，我十九歲，也參加了學生運動，在學校裏也算是「先進分子」，但是老實說，自己並不知道十月革命內容，更不知道它的影響和意義有多麼大。我朦朧地知道十月革命的意義，是在「五四」以後的事了。只有很少數先行者才知道十月革命的巨大意義。據我回憶，當時青年學生們只知道青島被人家奪去了，國家要亡了，一定要起來反對而已……。

當時青年中，對十月革命的認識是不清楚的，甚至不知道，不關心。大知識份子也只能從西方報刊上得到一點關於蘇俄的一些輾轉傳來的消息。當時我們都很幼稚，這是時代局限性，我們要注意此點，不能把當時的人寫得像現在這樣的有較清楚的認識。假如當時人就像現在一樣瞭解十月革命，那麼中國革命早就該成功了。中國人民——特別是中國知識份子找到馬列主義這條路，是曲折的、艱苦的、困難的，決不是一帆風順的，把「找到路」寫得太容易，把當時的人寫得太高明，是不真實的、不符合歷史的。

「五四」這一章也似乎還有一些枝蔓。有兩個地方可以考慮刪減：一是過多的反面人物可刪，可把同類型的撚合在一起；二是可

以並掉一些後景，可以刪掉一些場面。抄古碑這靜的場面是好的，但如果放在教育部裏抄古碑則似乎不妥。當時魯迅在教育部裏，四顧荒涼，儘是些牛鬼蛇神、滑稽角色，在這種場面，是靜不下來的，會破壞這場戲的嚴肅氣氛。我估計，對今天的觀眾來說，劇中一有人講什麼烈婦孝女之類，可能就引起人的滑稽之感的。

李大釗和魯迅會見，如果戲能動人，觀眾歡迎，也許還有需要的，但這裏有一個歷史真實性的問題。什麼時候、什麼場合、談的是什麼？假如寫了，就必須要有站得住腳的事實根據，決不可「創造」歷史。

可以有一個錢玄同，這個人歷史上也不壞。寫了這麼一個中間分子，可以省掉幾個反面人物。中間人物在戲中也要的，錢玄同在當時也還是進步人物，可以寫進去。不一定要避開。

有人談到魯迅的天真或者世故的問題。魯迅決不是庸俗的世故老人，他比我們這些年青人有更豐富的閱歷和社會經驗，但有經驗的人也不一定不上當。魯迅也許以為自己不曾上當，其實，他也還是會上當的，他不止一次上過青年人的當。他寄託希望於青年是完全對的，但他當時還不善於階級分析。青年中確有很多好青年，如柔石等人，但也有一些不好的青年。當時，階級鬥爭很劇烈，我們這些人既沒有經驗，又可能有一點關門主義，這一點魯迅反對我們是對的，但他當時也有太輕信「青年人」之處。他也上過同輩人的當，如林語堂，原來感情不壞，到廈門是應林語堂之邀而去的，當時有一個滿口洋文、油頭粉面的人（指姚克），和魯迅交往，我們告訴他此人不大好，魯迅也很不以為然。編《申報》「自由談」的黎烈文，魯迅對他很好，當然，黎

烈文發表魯迅文章，保守了秘密，也做了不少好事。此外，荊有麟後來是特務，還有向培良、高長虹之類，在魯迅面前，都是以進步青年的姿態出現的。魯迅上了青年的當，也不必一定要避開，這正是他真誠待人、天真渾厚的一面。

人物最要緊的是典型性格和典型動作。胡適這個人是反派，不過是相當高明的反派。這個人的淺薄是肯定的，「我是胡適」這句話還是可以講的。他是安徽績溪人，胡開文墨店的本家。從他的出身家庭來說，不僅集地主、官僚、商人於一身，而且是留美學生，杜威的「高足」，又是十足的知識份子買辦，他有洋氣，又有市儈習氣。五四運動之後，我和他有過幾次接觸，我的印象是他有迷惑人的一面，也有容易被人看破的一面。在當時，印象最深的是他對群眾運動──遊行示威、罷課等等，他真可以說得上是唯恐沾上，怕得要死。四十幾年後的今天，我還清楚記得和他談話之後的一句憤慨語，我說「這個人真是又霸又怕」。對這個人，當然不必美化他，但也不要過分誇張把他寫成漫畫化的滑稽角色。要著重寫內在的東西，不要從形象、動作、語言上來滑稽化。任何一個反面人物，都有他一套迷惑人、欺騙人的「外衣」，如進步的外衣，博學的外衣等等，這些外衣，他們是決不會在人前輕易脫下的。寫反面人物，也要寫得真實可信。謾罵不是戰鬥，表面的醜化不一定能打中反面人物的要害，最重要的，是要刻劃出這些人物的歷史的真實。

對歷史上的人物，要承認他的局限性。對歷史上的先進人物，也有一定的局限性。對於我們今天所崇敬的人，也不必一定要「為尊者諱，為親者諱」，當然，也不一定要從他們身上去找

不必要的缺點。總之，我們要用歷史唯物主義的觀點來寫出典型環境中的典型性格。

六、攝製工作全面啓動

《魯迅傳》處於開拍的臨戰狀態

從1960年初以來，整整十五個月，從局、廠領導到全廠職工等待開拍望眼欲穿。業務領導的最高部門——中央人民政府文化部，主管電影的副部長夏衍親自到上影廠、下攝製組，與攝製組的各路人馬親切談話、解疑釋惑，好像一場戰役在臨戰前的作戰動員，大大鼓舞、激勵了全體攝製人員的士氣和鬥志。

於是，創作組的編劇、演員組的主要演員、導演組的副導演和助理導演、美工組、化妝組、攝影組、服裝道具組……紛紛動了起來，大家發揮主動積極性，在最短時間內都以各自的形象設計展現在大家面前，博得領導和群眾的讚揚。

1961年3月中旬，《魯迅傳》攝製組一片歡騰。因為盼望近兩年的《魯迅傳》影片開拍有望，大家喜氣洋洋等待開機。事例如下：

首先、陳白塵在四十天內交出了定稿。

這個定稿本按攝製組的習慣稱為「三稿」。原件如下：

定稿本（三稿）與前稿相比，原來四章五十節精煉為四十節。無論從人物性格、時代背景、歷史風貌、情節對話⋯⋯都有所提高豐富。

其次、美工師池寧的人物設計圖，獲得全組的讚揚。

第三、副導演編出《場景表》供導演分鏡頭

第四、化妝師為主角做好試鏡照

第五、主要演員寫出人物設計

趙丹關於魯迅的設計、藍馬關於李大釗的設計、于藍關於許廣平的設計、于是之關於范愛農的設計、石羽關於胡適的設計、夏天關於章介眉的設計

——都已作出書面方案等待導演審定

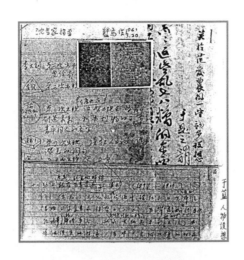

第六、沈鵬年協助主要演員寫出人物分析

范愛農及其悲劇——電影〈魯迅傳〉人物瑣談之一
　　　　　　　　　沈鵬年協助于是之

王金發之死的教訓——電影〈魯迅傳〉人物瑣談之二
　　　　　　　　　沈鵬年協助張伐

一個「魔怪」的一生——電影〈魯迅傳〉人物瑣談之三
　　　　　　　　　沈鵬年協助夏天

談角色之二：李大釗

沈鵬年與藍馬探討記錄

魯迅形象塑造的初步探索——創作筆記之一

沈鵬年協助趙丹

第七、從《魯迅組周日程表》可見當時的臨戰狀態

最後、置身事外的唐弢不甘寂寞了：

唐弢在中宣部的座談會宣稱：「《魯迅傳》劇本寫得很好。我這樣說，想來不至於成為戲臺裏喝彩，自吹自擂吧。因為我也是創作組的成員。說實在話，從構思到執筆，功勞全是白塵同志的。我在上海時就摸了一下魯迅的材料，感到很難寫，首先是有些人還活著，這就不能不作進一步的考慮；其次是魯迅的鬥爭方式很特別，編刊物、寫文章等，很難表現；其三是每個人心目都有個魯迅，不易接近人們的想像。種種原因，難弄。白塵是個大手筆，許多地方概括了瑣碎的材料。好些地方很動人。現在看來，基本情況合乎事實。」

這一席話感動了白塵。於是在編劇的排名次序上，白塵把原來的第五位唐弢提升為第三位。僅次於組長葉以群，而凌駕於參加實際創作的柯靈、杜宣之上。葉以群說：「這個人處世為人一貫如此……。」他勸柯靈、杜宣不要計較，同意白塵，稿費照給。

七、變起肘裏、導演異議

正當大家滿懷熱情準備開拍時，導演提出：劇本尚未穩定，拍攝暫停。

劇本什麼不穩定？

導演提出：上集結尾要重新考慮。編劇據理力爭，導演無話
　　　　　可說。

導演再提出：把上集分為兩部戲……。夏衍舉出種種理由，
　　　　　　力陳分兩部之弊，公開表示「不同意陳鯉庭把
　　　　　　上集分為兩部戲」。

（當時的記錄如下：）

其一：陳鯉庭談話　場記劉恩玉記錄

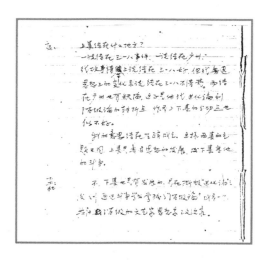

陳鯉庭提出：上集結在什麼地方？

一說結在三一八事件、二說結在廣州。

從故事情節上說：結在三一八好，但從魯迅思想的變化來說結在三一八不清楚。而結在廣州也有缺陷，這正是他從進化論到階級論的轉捩點，作為上下集的分切點也似不好。

我的意思結在左聯成立。這樣兩集的主題不同，上集是魯迅思想的發展；下集寫他的鬥爭。

陳白塵和杜宣都表示：這個意見不妥。因為《設計》是大家同意的，不能推翻。下集也是有發展的，是在撕毀「進化論」之後，到通過鬥爭學習掌握了「階級論」成為一個無產階級的文藝家、思想家、政治家。也能自成章法的。

夏衍同志談《魯迅傳》劇本长度問題

1961年3月18日下午在杭州

1961年3月16日，夏都來礼，与《魯迅傳》编剧，导演，演員等座談《魯迅傳》劇本問題。到会的有夏都长，陳白塵、叶以群，杜宣，陳鯉庭，蔣外，于伶，羅为，石羽，漁东，于是之等同志。討論了长度問題。

趙丹演出，"可否索性搞上集合为两部？"杜宣提出，"辛亥革命时期，广州时期都还可以压緇，五四时期的反面人物还可以集中一些？"陳白尘又主张"到第三幕作为上集结未，"陳白尘同志感到，无论"新天""新兄"，都有困难。

最后，夏衍同志就长度問題发表了意见。

我不贊成把上集分为两部破，也許我說得武断一些，上复分为两集就不成段落了。我不贊成拍三部。問題不在拍两部还是三部，在于着远思想的发展阶段。若到五四，思想发展可以成为一个阶段，没不成章。到二一八时期，线倒还可以，思想发展又不成段落。轮题的发言有一定的道理，問題是以人物思想发展为经，还是以时代为经。看北京这意见，也还是以人物思想为经的好。

魯迅在到上海以前還是在党的影响下工作，党还在幼年期，恍还是四期人。直到上海原本在党的领导下进行工

31

陳鯉庭又向夏衍提出要把《魯迅傳》上集分成二部戲來拍。夏衍當場表示，不同意陳鯉庭的意見。

1961年3月，夏衍為此專門談了劇本的《長度問題》。他說：

我不贊成再把上集分為兩部戲。也許我說得武斷一些，上集分為兩集就不成段落了。我不贊成拍上、中、下三集。問題不在拍兩集還是三集，而在於魯迅思想的發展階段。若到「五四」，思想發展可以成為一個階段，但戲太簡單局促，不能成章。到「三一八」告一段落，戲倒還可煞住，但魯迅的思想發展又不在此處告一段落。鯉庭的發言有一定的道理，問題是以人物思想發展為經，還是以時代為經。看北京座談會的意見，也還是以人物思想為經的好。

魯迅在到上海以前是在黨的影響下工作，當時的黨也還在年輕時期，魯迅自己，也還是同路人。直到一九二七年以後他

到上海後，才在黨的領導下進行工作。他在辛亥時期是找路，「五四」時期是摸索時期，當然，這時候已經有了黨的影響，「三一八」的時候，他是赤膊上陣，戰鬥了一場。這之後對國民革命發生了期望，可是到一九二七年大革命失敗，又一次幻滅，他心情十分沉重，又一次新的探索，到上海碰上了和「創造社」的論爭，讀了和譯了不少馬列主義的書籍，心情才起了變化。從這樣看，思想脈絡到一九二七年時期告一段落就比較妥當。對上集我不太擔心長度問題，假如能下決心刪節一些枝蔓，大力把人物「疊印」在後景上，那麼，我看作為「一集」，也還是可以容納得下的。

　　我估計四大段戲全長少則一萬二三千尺，最多到一萬四千尺。辛亥革命一本半到兩本作為序幕，「五四」時期，四本最多到四本半，「三一八」事件四本半也差不多了，一九二七年大革命時期兩本最多到三本，所以少則十二本，比《青春之歌》稍短；多則十四本，則比《青春之歌》稍長。按你們估計，「五四」及「三一八」成為一部約九本左右，加上頭二本尾三本，我看完全可以容納的。因此，我認為長度問題是可以解決的。

　　關於枝蔓問題我還想說幾句。例如一幅圖畫，假如主要是要畫松樹，那當然也可以有梅竹來襯托，所以寫魯迅，也可帶上寫李大釗、陳延年等；其次，這幅畫上也可以有野藤雜草。但如果不分輕重前後，把松樹、梅竹和野藤雜草並列起來，那麼，畫面亂了，主題就不突出了。所以要砍掉一些枝蔓，雜草與藤可以少些，可以推後一些。現在有的東西可以刪節，有的則要豐富。但豐富並不等於增加篇幅，搞得好，反而可以更精練。有的同志

希望表現出魯迅的幽默感，但增加幽默感可以在對話中、動作中來體現。現在中國電影有的畫面上只寫時代，有的畫面上只寫人物。若是疊起來寫，則既有人物，又有背景，篇幅就省了。現在看來冗長的是「三一八」，但是中間一段可以容許長一些。我看，二——四——五——三也可以了。

——陳白塵雖完成定稿，但由於陳鯉庭的兩次提議使拍攝工作無法進行而暫停下來，這就是《魯迅傳》創作歷程中的第二個波折。

第三個波折：爭取周揚審閱劇本（1961.3.18－4.30）

一、周揚講話鼓舞了導演

北京人藝的于是之從北京帶來了一份周揚講話。是1960年11月19日周揚在文化部召開戲劇家座談會談《歷史劇的創作問題》。周揚說：

> ……現在都在攀高峰，科學高峰、文藝高峰。但我覺得高峰可以少講，有的人在刊物上經常講高峰，這不好，講可以講，但不要在報上經常宣傳高峰。提高只能一步步地提，科學水平的提高，藝術水平的提高，都不可能一步登天。藝術上大天才的出現，也是要有不是大天才的人做了很多工作，然後才出大天才。大天才一定是不斷鬥爭，吸

取了別的天才的成果，如李白、杜甫吸取初唐許多詩人的成果一樣。不能著急，又是四十年獻禮，又是高峰，結果把人都急死了。不要那麼急，只要我們不停止，只要我們的方向正確，總有一天會到達高峰，也許時間很短，也許時間長一點，看我們的努力，看我們的方向。要時時刻刻記在心裏，不要認為獻禮就是高峰，到處放衛星。衛星那麼多就沒有衛星了，都是高峰，都是魯迅，行麼？究竟魯迅還是不多，物以稀為貴，多了就不稀奇了。不能太急，要搞踏實一點，獻禮能獻多少就獻多少，四十周年獻不出五十周年再獻，建國十五周年也可獻。建國十五周年獻不出，還有建國五十周年，領導人有時要穩坐釣魚船，只要不是在睡覺，鼓噪之聲可以少聽一點。……

連續在創作組和夏衍面前碰了兩次「釘子」的導演，看到周揚這段講話，有一種「山窮水盡疑無路，柳暗花明又一村」之感。當他聽說周揚到上海電影局召開座談會時，他不失時機地請周揚「審閱」《魯迅傳》劇本……。

周揚說他是奉中央之命抓高校文科教材，工作緊迫，沒有時間看劇本。他說這件事中央早已明確規定：攝製工作由上海市委抓；劇本工作由默涵和夏衍具體負責。他不管《魯迅傳》的事……。

次日，周揚飛赴杭州，約集了全國高校代表在杭州飯店召開「文科教材會議」。

導演以去杭州下生活為名，率領主要創作人員以群、陳白塵、杜宣、柯靈、趙丹、于藍、藍馬、石羽、于是之、謝添等趕到杭州，也住進了杭州飯店。

　　周揚忙得無法分身，在等候周揚的三天中，去了虎跑、龍井、九溪十八澗遊覽。創作組秘書沈鵬年每天向周揚夫人蘇靈揚同志請求。一連三天，終於感動了蘇靈揚，她答應第四天上午，把周揚截住，不給他參加教材討論會，負責要周揚和《魯迅傳》的主創人員見面。

二、爭取周揚的四次談話

　　於是，便引出了周揚的四次談話。談話當場由我記錄，並經周揚本人審閱，最初在內部發表，後編入《周揚文集》第三卷。（原件如下）

內部刊物外面少見，《周揚文集》只印三百冊，更為罕見。故有必要將他講話全文轉錄於此。

關於電影《魯迅傳》的談話

一、真實性的問題

魯迅的道路有其特殊性，是從民主主義到共產主義的。他曾引用屈原的兩句話：「路漫漫其修遠兮，吾將上下而求索」來說明自己長期艱苦的探索。魯迅是一個深刻的思想家，如果把他找到革命的道路這個過程寫得太容易，就不真實了。

現在有一種傾向，寫歷史人物總寫得過分的革命化。影片《關漢卿》就給人這樣的感覺。此片拍攝時，有的同志給馬師曾提意見，說他把關漢卿演得太瀟灑了，馬師曾聽後很緊張，結果電影上的關漢卿便常常是橫眉立目的了。我不是說表現反抗不對，而是說過分「革命化」的結果反而不像關漢卿了。

表現魯迅，更應注意這一點。不要超越歷史刻畫魯迅。涉及重大歷史事件、政治事件的地方，一定要有充分的根據，不要編造。例如寫「三・一八」慘案前李大釗和魯迅的幕後活動、魯迅和許廣平一起去通風報信，把魯迅說成「三・一八」的參加者甚至組織者，這就不真實。此外，寫魯迅在船上聽到秋收起義的消息，讀《湖南農民運動考察報告》等等，也不真實。魯迅跟李大釗、陳延年等人的關係，要多花些功夫考證。李大釗對魯迅作品的評價也要有根據。這些地方寫得好、分寸得當，對刻畫魯迅都有作用；反之，如果誇大、編造，就損害了魯迅的形象。不真實的處理，破壞了人物的真實性。

對魯迅的政治活動的處理，也要慎重。魯迅講過自己不在鬥爭的漩渦之中。如果影片把魯迅與政治運動的關係無根據地處理得太直接、太密切，好像他一直處在激烈的政治鬥爭的前線，就不好了。

　　魯迅的文學活動，應該著重寫。當然不要局限在寫文章上，辦刊物、支持什麼文學社團、和文學青年的往來等等都可以寫。

　　除李大釗、陳延年等人外，其他歷史人物不必實寫其名，可以虛構，這樣能夠不受束縛，藝術創造的天地更廣大。寫真人有很大危險，寫得不符合實際，熟悉的人要來講話，活著的本人要提抗議，死人的親友也會抗議。藝術創造本來不必拘泥於真人真事，雖然是人物傳記片，也允許一定程度的虛構，只要不違背歷史，還會增強作品的真實感。

二、關於魯迅和時代的關係

　　魯迅早年曾說過「哀其不幸」、「怒其不爭」這樣兩句話。這些話一方面表現了魯迅的偉大，另一方面也說明魯迅早期思想的局限。

　　「哀其不幸」，是說他同情閏土、祥林嫂、阿Q……這些受壓迫、被欺侮的人，熱愛廣大群眾。這種精神貫徹魯迅一生，是偉大的。

　　「怒其不爭」，是說他不滿於群眾的愚昧，不反抗不鬥爭。雖然這話反映出魯迅當時的啟蒙主義思想，但也無需諱言，它具有片面性。太平天國、義和團不是在「爭」嗎？歷代的農民起義不是都「爭」了嗎？

　　魯迅的《摩羅詩力說》、《文化偏至論》是啟蒙主義的傑

作。當時主要是提倡思想革命，其片面性、局限性也很難避免。肯定人民群眾是歷史創造者的觀點，是共產主義者的觀點。魯迅早期是民主主義者，看不到這一點，是很自然的，這也是時代的局限。後來，隨著時代的前進，魯迅終於懂得了「惟新興的無產者才有將來」的真理，成為一個偉大的共產主義戰士。

塑造人物形象，一定要認真研究他與時代的緊密關係，這一點搞不清楚，人物也無法真實可信。

這就是歷史唯物主義的觀點，我們必須強調歷史的真實性。在寫魯迅革命性的時候，要注意兩個方面：一是寫魯迅對革命的認識時，不要超過當時的實際情況，讓人覺得他很早就和黨、和革命接觸密切；二是寫他「橫眉冷對」要和「俯首甘為」結合起來，尖刻諷刺與幽默風趣與溫厚誠摯結合起來。要表現魯迅思想的發展，表現他性格的豐富性。如果只強調一面而忽略另一面，就不真實了。

毛主席有一次和我講過魯迅風格。毛主席說，魯迅風格是決斷與虛心的結合，知之為知之，不知為不知，知道的就很堅定，堅信不移，凡是不知道的就說是不知道，決不強不知以為知，更不隨便寫。這話對我的教育很大。

左翼文藝運動是革命的文藝運動。功勞很大，許多同志犧牲了。但有缺點：一個缺點是當時黨內王明、博古的「左」傾路線占領導地位，左翼文藝運動也受到影響；再一個缺點是領導骨幹的作風問題。這些骨幹由兩部分人組成。一類是從實際鬥爭戰線上退下來的，左翼文化運動最早的一批骨幹，不少人都參加過實際鬥爭，「四・一二」反革命政變以後就轉到文化戰線，轉移陣

地繼續戰鬥。魯迅也講過，他們是從實際戰線上退下來的。還有一類人是從日本回來的青年學生，只知道「普羅列塔利亞」，對中國的社會沒有實際的知識。大體上就是這些人領導這個文藝運動，領導作風大概有「五風」，有時候簡直不知天高地厚。回憶起來，有一點是好的，我們這些人個人主義打算是沒有的，而且確實有把生死置之度外的氣概。

魯迅是與我們這些人不同的。他懂得中國的社會和歷史，對中國整個社會有深刻的觀察。他走到革命隊伍中來，不是單憑一股熱情，而是經過自己深沉的思考和探索。魯迅對我們當時的幼稚、有些「共產風」、「浮誇風」，把革命看得太容易，還有些「瞎指揮風」、「命令風」（「特殊風」是沒有的。要天天搬家，生活很苦，那是另一種意義上的「特殊」），是不滿的。我不是創造社的，但我的氣質傾向於創造社的浪漫主義。魯迅不喜歡「革命空談」，他講究實際，贊成實幹、實事求是。把魯迅寫得叫喊太多，不符合真實情況。他在「左聯」成立大會上的講話講得很好，他講了革命統一戰線問題、隊伍問題等等，這些問題都抓對了。魯迅不是共產黨員，但發言比共產黨員講得好。

對魯迅性格描寫問題，把大家的意見集中起來，就是這麼三點：一個要寫出他性格的豐富性；一個要寫出他性格的發展；一個是注意他與時代的關係，強調歷史的真實性。

三、有人說魯迅是個Satiristc（諷刺家）

大家都知道魯迅的幽默，對此，我們不能忽視，不要以為一寫幽默就影響人物的嚴肅和堅強了。恩格斯說過，幽默是一種相信自己的智慧超過對方的優越感。魯迅正是這樣，沒有這種自

信就產生不了幽默。魯迅的幽默也是一種反抗，他的諷刺就是戰鬥。「嬉笑怒罵，皆成文章」，這是魯迅性格塑造中特別要注意的問題。凡是掌握了真理，凡是相信自己的力量超過了敵人的時候，常常不是劍拔弩張的。我們在表現歷史人物的時候，要注意他時代的特點，更要注意他個人性格的獨特之處。

藝術要含蓄，要留有餘地。

第一，生活本身有這種現象。德國美學家萊辛在《拉奧孔》裏說，痛苦和悲痛達到最高程度時，往往有一種相反的表情。他舉了一個希臘雕塑的例子：拉奧孔被一條蛇緊緊地纏住了，他的一隻手用全部力量才卡住了蛇頭，而臉上只是微慍的表情。如果把他面部表情表現成痛苦不堪甚至是一副哭相，反而達不到效果。柳宗元有一篇《對賀者》的文章，裏面有兩句話講得很好：「嬉笑之怒，甚乎裂眥；長歌之悲，過乎慟哭。」極度悲痛時不一定要哭；極度憤怒時，也不一定就要罵。藝術要含蓄、要留有餘地，這是生活本身的真實反映。

第二，讓觀眾自己去回味，爭得觀眾的共鳴。這是藝術創造和欣賞關係的問題。現在有些作品寫得過於淋漓盡致，使人看了一覽無餘，這樣的並不見得是好作品。創作跟理論文章不同，它要引起人們的情緒。人們讀作品、看戲看電影，跟學習理論不同，他們在欣賞過程要有自己的感受，作品應當給他們留有回味的餘地。有些劇本唯恐人家不明白，講了一遍又一遍，令人生厭。這也是群眾觀點不強的表現吧？比如表現「感謝毛主席」的問題，本應該通過劇情的發展，使觀眾從心裏產生「感謝毛主席」的情緒。現在有的劇本不是這樣，而是把「感謝毛主席」這

句話直接表現出來，說一遍還不夠，三遍四遍地說，就是沒有讓觀眾自己去體會。觀眾的欣賞過程，也是藝術的再創造過程。把讀者、觀眾當成消極的承受者，就寫不成好作品。

四、魯迅寫農民很深刻

但他的確也只寫了農民的一個方面，偏重寫了農民的消極面，沒有寫農民的革命面。魯迅是一個熱情而嚴格的現實主義者，他沒有看到農民的革命性，所以他不隨便寫。

閏土有沒有革命性？祥林嫂有沒有革命性？都沒有。阿Q的革命性寫了一點，但阿Q的革命太糊塗、太盲目了，最後為革命而死，被敵人槍斃了。

反映在阿Q身上，「三風」「五氣」都有，共產黨所批評的宗派主義、主觀主義、教條主義、地方主義、本位主義等等阿Q都有，還有一點，輕視婦女。雖然阿Q有這許多缺點，但他有一條：「要革命」，所以應該肯定。還有一條，勞動好。有了這兩條，阿Q就站住了。

毛主席對阿Q的估價，還是把他當作革命的。

在電影上，阿Q的確很難表現。我看把阿Q表現得能引人同情，好一些；不要令人有厭惡之感。

五、寫魯迅，還有一點很重要，要寫好這個典型一定要與他
**　　的思想感情相通，也就是不憑空想像。**

現在有些戲演領導人物，最大的缺點是不自然，虛假得很。特別是演老幹部。老幹部很好的一個特點是待人親切、坦率、比較「隨便」，但在戲裏就沒有表現出來，有裝腔作勢的味道。演員心目中對領導人物先有一個主觀的模式，再用固定的程式擺起

來，就一發而不可收拾了。不這樣演可不可以？演得像普通人一些可不可以？當然如果僅僅是演成一個普通人而沒有顯出比普通人高明一些也是不行的。現在有些戲演領導人物沒有拿出比普通人更多的東西來，像「架子」，是「架子功」；還有就是幾個晚上不睡覺，拼命幹；或者在會議結束時講講「再考慮考慮」。會散了，他究竟考慮出什麼來？誰知道。此外就是常常拍拍別人的肩膀……總之，一句話，辦法不多。講話能不能比別人高明一些？遇到重大問題、發表意見時他能第一個看得最正確……。許多作家之所以不能寫好領導人物，是因為對他們的工作、生活不熟悉。如果劇作家要寫領導同志，我主張要他們和做黨的書記工作的同志相處一個時期，和幹農業工作的書記、幹工業工作的書記、幹其他工作的書記……在一起，可以做他們的秘書，跟他們一起去考察工作、一起去調查研究。當然可能也有個別幹部是有「五風」的，但總的說來是好的多。下去以後有兩個好處：一個是向他們學習，得到益處，可以學到領導幹部的思想方法和工作作風；再一個是瞭解了他們以後，可以具體創作、塑造領導幹部的形象。

搞文藝工作要專。比如京劇中生、旦、淨、丑各有分工，固定一行，無論你是青衣也好，鬚生也好，各有發展前途。因此京戲方面幾年來確是培養出了一些人才。而新文藝方面就比較差了，一方面是傳統不深厚，一方面是工作不固定，經常變動。現在是不是有這個問題？工作專門化是必要的，導演就讓他搞導演，演員就讓他演員，工作不要經常變動。這樣搞搞，那樣搞搞，會影響對人才的培養。一個問題是變動多，一個問題是時

間沒有保證。因為變動多，今天搞這個，明天搞那個，就不可能「專」；時間沒有保證，運動來了可以停止業務工作，業務的鑽研也無從說起了。工廠中任何運動來了，是不能停止生產的，搞運動反而促進生產。但創作，業務工作卻不同，運動來了，都可以停止專業活動。這個問題要很好考慮。還有這樣的現象：一個人不開會，要批評；但不創作，不搞業務反倒不要緊了，也沒有人批評。我看，今後不能這樣。運動來了，如要停止業務，要規定必須經過哪一級領導部門的批准。否則，我們的工作就無法得到保障。

六、談談一般與特殊。

我們講一般與特殊，並不是強調特殊不要一般。大辦鋼鐵的時候提出來要「煉鋼、舞鋼、唱鋼、畫鋼」。要唱鋼還可以，舞鋼就難了，畫鋼也有困難。這樣搞的結果是表面上文藝「服從政治」，實際上是取消自己了，既沒有了藝術，也沒有了政治。當時這樣提，誰敢反對、誰敢說不為鋼鐵服務呢？實際上這樣搞的結果，是取消了特殊。

我們共產黨人鬧革命沒有別的任務，無非是滿足人民物質上、精神上的兩種需要，為人民服務，除此以外，還有什麼可服務的呢？物質生活上，從現在有的地方一天半斤糧，到共產主義社會時物質的無限豐富；精神生活上，從現在的社會主義藝術風格和水平，到共產主義更完美多彩的藝術風格和水平，給人以更高尚的美感和享受。

但是從現在來講，應該先要人人吃飯，不能先要人人創作。要人人生產得好，人人吃得好，然後才能唱歌好，舞蹈好。因

此，我雖然是負責搞文藝工作的，但我排它們的關係是：第一是生產；第二是教育；第三是衛生；第四是文化……。我把文化、唱歌、畫畫等排在第四、第五。如把文化排在第一，提出「人人唱歌」等等，我是反對的。我是文聯副主席，又是作協副主席，如果人人都唱歌，人人都舞蹈，全國人民都成為文聯會員了，那又有多好啊！但這是不行的。

第一是物質生活的需要，第二是精神生活的需要。市場供應要求越多越好，精神生活也希望越豐富越好。而且將來是越來越多樣，不是越來越少樣。我們滿足人民的精神需要是多樣好還是少樣好呢？我們為人民服務，是用一種形式服務好，還是用多種形式服務好？你如果說「一種好」，那麼為什麼多種不好呢？我們可以來辯論一下。所謂貫徹「百花齊放」，也就是滿足人民群眾多樣的精神需要。這同市場上的物質供應一個道理，還是多樣的好。我們講群眾觀點，就要從群眾的需要出發。廣大群眾是不是只看一種戲，而不愛看多種多樣的戲呢？可以讓群眾來表決一下嘛！

我講的一般和特殊的問題，主要有兩點：一個是文藝為政治服務，這是一般的原則的問題；一個是如何服務得好，是多樣好還是少樣好？這是具體做法的問題。

七、再有一個問題是多樣性和創造性

這個問題是上海提出來的，提得很好。多樣性和創造性是不可分割的，只有多樣化才能發揮創造性，只有多樣了，才有利於發揮創造。如果只有一種題材、一種樣式，怎麼去創造、發揮呢？即使是同一個題材、同一個角色，你的演出和我的演出之間

也不必一樣，可以各有特點。這在豐富和發展藝術上是很重要的。這些問題是否都明確了？明確了為誰服務以後還有如何服務得更好的問題。現在什麼地方歡迎我們講話，我就宣傳這一套。

將來要規定一些制度，保證「百花齊放，百家爭鳴」方針的貫徹。沒有制度保證，我們講的都會變成空話。有些地方有的幹部聽了就是不做。現在聽了上面的意見，不外乎三種情況：一種是聽了感到很好，積極執行；一種是嘴上講「很好」，表面上也鼓了掌，就是不執行；一種是認為你講的都是做不到的，根本不執行。聽話是不是真聽了，聽了是不是真正在做了，那也不一定。所以檢查執行政策中的問題，不僅工業、農業方面有問題，文藝方面「五風」不正的情況也不少。不要以為文化教育工作很好了，沒有問題了。浮誇風、命令風是不會少的，瞎指揮風恐怕也還是有的。我們自己也難免有瞎指揮的問題。

特別是對於「三結合」的問題，有一些不恰當的解釋。黨的領導下，文藝工作和群眾結合是永遠需要的，文藝工作永遠要在黨的領導下跟群眾緊緊相結合的。問題是現在聽到有這樣一種理論：「領導出思想，群眾出生活，作家出筆」。領導出思想、群眾出生活，當然是很好的，但這樣還要你這個創作家作什麼呢？這樣做只能是孤立了作家。（笑問大家：你們搞《魯迅傳》是不是夏衍出思想，許廣平、周建人出生活，陳白塵出筆？）不能這樣結合，這是行不通的，這種理論是錯誤的，可笑的。但相信這種理論的人還相當多。有些同志出發點很好，但不瞭解這種做法對創作不利。現在提出「深入生活、提高思想」，如果提高思想也決定於深入生活的程度。至於是一個什麼具體思想，也不可能

預先確定的，這是作家觀察生活、研究生活得出的結果，然後在他的作品中，在對話中表現出來。領導上只能提一個範圍，向作家指出觀察生活的範圍。作家也應該主動爭取領導上的幫助。但最後得出的思想是作家自己的思想，不是領導的思想，也不是《人民日報》社論的思想。作家提高思想只能靠自己去深入生活，在生活中觀察、體驗，然後通過作品寫出來。而不能只依靠「領導的思想」和「群眾的生活」。

「領導出思想，群眾出生活，作家出筆」這種理論很為流行，但這種思想是很危險的。當然在配合中心運動確實需要時，也可以有幾個作家在一起，由領導上幫助他們一下。但這不是創作的唯一的方法，更不是好方法。不然，豈不是我們的古人太笨了，他們為什麼沒有想到「三結合」？魯迅為什麼不「三結合」？所以寫魯迅千萬不要也寫成一個「三結合」，李大釗和他談得太多了，會變成「李大釗出思想，群眾出生活，魯迅出筆」的。

幾年來，有一些正確意見也遭到批評或忽視了，這也是難免的，有些論點如「特殊性」的問題，一提出來往往會有條件反射，這也需要有一個過程的。在去年文代會時，我已經開始感覺到這個問題了。文代會後在幾個協會講話，我都強調了搞創作是促進和繁榮共產主義文化，藝術的路是越走越寬，不要走入狹巷。橫掃千軍，拼命地掃，把路上掃得光光的，不是我們的目的，開花結果才是我們的目的。因此光是「掃」還不夠，還要做許多工作。貫徹「百花齊放」，要多樣化，要提高藝術技巧⋯⋯把全民的文學、藝術事業繁榮和發展起來。文藝工作幾年來也創造了許多經驗，我們要很好地總結這些經驗。

我們這些人要對歷史負責、對人民負責。有「歷史上的功罪」問題。有多少功、多少罪？「功罪千秋」。每個人都有功罪問題，對人民做對了多少，做錯了多少？一個人總希望對人民的功多一些，罪少一些的。完全不錯是不可能的，但生平功過究竟是二八開、三七開、還是對開呢？一個人總想錯誤少一些，做得好一些。

　　對於新作家的提高，一方面是提倡勤學苦練；還有一方面是提倡多讀書。思想上的提高、生活上的鍛煉是需要的，但除了「三結合」外，還要抓學習、抓勤學苦練。這是真功夫，不能取巧的，任何科學發明、藝術創造都不能取巧，這是沒有捷徑的。

　　1961年3月17日上午，周揚邊聽以群彙報，邊看北京座談會記錄，邊和大家談論了二個多小時。談畢，應大家要求，在室外陽臺合影。右首是隔壁岳飛廟的簷角。自左至右是謝添、杜宣、葉以群、于是之、于藍、周揚、趙丹、陳鯉庭、陳白塵、石羽、藍馬。

三、周揚肯定劇本、鼓勵趙丹、于藍演好戲

　　3月18日午後，周揚主動來找趙丹、于藍。周揚手裏拿著《魯迅傳》劇本。滿面笑容地說：

「劇本看了。結構、人物、情節還是不錯的，主題突出、佈局乾淨。寫成這樣是不容易的。拍好了放映對青年有教育意義，就是故事帶點紀錄性也好麼。只是演員表演比較難演一點，演文學家和思想家麼，動作性比較少，活動都在思想裏麼。」

周揚鼓勵趙丹和于藍：放手大膽地演！

四、導演提出請「高手」定稿問題

當晚，攝製組設宴請周揚。筵畢，導演向周揚要求：為了把劇本修改得更好，可否請「高手」來把關，把劇本再提高一步……。

周揚聽了一楞。導演說：白塵連續搞了四稿，幾乎筋疲力盡了。請「高手」來幫一把，白塵可以稍息一下，劇本可以更上一層樓……。

周揚沉吟未答……。

回到室內，于是之和藍馬等對「臨陣換將」大惑不解。謝添說：我們只演戲，其他都不管……。當晚，于是之寫了一首打油詩：

> 一席佳醪一曲崑，江湖伶工謝二陳，（編劇白塵和導演鯉庭）
> 未嘗叫花雞中味，空負西子一片春。（來滬半年一個鏡頭未拍也）

（手跡如下：）

——回到上海，攝製組暫停。外請演員各自回到原單位。等待導演「命令」——何時開拍，等待通知。大家依依不捨，離開了上影⋯⋯

於是，《魯迅傳》創作歷程出現了第三個波折。

第四個波折：夏衍奉命執筆階段（1961年5月－8月）

創作《魯迅》電影，從1958年葉以群執筆寫《艱難時代》算起，已經三年過半。從陳白塵執筆寫《魯迅傳》上集算起，連續寫出四個稿本，歷時一年半。其間經歷了從「無」到「有」、從「有」到「真」的過程。葉以群和陳鯉庭是二個過程的親歷者。

所謂「真」——就是中國科學院文學研究所所長何其芳說的：「魯迅突出之點是思想的深刻，對中國前途有他獨到的看法。」「電影的關鍵在於著重表現魯迅看問題的獨到，而不在於把魯迅一生的事表現得很多。電影有篇幅的限制，即使放映四個鐘頭，也不可能表現得全面。」何其芳認為：「現在的劇本，表現魯迅的精神上大體符合，只是深度還不夠。」

周揚說：「表現魯迅，不要超越歷史刻畫魯迅。涉及重大歷史事件、政治事件的地方，一定要有充分的根據，不要編造。」他舉例說：

「例如寫三・一八慘案前李大釗和魯迅的幕後活動、魯迅和許廣平一起去通風報信，把魯迅說成『三・一八』的參加者甚至組織者，這就不真實。此外，寫魯迅在船上聽到秋收起義的消息，讀《湖南農民運動考察報告》等等，也不真實。……如果誇大、編造，就損害了魯迅的形象。不真實的處理，破壞了人物的真實性。」

由此可知，追求劇本的真實性是有具體的方向和目標的。也是陳白塵能夠勝任的。導演此時提出要求「高手」把關，使葉以群感到困惑。

一、夏衍、以群、白塵「三人談心」

在夏衍離開杭州的前一天，以群向夏衍表示「困惑」，白塵也在場。夏衍比較樂觀，勸以群放心。夏衍說：北京的編劇不少，但他們對魯迅沒有研究；北京的魯迅研究專家也不少，但他們不懂電影、不會編劇。修改問題還靠我們「自力更生」。

夏衍對白塵說：這一次爭取到周揚同志談話，對工作的開展很有利。劇本修改的方向更加明確了。經過這兩天的討論，我支持白塵把修改意見帶到北京去，讓他有個消化的過程，然後進行修改。改好後，由以群代表創作組簽字，交給上影和導演，以後由導演和演員去再創造。

二、夏衍談攝製組工作的安排

夏衍認為：《魯迅傳》劇本的修改不需要什麼「高手」把關，白塵能夠把劇本修改好的。因此在當天傍晚，他又專門和大家談了《攝製組工作的安排》。原件如下：

夏衍同志对《魯迅傳》
攝制組工作安排的談話
1961年3月17日晚說在杭州虎跑

这次的会議开得很好。特別还争取到周揚同志談話。对工作的开展很有利。說明天我走了，下面还有两章没有談，这不要緊，有組長以群等同志在，可以繼續談下去。总之在討論时要百花齐放、百家争鳴，通过爭論，取得一致的意見。然后再交給白塵，帮到北京去进行修改，大家的意見也是供白塵參考。白塵要收大家意見也要有个消化过程，消化程度，一个作家也有他自己的風格。昨天我和白塵有个君子协定，现在宣布出来：还是让白塵回北京去修改好，最晉一些工作，心里可以踏实一点，他的好友天翼又在生病，《人民文学》還要照顧。

这次会議以后，我对《魯迅傳》的工作暫时告一段落，等开拍以前，我再来一次，主要核查一下形象、道具、造型、設計、資料等工作。但在北京，对劇本在若干問題上我可以帮白塵出些点子。

整个談好以后，让白塵即回北京去写。这样又有民主、又有集中。写的时候还是应該让惟一个人集中起来写。不要再为了一些細节去填補了。在北京还可以約默蕭同志、唐弢同志等看一次，我們基本上一致了，就带到上海，由上海的劇作組核样一檔，再請市委和石西民同志、其五同志、市委宣傳部的同志一看，可能有些問題我們还没有发現的，可以及时糾正。之后，就請以群代劇作組签字，交給廠長不管了，你們有再創造、丰富劇本的自由。一个作家写完以后，把笔放下，是最糟糕惊快的事。不要再为細节問題去頂牛了。

在白塵同志写定之后，我还打算在取得他同意以后，再看一遍，必要时出一点意見。你們分好鏡头之后，如有必要，也可以把分鏡头本給我看看。

夏衍說：這次的會議開得很好。特別還爭取到周揚同志談話。對工作的開展很有利。我明天要走了，下面還有兩章沒有談，這不要緊，有組長以群等同志在，可以繼續談下去。總之在討論時要百花齊放、百家爭鳴，通過爭論，取得一致的意見。然

後交給白塵，帶到北京進行修改。大家的意見也是供白塵參考，白塵吸收大家意見也要有個消化過程、消化程度，一個作家也有他自己的風格。昨天我和白塵有個君子協定，現在宣佈出來：還是讓白塵回北京去修改好，兼管一些工作，心裏可以踏實一點，他的好友天翼又在生病，《人民文學》需要照顧。

這次會議以後，我對《魯迅傳》的工作暫時告一段落，等開拍以前，我再來一次，主要檢查一下形象、道具、臉型、設計、資料等工作。但在北京，對劇本在若干問題上我可以幫白塵出些點子。

整個談好以後，讓白塵回北京去寫，這樣又有民主、又有集中。寫的時候還是應該讓他一個人集中起來寫。不要再為了一些細節去煩他了。在北京我還可以約默涵同志、唐弢同志等看一次，我們基本上一致了，就帶到上海，由上海的創作組核一核，再請市委和石西民同志、其五同志、市委宣傳部的同志看一看，可能有些問題我們還沒有發現的，可以及時糾正。之後，就請以群代表創作組簽字，交給廠長和導演。以後由導演和演員去再創造。場景處理等工作就不管了，你們有再創造、豐富劇本的自由。一個作家寫完以後，把筆放下，是最輕鬆愉快的事。不要再為細節問題去頂牛了。

在白塵同志寫完之後，我還打算在取得他同意以後，再看一遍，必要時出一點主意。你們分好鏡頭之後，如有必要，也可以把分鏡頭本給我看看。

三、導演宣佈演員去紹興、「攝製工作暫停」

當周揚、夏衍先後離開杭州回到北京後，天馬廠廠長兼《魯迅傳》導演陳鯉庭與副廠長兼《魯迅傳》副導演齊聞韶商量，作出兩項決定：

①由齊聞韶率領攝製組主創人員，包括副導演夏天和衛禹平、攝影顧問吳蔚雲、美工師池寧、攝影師沈西林、化妝師王鐵彬以及趙丹、于藍、藍馬、石羽、于是之、謝添等全部主要演員去魯迅故鄉紹興體驗生活，為期一月；

②上海廠裏準備就緒的「攝製工作暫停」，何時開機？等待攝製組的統帥導演的命令。

導演陳鯉庭由於提出上集結尾「結」在左聯成立的意見未獲創作組葉以群、陳白塵、杜宣的同意；再提出要將上集分為兩部故事片：即魯迅的童年及南京求學、日本留學、歸國教學（紹興府中）、北京教學（北大、女師大）為一部。三一八慘案到1927年大革命為另一部。拍兩部的意見又遭夏衍在「攝製工作安排會議」上公開加以反對。——他經過這兩次提議均未通過，思想上的疙瘩沒有解開。——他看到上海創作組方面和文化部主管電影的夏衍方面都得不到支持。與副廠長兼副導演齊聞韶商議後，就去北京找中宣部副部長林默涵，想爭取林默涵的支持。

林默涵要陳鯉庭提出具體的理由後再作考慮。於是，陳鯉庭回到上海後便要沈鵬年整理北京、上海對劇本上集的不同意見，供他思考和醞釀……。

《魯迅傳》的演員到紹興的消息傳到上海，《文匯報》和《新民晚報》立即派記者進行追蹤報導。這裏選錄兩篇以見一斑。

　　第一篇，《文匯報》1961年4月6日報導《在魯迅的故鄉——電影〈魯迅傳〉的創作人員在紹興》。原件如下：

　　報導寫道：「春光明媚，柳枝新綠。影片《魯迅傳》攝製組的創作人員來到魯迅故鄉——紹興調查訪問。

　　攝製組的創作人員訪問了周家新台門魯迅紀念館，看了百草園、三味書屋，並在閏土的孫子章貴陪領下到皇甫莊魯迅的外婆家去參觀。有些演員還去看了《阿Q正傳》、《孔乙己》中寫到的酒館、土穀祠等地方。趙丹在參觀訪問之餘，還畫了不少畫，積累素材。于是之詩興勃發，為趙丹的畫題了詩。謝添是個有心人，在逛街時特地買了兩頂舊氈帽，以備將來扮演角色化妝之用。攝影、美工等人員也忙著看鏡頭角度，收集和瞭解當時的街道、房屋建築、船隻、服裝的資料。……攝製組的人員……在紹興市黨、政領導和人民政府的熱心支持下，收集了很多素材，不但豐富了電影的內容，也使創作人員有了具體的感受。」

第二篇，《新民晚報》1961年4月11日《趙丹的書畫》。原
件如下：

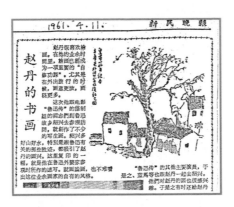

　　報導寫道：「趙丹很喜歡繪畫。……這次他跟電影《魯迅
傳》攝製組到魯迅故鄉紹興參觀訪問，就創作了不少的寫生畫。
紹興多好山好水，特別是跟魯迅有關的那些勝跡，都吸引了趙丹
的畫興。這裏複印的一幅，就是他在魯迅外婆家參觀時所作的速
寫。……《魯迅傳》的其他主要演員，于是之、藍馬等也跟趙丹
一起去紹興。他們對趙丹的畫也很感興趣。于是之有時還給趙丹
的畫題了詩。……」

　　——刊出的畫是「皇甫莊古銀杏——去魯迅外婆家後院所見。」

　　魯迅先生生前最愛看的紹興大班的紹劇《龍虎鬥》、《女
吊》、《跳無常》。這些戲反映了人民對封建社會舊勢力的抗
爭。紹劇團的六齡童團長與天馬電影廠有業務聯繫。這次特地請
老藝員章豔秋、筱昌順等名角，為我們專場演了這三出解放後停
演的「禁」戲。

演畢全體演員和《魯迅傳》攝製組主創人員合影留念。原照如下：

　　（自右至左：吳蔚雲、六齡童、于是之、小六齡童扮演白無常、夏天、趙丹、衛禹平、于藍、沈鵬年、女吊扮演者章豔秋、于藍前為小無常（小小六齡童扮演）、王鐵彬、齊聞韶、藍馬、無常奶奶、石羽、董淑璠、謝添、夜叉……。）

　　扮演阿有（即阿Q）的謝添為《魯迅傳》劇中需要，請六齡童示範教唱《龍虎鬥》的唱詞「手執鋼鞭將你打」……照片如下：

當我們去訪問魯迅在《故鄉》、《社戲》中描寫的「安橋」時，趙丹沿途所見，寫了一詩、一畫送給我，于是之為趙丹畫配題一詩：「買舟去安橋，春光正妖嬈，菜花黃如拭，送香到船梢。」趙丹詞題《買舟去安橋、寫一路所見》。詩云：

「江南戀、戀江南，況是三月豔陽天。暖風薰得一灣醉，十里菜花金樣鑲。

桃也紫、李也白，最是魚肥羅漢豆更鮮。歲熟皆由公社立，笙鈸吹歌創新腔。創新腔，紅旗照照（飄飄），安橋在望——。」（原件如下）

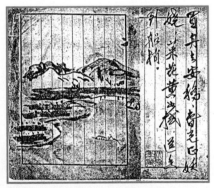

這一次的紹興之行，對大家的收穫極大。趙丹畫、于是之詩，在社會上得到好評。各報刊紛紛介紹。（原件如下）

四、周揚、邵荃麟等對白塵三稿的意見和期望

　　《魯迅傳》的主要演員都是全國影劇界的名角，也是各單位的台柱。扮演魯迅的趙丹是海燕廠的，扮演許廣平和阿Q的于藍和謝添是北影廠的，扮演李大釗的藍馬是解放軍總政文工團的，扮演胡適的石羽是北京青年藝術劇院的，扮演范愛農的于是之是北京人藝的⋯⋯他們塑造了新中國電影膾炙人口的經典性藝術形象：趙丹的林則徐、聶耳、李時珍；于藍《翠崗紅旗》中的向五兒、《革命家庭》中的周蓮、《紅岩》中的江姐；謝添《林家鋪子》中林老闆；藍馬《萬水千山》中教導員；于是之《龍鬚溝》中程瘋子、《茶館》中的王掌櫃。石羽在解放前夕《小城之春》的知識份子成為「中國十大經典名片」之一。當時他們在本單位也都是獨當一面擔負重要工作的負責骨幹。為了支援《魯迅傳》的拍攝，這些大師級的名演員都集中到天馬廠。

當年的政治掛帥、計劃經濟也要講經濟核算。外請演員要訂借調合同。他（她）們在《魯迅傳》中扮演重要角色，但都是階段性演員。因此借調合同滿打滿算訂期半年，1960年11月至1961年4月。借調合同滿期，電影還未開機。何時拍攝？遙遙無期。1961年5月1日，配備雙套人員的龐大攝製組「暫時解散」，外請演員放回原單位。

　　1961年5月11日，陳鯉庭率領原副導演夏天、主演趙丹和我前往北京。名義上是為陳白塵的三稿廣泛聽取意見。由我記錄，整理了二份《對〈魯迅傳〉第三稿意見的摘要匯錄》。這些意見中，真正中肯而有質量的是周揚、邵荃麟、陽翰笙的意見。（原件如下）

這三位的意見，轉錄如下：

對《魯迅傳》第三稿意見的摘要彙錄（一）

周揚同志的意見

星期一開會時（5月22日），周揚同志和夏衍同志曾經說過這樣一些話：「我要講的話，上次在杭州時都已經講過了（現在的修改本中），如果已經解決，就可以了。如果還沒有解決，還是這些意見，要談的還是老話。」又說：「技術上的問題，你（夏衍）再加工理一道。」

邵荃麟同志的意見

比第二稿，三稿中魯迅的性格具體、豐富了，過程也精煉、集中了。但還有些問題。

第一章大體差不多，王金發的問題沒有考慮。只是在結尾時，在酒樓上，魯迅講：「中國該還有希望吧！」……最後又講「我要到南京去問問……」這二句話，同魯迅的性格不符，把他的思想水平降低了，似乎魯迅對資產階級共和還有幻想。范愛農是小資產階級的脆弱性，但這種脆弱性魯迅是沒有的。魯迅儘管曾經彷徨、懷疑，但始終堅持韌性戰鬥。因此對話倒不如改成「雖然黑暗，還要戰鬥下去」的意思。

第三章有女師大──三一八的鬥爭、第四章廣州一段也很熱鬧，最困難的是在第二章。（對五四時期魯迅思想的估價上、看法上還存在著不一致。）

第四章精神飽滿，覺得很好。只是最後魯迅講「中國又有了新的希望了罷？」不好，轟破了進化論，又來一個「？」號，這不好，太硬。可用象徵性的辦法解決。如用毛主席在《新民主主

義論》結尾中一段話的意境：新的中國將在地平線上升起來……非常形象鮮明，襯以音樂。

邵荃麟還說：白塵是編劇的好手。不足之處是與魯迅先生不熟悉。對浙東的風土人情也比較陌生。周揚同志要夏衍同志潤色，是個好主意。夏衍與魯迅是杭紹同鄉，從1928年與魯迅相識以來，接觸多年，時間比魯門弟子胡風、蕭軍與魯迅接觸的時間還長。他幫助白塵潤色，劇本相得益彰。三稿中一些小問題，這一次可望解決。希望快點開拍。

陽翰笙同志的意見

我看文學劇本可以定稿了。你們是拍電影，不是搞學術研究。何必「皓首窮經」、繁瑣考證。百姓百口，各抒所見，要求在劇本中「輿論一律」是不可能的。每寫出一稿去徵求意見，沒完沒了是沒有底的。我們要觀看銀幕上的魯迅藝術形象，不是讀《魯迅年譜》。錦繡文章寫得再好，搬上銀幕只是幾頁書影，觀眾是不要看的。人物、情節、語言、動作要靠演員的形象思維正確表演。功夫還是多化在拍攝上吧，不要再到處去聽意見了。我們是老朋友了，請恕我直言。外國報刊都報導我們拍《魯迅傳》，在等著瞧。我們要加勁了……。

五、陳鯉庭對白塵三稿否定的意見

陳鯉庭胸有成竹，對陳白塵辛辛苦苦寫出的《魯迅傳》劇本定稿、即三稿，早已準備了全盤否定的意見。這一點，夏衍、葉以群、陳白塵三位都不知道，被瞞過了。但他書面報告林默涵和周揚。報告題目《向林默涵同志彙報攝製組對陳白塵三稿的看

法》，由陳口述，我整理了呈林默涵轉周揚。1961年8月12日又寫入打印件《向林默涵同志彙報攝製組對陳白塵、夏衍兩稿的看法（摘要）》。原件如下：

陳鯉庭說：「白塵同志幾稿所著力的就是在結構。在看來沒有什麼戲劇性的魯迅寫作生活中，要搭起一個情節矛盾的架子，這確是不易的，這是白塵的很大貢獻。但這裏既是他的長處，也是他的弱點所在。有些情節嫌造作了，嫌誇大了，不符合歷史真實和人物性格真實。這就是歷次座談會所談的把魯迅寫高了、低了、早了、露了等等之類的問題。也就是周揚同志提醒我們要注意重大歷史事件的真實和要注意魯迅性格的豐富與發展的原因。

從周揚同志在杭州講話之後，白塵同志的三稿確有很大進展，他開始進入人物了，這就如他自己說的以前光是補貼填充，這回才感到進入創作。但是，矛盾情節的架子還是老的，還是原先搭好的了，不是先從人物和處境的矛盾自然引用；有些根據作家的概念和戲劇性要求搭成的情節架子現在還保存著。」

六、陳鯉庭對白塵三稿逐章提出意見

為了推翻白塵的定稿即三稿，陳鯉庭準備了逐章的全面的書面意見。原件如下：

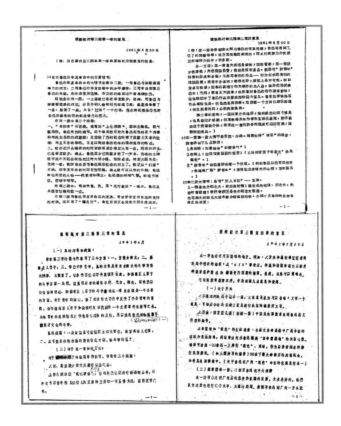

這些意見是陳鯉庭用《魯迅傳》攝製組名義列印的，全文如下：

攝製組對第三稿第一章的意見

1961年5月30日

（按：這就是白塵三稿本第一章和夏部長交換意見的記錄）

（一）有關魯迅在辛亥革命中的主要情節：

魯迅在辛亥革命中的大情節主要分三段：一寫魯迅與封建頑固勢力的對立；二寫魯迅在辛亥浪潮中的少年豪情；三寫革命變質後魯迅的失望。現在感覺所選擇、所安排的場面還不夠準確恰當。

特別是在第一段，一上場就已是在辛亥前夕，這樣，寫魯迅與封建頑固派的對立、以及介紹人物和時代環境方面，就顯得單薄了一點，匆促了一點。只有「過街」一個行動，觀眾將很難體會當時魯迅所感受的舊的社會勢力的壓力。

在這一段中有二個設想：

一、「採標本」可否換、或增加「上化學課」，即學生搗亂、氧氣瓶爆炸、魯迅受傷的細節。這個場面既可交代魯迅在當時是個傳播科學民主思想的啟蒙家；又渲染了當時社會環境下啟蒙主義者的處境；而且又有故事性、又足以刻劃魯迅性格的艱韌寬厚的特點。

二、能否把開頭場面的時間安排得更合理更從容一點。現在的開頭，已是辛亥前夕，那麼，魯迅至少已在家鄉耽了一年多，當地的鄉紳或市民不可能會在他走過時大驚小怪、指指點點。而更大損失是：這樣一來，就沒有餘勇寫魯迅跟舊社會的對立了。假定從「歸家」開始，跟辛亥革命的時間有些間隔，那麼就可以從容地介紹：魯迅

和他周圍的人物——范愛農和閏土；他周圍的環境氣氛，如咸亨酒店、剪辮子等等。

在第二段中：第四節魯、范、王「花廳敘舊」一場中，魯迅及其語言似嫌稍露一點。

在第三段寫魯迅辛亥革命後的遭遇，看來要著重寫魯迅所受到的打擊。現在用了「鬧花廳」，魯范目擊王金發章介眉合流場面，戲劇性是強的，但魯迅的戲是很難演，事實上也是虛構的。寫魯迅在辛亥革命變質後的遭遇，有些事實材料都沒有運用，如對「越鐸」報的行賄和搗毀、有謠言要殺魯迅、踢鬼等細節。

「鬧花廳」一場取消之後，可能有損失，但假如通過報館場面來寫紹興少年對舊勢力的鬥爭；范愛農的激動和魯迅的忠告；或者假定通過「街頭拉洋片賣報」或酒店內讀新聞之類的場景，來寫出這個時候各色人等對辛亥革命變質的反映，那麼要比「鬧花廳」面對面鬥爭更有意義。同時，王金發出場少了，也可以給觀眾留一個好印象。

（二）有關幾個人物的插曲：

一、現在寫阿冬、阿有「投革命」各有二筆，二個人有點混在一起；能否把阿有的加點到阿冬身上，希二人不要平分天下。

二、閏土在開頭被押解而過非常一般，又與辛亥革命無直接關係。能否在「閏土訴苦」（第五節）之前寫他曾經對辛亥革命有過幻覺，（比如王金發宣佈免錢糧、免稅之類）。又閏土也可出現在迎接魯迅歸家或送別魯迅離紹

的場面內。

三、關於范愛農，在魯迅的回憶中寫他有五筆：①寒素、②談愚不可及的瘋話。③從來沒有的笑容。④做事實在勤快得可以⑤又回覆革命前的老樣子了。現在戲從第三筆開始，即一上場范愛農就在為辛亥革命歡呼了。我們以為不先交代范愛農的受到反動勢力的排擠、岐視、以及他的落拓、窮困、潦倒、絕望之狀，那麼，這個人物就出不來，不足以烘托對比魯迅革命的積極態度。

建議：在王金發提出把害死秋瑾的章介眉抓來鎮法的時候，寫范因聯想到自己在辛亥前為革命身受的坎坷經歷而大激動。（他曾因徐錫麟案被通緝，後傾家蕩產變賣祖產上下打點後始躲過一場牢獄之災。）

（三）有關背景氣氛方面：

希望增加一些封建社會的迷信、愚昧、沒落、陰森的氣氛；（如見於魯迅著作的祥林嫂等）

增加一些反帝或民族革命的氣氛。（如有關宣傳革命的禁書或剪辮子等，有人建議：關於「辮子」問題可以交代得完整些。即①知府或監學來窺探辮子；②王金發丟剪刀令馬弁剪知府辮子，知府大嚷。）

趙丹插話：設想在前面搞個序幕，在低壓沉重的封建氣氛中，使觀眾對魯迅有個印象。如：船進市區、魯迅歸家、閏土來接、家族注意、奔走告密——上化學課，學生搗亂、血濺衣袖、晚上備課（吃條頭糕、抽香煙）郭小朋來懺悔……。

△夏部長對第一章意見的談話：

王金發丟剪刀等幾個容易形成滑稽之感，整個調子是沉重的，像陰雲雷雨之前的沈鬱，如有小東西一叉，整個調子要亂的。

材料要收得廣，但用起來要捨得丟、選得精。辮子問題可以用，但現在那種方式（韓立本揮刀就割下何幾仲的辮子）不行，不真實。當時都是油鬆大辮子，用鋒利的大剪刀也要好幾下才能剪下來，決不是比較鈍的馬刀所能割下來的。剪辮子，其目的是達到「抱頭鼠竄」而去，不一定要講「換糖吃」之類的話。

翠鳥牌香煙是民國以後才有的（第三頁魯迅坐在山上吸燃一支翠鳥牌香煙），當時吸的應該是強盜牌。

祥林嫂作為後景人物可以搞進去，一個瘋瘋顛顛的拿根棍子在後景中遠遠走過去。白楊在上海，可以照「祝福」裏的服裝穿了走一下，也可以用其他演員扮成白楊在「祝福」裏的樣子，觀眾一看，就知道是祥林嫂。

這樣設想的情景（指趙丹等的設想）是可以的，但篇幅要注意，否則越發多了，又要增加一千五、六百尺。

總的看來，在前面加一個序幕是要的，但只能很簡單；描寫當時的氣氛，像京戲中出場的「自報家門」。第一章要刪的不多，「闖花廳」可以刪，王金發可少寫，其他場景拿掉了，就會不清楚。

每一個劇本，總有時、地、人三個東西，時、地比較容易，一牽涉人事關係就複雜了。如閏土一開頭就寫，比例就重了，在路上、魯迅勢必要問他鄉下情況，後面送烘青豆一場就用不著了。閏土之所以使讀者印象深，在於童年時兩人是好朋友，後來

卻是截然分為兩種人了。如在迎接時就上場，就會變成僅次於魯迅的角色，份量就重了。范愛農先交代一下是可以的。從「時、地、人」三者來講，王金發、黃競白、黃介卿、閏土、阿冬等人都只能點一點，主要線索是魯迅，此外，章介眉也可稍帶一下。

總之，前面加一個序幕是可以的，否則太匆促，許多事件糾在一起，交代不清。但「教化學課」又太長；范愛農可以有一筆；採標本還是可以用，魯迅對植物學到晚年仍有興趣，下集中也還可以繼續用；農民押解而過可以不要。「上化學課」就難了，我不搞、要搞、將來導演去搞。因為搞上去是很大的一段戲，從個別鏡頭看是好的，可以單獨成為一個獨幕劇，但從整個戲來看，就是在平靜發展的開頭忽然就高峰突起的來一下，這是編劇上的大忌。而且這一段戲在整個戲中占了像王金發這樣一段戲的地位，份量太重了。你們從演員、表演上著想是對的，但前面必須有幾個過場，然後爆炸瓶子才能達到目的，這就占篇幅了。這一段戲放在開頭，好像一條剛發源的河流，不是順流而下，逐漸地隨勢而形成支流、湖泊、慢慢地複雜起來，而是一開頭這條細流馬上就過渡到一個湖泊，事實上是不可能的，編劇上也很困難。

現在最擔心的是長度問題，再加東西，真要變成二部了。把第四章去掉是不好的，這就違背了在上海、杭州的君子協定了。

攝製組對第三稿第二章的意見

1961年5月30日

（按：這一章牽涉到李大釗與魯迅的關係問題，魯迅寫得高了、低了的問題等等，這方面問題既經提出，而且已在努力解決

或正在等待解決中，不多談。

另一方面，這一章重大困難是結構，現在看來，這一章缺少故事性，內容龐雜累贅，癥結是沒有重點。既要寫《新青年》陣營的形成和分裂，又要寫魯迅的作品──作為文學家魯迅的輝煌戰績，兩者不分主次，都想寫好，事實上是不可能的。假如著重寫前者，則魯迅就難於作為事件的主人翁，除非把他硬湊進去；當然，兩者互為因果，這前者對魯迅的寫作確有影響，但也說明不了魯迅作品主要成因和戰鬥意義。看來前者跟他寫作品有些關係。但顯然是兩回事。寫清楚一個方面已經很困難了，何況兩者並列，必然兩敗俱傷。

第二章的結構，一直沒有解決得好，現在提出的這個意見，也是最近才明確，沒有來得及向作者和夏部長彙報。設想假如這個問題能解決，那末這一章的許多困難或可迎刃而解，因特附記在此。）

（一）這一章第一段大情節是苦悶、抄碑。建議去掉「南京」的場景，請考慮如下幾點設想：

1、是會館：加重渲染「如磐夜氣」；

2、在街上：出現變換服裝的報童；（五四時穿童子軍裝，見《熱風題記》。）

3、《新青年》雜誌最好先有一個伏筆。（例如魯迅從教育部出來，去琉璃廠購《新青年》，表現他追求曙光的心情，意味深長。）

（二）第二段大情節：是寫《狂人日記》──五四。

上一稿是先介紹北大，後出現拉稿；現在是先拉稿、後北

大。先後何者較順？我們考慮還是先介紹北大較順。

先寫李大釗在北大圖書館分析國際局勢、解釋十月革命談俄法革命之比較觀；

在李大釗講俄法革命比較同時，插寫胡適等在講文學革命，這是一方面。

另一方面著重點出辜鴻銘及其周圍的追隨者，希望從而能夠寫出當時新舊思想的對立，構劃出北大相容並包的風貌，然後才接寫談論衝破鐵屋子的場面。

寫五四運動希將封建文化、政治的代表人物中驚惶失措點出來，從反面來反襯這個運動的聲勢。這樣既寫了運動，又交代了對立面。（可能加一些反動派在談論「赤貨上岸」等情節）而且在後面再寫胡適和反動官僚唱雙簧，就比較順當了。

寫魯迅在五四做什麼？可否寫他到北大《新青年》編委會送稿，這樣，既能寫出他在運動中默默工作，不為人所知；又可帶便保留張棟華感激魯迅的細節。設想張棟華可能在北大院落遇到送稿後回出的魯迅，有人點出「周即魯迅」，張大感動，欲上前交談，但魯迅已沒入歡送南下的學生群眾中去了。

（三）第三大段是從《新青年》分裂到寫《阿Q正傳》。希望將李大釗、魯迅、胡適三人的活動用對比的方法有機地構起來。即胡適甚為活躍，到處投名片、坐包車滿天飛、介紹杜威，在北大提出「問題與主義」，實際上與反動政治唱「雙簧」；另一方面李大釗在做組織工作；而魯迅在埋頭寫作。最後落點在《新青年》分裂會議上。

△夏部長對第二章意見的談話：

這一章裏除了長度問題外，還有拍攝過程中的具體困難問題。我想將火車站送別一場拿掉而另想別的辦法。戲不多，而前門車站又沒有了，重新佈景不僅要化很多錢，而且還搞不像。從12節到16節這一大段，場景多，又難拍，可以大加壓縮。

現在《阿Q正傳》的表現太長了，幾乎是一部《阿Q正傳》的縮影，我想不這樣搞，而在前面槍斃阿冬或阿有時給觀眾的印象深一點。

你們提的韓立本從紹興出來與魯迅見面能否換到小館子的問題，我想，場合只有在會館裏最合適，可以襯出沉下去的氣氛。再用小館子，不僅氣氛烘托不出，而且和魯范酒樓話別又重複了。

寫魯迅的苦悶抄碑生活中，跑琉璃廠一定要插進去，碑帖是從這裏買來的；他輯印的《百喻經》一定要提到，這是很好的寓言；教育部死水似的無聊生活也不可不寫，但話不宜多。

作為《狂人日記》的伏筆，設想讓瘋子的側面出現一下，這不僅是真人真事，而且把張棟華受逼害也結合起來，然後引出魯迅要寫醞釀已久了的《「狂人日記》，這樣就可使觀眾有一個強烈的印象。接下來可以寫李大釗在介紹《狂人日記》，但不能寫無數的青年在讀《狂人日記》，一寫「無數的」，就變成「大眾」了，事實上當時還不是「大眾」而只是「小眾」。這樣一構，《狂人日記》就有「根」了。

寫五四不宜太實，但也不能全虛，這究竟是關係中國革命轉捩點的一個大運動。毛主席說魯迅是五四新文化運動的旗手，太虛了不好。要「虛」只能虛在「火車站送別」這些地方，至於你們提的「六三」運動能否用一字幕的問題，我的意見是：這部片

子盡可能不出字幕，儘量用形象解決。

至於《新青年》的分裂會議，不一定用開會讓魯迅正面參加的辦法，可以用胡適在與別人辯論、而由別人提到魯迅的意見的辦法。硬要魯迅參加面對面鬥爭的會議，不僅歷史上是否真有其「會」，而且表演上也很難恰到好處。

魯迅把《阿Q正傳》拿給母親看，可能真有其事，但叫母親「開心開心」，有副作用，容易使觀眾誤會《阿Q正傳》是滑稽小說不嚴肅。而魯迅過去之所以反對人家把《阿Q正傳》編戲拍電影，就怕「會只剩下了滑稽」。

總之，電影是群眾性的東西，你化了很多功夫，一定要使現代的觀眾能夠瞭解。要既達到目的，又要做到群眾化。

攝製組對第三稿第三章的意見
1961年6月

（一）總的印象和建議：

看來第三章的整個內容寫了三個方面：一、支援女師大；二、揭露正人君子；三、幫助文學青年。總的印象是有關女師大的鬥爭寫得太臃腫、太繁複了，看來作家陷在事件裏拔不出來，和揭露正人君子的鬥爭方面一比較，就顯得後者的場面單薄、無力、概念。而我們以為恰恰對胡適、陳源等正人君子的鬥爭在這一章裏應該是一個主要的方面。關於青年的活動，除了在女師大事件中反映了部份青年的苦悶，作為揭露正人君子和段祺瑞反動統治的一個主要事件來描寫之外，其他青年的思想情況應該也要有適當的反映，用以烘托魯迅對資產階級知識份子──知識界奴才文化的鬥爭。

總的建議：一是應該盡可能精簡女師大事件，保留其動人場面；二、盡可能具體地感性地突出魯迅對胡、陳鬥爭的意義。

（二）關於這一章如何開頭？

　　關於開頭就現有場面看，存在著三個問題：

1、劉和珍、許廣平來談女師大風潮有突然之感；

2、李大釗來談《現代評論》有背景，魯迅揭露他們是帶鈴鐸的山羊，並著文號召青年搗毀安排人肉筵席的廚房的一節顯得太突，前面沒有伏筆。

3、李、魯要不要會見？

　　據我們看，開頭是從《阿Q正傳》過渡到五卅前夕的一個引子，其間相隔三、四年，如不把這個時期內時局的變化、北京社會氣氛和魯迅的新的處境交代明白，人家就看不懂、會覺得突然，下面戲的發展就缺少依據。

　　建議先作為背景氣氛來寫以下幾個內容：

1、軍閥混戰、民不聊生——但李大釗等所組織和發動的工人運動、人民革命運動已經逐漸深入（如原來二稿中寫的李在長辛店的活動）；

2、在描寫政治運動和學潮的片斷作為反襯的同時，突出北京社會一團漆黑和知識界的烏煙瘴氣（如街頭「莫談國事」的告示；軍閥公佈的奇怪條文——「雌女不許養雄狗」的禁例；胡陳等談自由應有限度、帝國主義不能成立、青年應進研究室整理國故等謬論）。寫了上述背景氣氛場面，然後落點在大學區介紹；

3、魯迅已經在更多學校裏兼課，特別是在青年中組織文藝新軍（例如在劇本20節中出現的未名社場面），我們以為在這個場面之前應有一個引子，作為背景氣氛來寫，要是這個作為背景的引子寫好了，這一節中的問題可能解決。許劉等來談風潮也好，李、魯等談掛鈴鐸的山羊也好，觀眾就不會感到突然了。

關於李、魯會見，可只寫呼應（例如在寫李大釗在長辛店的場景裏，順便交代李談阿Q和對當時魯迅的評價已夠了）。

關於開頭從引子到未名社場面的具體安排，有二個方案，作為參考材料附後。

（三）關於揭露正人君子的鬥爭：

重要的是通過女師大鬥爭事件來寫魯迅與胡陳的鬥爭。這一章中，關於魯迅支援女師大鬥爭已很充分，也有了很多動人場面，只要稍加精簡、減少臃腫繁複之感就可以了。反之，關於魯迅對胡、陳的鬥爭，卻都是一些說明性的場面，寫得比較簡單、潦草，而且比較生硬，我們認為這是一個重大的缺憾，必須加以克服。

總計在這一章內，魯迅對胡陳接觸、交鋒共有五次，現分別列出這些場面的缺點和補救方法如下：

第一次，是在20節揭露〈現代評論〉派為山羊文人他們為主子擺人肉筵席（見劇本45頁）這個內容單靠這些說話，觀眾是不容易理解的，最好前面有這樣幾個伏筆：

1、先有胡陳等跟帝國主義辯護、和封建軍閥唱「雙簧」、拉青年進研究室去的具體印象。具體材料見：

魯迅：《一點比喻》《全集》卷三：156頁

魯迅：《並非閒話（二）》第二節《全集》卷：93頁

胡適：《國際的中國》《胡適文存》二集

胡適：《愛國運動與求學》《胡適文存》二集

陳源：《西瀅閒話》

這些印象可以在這一章介紹時代氣氛的引子中間交代。

2、在「引子」介紹北京社會氣氛中間，市區的車馬喧囂聲中可以看到掛著鈴鐸的山羊領著綿羊向屠宰場走過的印象。

第二次，胡適叫陳源攻擊「某籍某系」，及魯迅的反擊（見劇本57頁）。

首先，這一處的所謂「某籍某系」不加解釋，觀眾是不會懂的；

其次，胡陳之所以要攻擊魯迅的動機也不明確。

建議不要僅糾纏在「某籍某系」上，而著重地寫出陳源所以討厭魯迅的動機，而魯迅也不止一次地說受到正人君子的討厭。材料見：

《寫在〈墳〉後面》《全集》卷一，第362頁

魯迅在中山大學的演說《魯迅在廣東》第84頁

第三次，宗帽胡同時期魯迅苦戰胡陳的《流言與謊話》（見劇本56頁）。

這是魯迅對胡陳鬥爭最艱苦的時期，現在寫得太簡單了，應該是著重寫的，否則，這個時期魯迅特有的戰鬥性格就不突出了，將會既看不到圍攻魯迅的「流言謊話」的惡毒可怕，又看不到魯迅這個時期一系列的反擊的社會影響與後果。

建議：可以利用魯迅周圍的人物如退隱的錢玄同、忠厚的徐季士、動搖的吳夢非等青年對魯迅所聽到的惡毒流言進行折衷的勸告、甚至懷疑這些是私人糾葛等場面。在這樣的氣氛中，魯迅的苦戰才能動人。苦戰中魯迅發表的一系列精闢的雜文，也要通過北大青年學生的熱烈反映、作些渲染，這樣既可寫出當時學生的思想情況，又可使北京的各大學脫離教育部的重大戰果有一個依據。

第四次，女師大復校勝利以後，魯迅喝叫「不能帶住」，必須追打落水狗（見劇本58頁）。

這一處寫魯迅的光輝的戰術，對於青年是有重大的教育意義的，現在的寫法是單靠雙方文章片斷彼此相壓是非常無力的。

建議此處，胡適叫陳源（在陳的書齋裏）以女子大學辦不成為藉口來呼籲支援公理這個場面內容（57頁）可以刪去。

改為：陳源狼狽不堪，正人君子感慨有損教授尊嚴、叫饒「帶住」的場面。（具體場面可在《現代評論》派的集會處或北大青年中）

在這樣的場面之後，再寫魯迅當著徐季士或其他青年說「不能帶住」追打落水狗，並且著重渲染魯迅在《論「費厄潑賴」應該緩行》一文中回憶王金發被殺的血的教訓，這樣，魯迅的沉痛精神和戰鬥激情可以充分地傳達給觀眾。

第五次，「三一八」之後，魯迅對段祺瑞、胡適、陳源的筆戰（見劇本65頁）

這一處的寫法，在前幾稿中覺得有些生硬，現在這一稿就比較好多了，暫無意見。

（四）其他

1、關於女師大學生中的幾個人物

（1）劉和珍在未名社購書並向魯迅訴述的場景，最好移植在前面「引子」中，這樣移植後就可造成一個突出的印象，對劉和珍以後的描寫也可省些筆墨。許廣平這個人物的出現則可以稍後，因為以後還有很多篇幅來寫她。

（2）魯迅周圍，女師大學生碰到男青年時非常靦腆，時常躲在太師母房中，很有時代色彩，可以考慮採用。

2、關於魯迅被段祺瑞通緝之後的場面，是否可以不讓李大釗出現，可以設想通過其他人物來傳達李對魯之關切；

魯迅被通緝之後的場面，可以設想有幾處搬動，在山本醫院、法國醫院、德國醫院等地避難的場景，這樣，戲劇性較強。

3、在適當地方點明正人君子和帝國主義、封建軍閥的勾結，這樣可以使觀眾時刻不忘：支援女師大的鬥爭實質上亦就是反帝的鬥爭。

（附錄：從略）

攝製組對第三稿第四章的意見

1961年7月20日

這一章也還有可以簡略的地方。例如：1、開頭畢磊在粵區區委向陳延年請示的場面；2、「四‧一五」事變後，畢磊和張棣華在白雲樓河畔談要保護魯迅和議論黨內問題的場面。顯然，

這些可以簡略的。

現在依該章劇情次序，分別談談幾點意見和設想。

（一）關於開頭

1、畢磊去向陳延年請示一場，大家意見認為可以省略；又有一個意見：可移向和魯迅在船上望見遊行隊伍的場景交叉寫。

2、建議：恢復前幾稿（提綱一稿）中張民權撐旗來歡迎魯迅而又撲空的細節。

3、希望增加「觀光」的生活場景：介紹大革命高潮中廣州市容的活躍和光怪陸離，同時亦烘托出魯迅剛到「革命策源地」的興奮心情。場面可設想：（1）魯迅一上岸先「觀光」，同時，作為後景看到各種遊行隊伍經過。（如三稿所寫的場景）（2）在下榻大鐘樓後的其他機會，如赴某處演講途中。（關於魯迅在廣州「觀光」市容的記戴見附錄一）

（二）顧家驊來一訪、二訪至魯迅在中大演講

這一段寫魯迅到廣州到的感受和認識的發展，大體是好的，我們認為這裏也還存在著太早、太露的問題。前稿寫魯迅到廣州一開頭就懷疑「紅裏透白」，調子無疑是低了；現在寫魯迅到廣州首先受到革命氣氛的鼓舞，這是改得好的。但有些「矯枉過正」，把魯迅懷疑謹慎的一面完全疏忽了。因此使所寫的場面火爆、不真實。這個缺點突出的表現在兩個地方：（1）一開頭

就與顧家驊涇渭分明、針鋒相對；（2）剛下榻不久就連接演講6次。所以如此，是由於：（1）關於拒絕邀請：原來材料和前幾稿都不是專門對付顧家驊，而是作為魯迅不愛和官場交往，擺脫一般無聊應酬的筆觸。現在寫顧家驊阻攔魯迅演講，魯迅有意用拒絕邀請來回擊。又如（2）中大演講的場面：原來此場前有戴季陶面授機宜，所以顧匆忙到場，喝退張民權，有意為魯迅捧場，稱他革命家，而魯迅對這些捧場是作為向例加以拒絕的。現省掉戴季陶面授機宜這場面，不但顧上場就有點莫名其妙，同時給人感覺：顧是用張民權來「先壓後抬」，因此魯迅才針鋒相對，作為還擊，退還革命家帽子。我們希望：魯迅剛到廣州的感受和認識，正確的寫法，應該：（1）寫魯迅既受到革命鼓舞，同時又存懷疑；（2）寫他在看出了潛伏在光明後面的黑暗時，他為革命而擔憂的心情。因之，希望上述場面除保留魯迅先受到革命鼓舞的寫法之外，克服對廣州局勢認識太早太露的缺點；同時希望找幾點機會來突出渲染魯迅敏銳的社會觀察和政治預見。不妨交代他看到當時廣州的一些矛盾現象，例如：（1）「紅裏透白」（2）「奉旨革命」（3）「一切還是舊骨子」等。這些懷疑觀察可以讓他和比較單純的革命青年如許廣平、張棣華等談話中順便交代。這樣，既可以寫出魯迅，也可以寫出青年。

為了彌補中大演講場面修改後的漏洞，請附帶考慮一下：可否恢復上一稿中戴季陶「面授機宜」這一場。這情節僅用數筆刻劃了戴的本質，原來在上海方面是很受讚揚的。

（三）陳魯會見前後

1、建議：寫魯迅在中大演講回來，碰到羅斯年時，希望吳夢非以官方報館編輯的身份也在場張羅、拉攏。

2、陳魯會見場面現在看來好像是硬插的。沒有跟情節有機地結合，沒有寫出這時陳魯兩人非見不可。可否考慮一下：怎樣寫明陳延年要見魯迅的用意；或者也可設想魯迅這時主動要見陳延年。

3、陳延年談話內容請從政治上考慮一下是否恰當。

4、現在陳魯談話老是魯迅點頭附和，不好。沒有獨立見解，也把魯迅寫弱了，有損魯迅作為一個思想家的形象。同時陳延年的講話也太多、太露。建議考慮：話題能否從魯迅開始。比如魯迅可提出他的感慨懷疑。或者也可提到關於農民的問題和辛亥時期他所苦惱的農民問題相呼應。

建議二：可否考慮會晤地點不一定在粵區黨委。以前作者曾設想過茶樓會見。因這個場景富有廣州色彩及特點，也有些材料記載魯迅常在那裏會見共產黨人的。

（四）「四一五」前後魯迅的震動和營救

關於震動：

1、從「四一二」場面到「四一五」場面，時隔三天，場面和人物都沒有變，因之既看不出時間的過渡，也不明白畢磊張棟華等為什麼還在魯家？僅靠魯迅翻日曆的一個動

作是不能說明畢、張之所以要躲在魯迅家裏的情況的。

2、大家感到魯迅在「四一五」前後的震動，寫得很吃力，但不感人。其原因是把「四一五」屠殺的場景完全暗寫了。當然要避免自然主義的實寫。但不讓觀眾感受這個屠殺的規模和殘酷性，以及共產黨人英勇犧牲的教訓，是個重大的缺點。因此建議：寫魯迅在白雲樓擔心事變同時，插寫事變中屠殺和英勇抗爭中的實景。可能設想這樣幾個場面：（1）在省港罷工委員會、共產黨人在屋上架機槍掩護同志撤退劉劍雄和敵人奮戰乃至犧牲。（2）有人建議：陳同生同志講的「四一五」事變中共產黨員周文雍和陳鐵軍、假夫妻在刑場就義時宣佈結婚的情節非常動人。這個情節在白塵同志稿中是有基礎的。（在《人民文學》稿中有同志們為郭、張布置新房的場面。陳同生講話材料見附錄二）因之希望出現郭、張都上刑場、宣佈結婚、英勇就義的場景。這樣可以反襯魯許在白雲樓空等和聞訊後的悲痛感。

3、當時有默默犧牲的，也是「四一五」大屠殺中最殘酷的事實，即是反動派用麻袋裝革命青年丟入海中，這個場面很殘酷，但也可處理得很含蓄。例如裝麻袋的卡車開過，群眾木然不知，投海時稍一暗示這是慘殺，就足以痛人心扉。

4、屠殺的實景在白塵這一稿中，原來作為魯迅寫稿時回述的幻景出現，現在不過是移前作為正面描寫，內容略加選擇而已。當然，情節改動不能太大，死的人不能太

多。有人以為郭、張可以死；畢磊被捕場面可以不動，唐人鳳或徐文滔等可以不被捕去或不死。這樣郭、張的戲可以由他們來代替。

5、有人建議：在捕殺革命青年的正面場景中，可以出現吳夢非。

關於營救：

1、營救場面開頭，顧家驊和戴季陶通電話場景可以去掉，這樣可更加含蓄，有二個好處：（1）顧家驊當著教授們裝腔作勢，甚至痛哭流淚，可能使觀眾誤以為真；（2）在這種情況下，才能更有力突出魯迅撕下顧家驊「人皮」的這一行動的意義和力量。

2、希望在寫顧家驊未被揭露前，裝腔作勢中突出刻劃他還在口頭嚷叫革命，實際上卻在幹反革命的勾當。要把他寫成一種代表「戲子僵屍」的典型。

3、現在幫助魯迅揭露顧家驊的是恰巧張民權在窗外逮捕唐人鳳，這是一個非常做作的巧合，不自然而有鬧劇性，損害了這個戲的真實氣氛，希望最好能想出辦法改一下。

（五）魯迅的處境，所謂「進化論」的轟毀和許魯的結合

關於魯迅的危險處境：

建議：魯迅在「四一五」後的危險處境一定要渲染：反動派的刺探魯迅，甚至逼著魯迅表態，是這一段的最重要戲劇結構。（材料見附錄三）有人希望用吳夢非來偵察試探的場面一定要，這有三個好處：

（1）可以突出表現魯迅歷來受青年欺騙的方面；

（2）可以渲染魯迅當時的真實處境；

（3）有助於魯迅進化論思想的轟毀。

吳夢非來偵察的場面，原來有如下設想：

（1）吳作為官報編輯前往試探，魯迅洞察來意，鄙夷其為人，用魯迅特有的方式把他驅逐。

（2）事後許廣平感到驚訝，接寫魯迅和許廣平的戲。白塵同意這個方案，由於驅逐吳夢非的魯迅特有的方式想不出來，未採用。但現在再琢磨一些材料，這個問題可能容易解決。

關於進化論的轟毀：

1、一定要先讓魯迅對青年當時的叛變、出賣、軟弱等有強烈的印象。方法是：（1）有像上述吳夢非那樣的場面；（2）可以設想在魯迅問許廣平關於事變中的革命青年的情況時，從許的口中發覺某些原來他所曾經信賴的，以為是革命的青年，現在卻已經完全變了，為之震動。

2、現在魯迅談進化論轟毀這場戲有二個缺點：

（1）話題是從「自己參與擺人肉筵席」開始，因此通篇談話帶著哀愁的檢討。當時，實際上魯迅感情是壓抑的，而思想上卻透露著理智的光芒。假定直接從青年屠殺青年的話題開始，明朗地寫出魯迅沉痛的徹悟來，就可能更通俗、更感人、更是魯迅的。

（2）另一缺點是沒有自然的跟動人的戲劇情景結合。假定這段訴說思想轉折的話：（1）結合在吳夢非之類的場

面之後，魯迅感慨的向許廣平說出；或者（2）結合在周圍都怕做「魯迅黨」，只有許廣平跟魯迅相依為命的場合。魯迅向許廣平訴說這一段哲理式的心情和覺悟，那麼，這段戲的場面就要動人得多。

關於許魯結合：

1、許魯結合之前，現在三稿中張棣華跟郭小朋的愛情場面很不好，沖淡了悲壯氣氛。

2、關於許魯的結合，大家認為應該先寫許本來預備走的（自己走獨立奮鬥的路），但當她目擊當時魯迅處境而終於不走。可以處理成一場很動人的戲。希望盡可能參照于藍等同志的設想。（材料見附錄四）（附錄從略）

七、林默涵對陳鯉庭意見的意見

這份對陳白塵第三稿的書面意見，實際上是創作組（葉以群、杜宣、柯靈）和攝製組（包括廠長兼導演陳鯉庭、副導演夏天和衛禹平；主要演員趙丹、于藍、藍馬、石羽、于是之、謝添）共同對三稿逐章討論的綜合意見。原來由我整理列印後，既供作者陳白塵修改劇本之用；又給導演分鏡頭時參考。——因為夏衍在攝製組工作安排的會議上早已明確宣佈：

「導演和演員有再創造、豐富劇本的自由。」

陳鯉庭以此為據，作為給中宣部副部長林默涵的報告附件，要求領導考慮再派「高手」為《魯迅傳》劇本定稿「把關」……。

陳鯉庭除向林默涵呈交《向林默涵同志彙報攝製組對陳白塵三稿的看法》書面報告外，還口頭反映：

> 「白塵對劇本改來改去已經改寫了四稿。他自己表示『技窮』了。攝製組認為再要他修改，也很難跳出原來的框框。有必要另請『高手』來定稿『把關』……。」

　　林默涵收下了二頁書面彙報，退回了一厚疊對三稿逐章提出的綜合意見。說：「這些意見你們自己處理，我不看了。」林默涵同意把攝製組的要求向周揚反映，但明確表示：「另請『高手』是不可能的，主要靠你們自己解決……」。

八、周總理認為：「劇本修改工作由夏衍負責」

　　1961年6月，中宣部和文化部聯合召開「文藝工作座談會和故事片創作會議」，周恩來總理作了重要講話；周揚談了「人性論」問題；夏衍談了《把我國電影藝術提高到一個更新的水平》。我列席旁聽，親聆這些重要講話。會後，周揚和林默涵向周總理反映《魯迅傳》攝製組的要求，周總理說：

　　「《魯迅傳》電影文學劇本的修改工作，由夏衍同志負責。給他創作假一月，專心修改劇本，爭取在今冬明春（即1961年冬－1962年春）投入攝製。」

（周恩來和夏衍在故事片創作會議後合影）

在這次會議後，林默涵代表中宣部正式通知天馬廠廠長兼《魯迅傳》導演陳鯉庭：《魯迅傳》電影文學劇本的修改工作，由夏衍同志負責，爭取定稿後在今冬明春（即1961年冬－1962年春）投入攝製。

九、夏衍在翠明莊為《魯迅傳》修改劇本

夏衍前輩住進了中央組織部招待所翠明莊二室一廳的套間為《魯迅傳》修改劇本。同時住進翠明莊的有陳鯉庭、趙丹、夏天、沈鵬年和湯麗絢。

夏衍在動筆前為慎重起見，首先要沈鵬年對陳白塵的三稿編出「注釋本」──對三稿中的人物、對話、情節、場景對照《魯迅全集》和有關回憶提到的出處和依據，在旁邊一一注釋出來，既見白塵寫作的嚴謹，又可知劇中在何處是為了需要而虛構的（注釋本如下）

夏衍在落筆前聲明：他修改的劇本不稱「定稿」；不注明修改人名字；對外「保密」，不宣佈由某人修改過；只寫明「四稿」、供創作組參考……。

十、攝製組對夏衍修改稿（四稿）的意見

夏衍聽取陳鯉庭、趙丹、夏天的意見後，花了一個星期，交出了劇本上集第四稿的第一、二兩章，請攝製組提意見。

夏衍的手稿由沈鵬年、湯麗絢分頭複寫一式三份，交陳鯉庭、趙丹、夏天每人一份，閱讀後提出意見。這些意見由沈鵬年整理後，打印了兩份書面材料：即《對夏改稿（四稿）第一、二章的意見》和《攝製組對夏改稿（四稿）第一章的補充意見》（原件如下）

這兩份書面材料的原文如下：

對夏改稿（四稿）第一、二章的意見

1961年6月2日

潤色以後，增加了很多好的、感人的情節。（例從略）總的看來，僅有幾個小地方可能嫌太含蓄了一些。如：

第一章中：

①第五節末，魯迅要青年打聽清楚再寫稿子以後，又對范愛農談「僵屍（封建）陰魂不散」的一段話，很好，（見謄稿第33頁，複寫稿第20頁）但可能太含蓄了一些，觀眾一下子不容易領會，能否點得更明確一些？

②寫魯迅與封建勢力的對立，最好能有幾個回合，原來有「魯迅過街、與章介眉當面相遇」的一場，現在拉掉了。因此現在看來就有一點魯迅好像不在鬥爭當中的印象，有一點好像魯迅只是一個旁觀者，而不是身受者的感覺；

辛亥革命失敗對魯迅的打擊，原來幾稿中的搗毀報館、闖花廳、謠言王要殺他……等場景，現在這些場景都刪了，只集中在范愛農一個人的遭遇上，而魯迅並沒有直接身受、直接碰上……。可能在這個小地方有人會提出意見的。

第二章中：

V補樹書屋，魯迅回答錢玄同說：「忙到也不忙……上講臺的時候，就得扮教授。」詞兒很好，確是「魯迅式」的話，但只是他當時尚未進北大教書（1920年8月進北大任教），可請適當修改一下；（見謄稿第57頁，複寫稿二章6頁）

V《狂人日記》出來後，幾個青年拿著《新青年》在議論、對話，感覺太含蓄了一點，可能觀眾會不清楚的。（見謄稿第71頁，複寫稿二章14頁）

　　夏衍同志插話：「這裏幾句是有意識的潛臺詞。」

　　V第十八節郭小朋南方回來，對話中魯迅問郭小朋：張棣華的下落？（見謄稿第101頁，複寫稿第二章第30頁）郭沒有回答，後來也未作交代。這幾點都是小地方的針線不密之處。

在場景方面：

　　①第12節魯迅住的書屋突然來瘋子，為了烘托《狂人日記》出世以前的氣氛是好的，但在前面沒有伏筆。這一點是容易解決的，我們建議：這個瘋子能否早一點就出現在會館裏，而且不一定是魯迅的親戚，在前面先按了伏筆，然後到12節中闖出來窮搞一陣。

　　②第13節後，錢玄同與魯迅夜談「來了」的問題，從中顯出了魯迅思想的高度，但插在青年們議論國家大事之後，話題前後不接、有雜亂之感。

　　③第16節徐季士向魯迅報「獨秀被捕等訊」、張棣華來向魯迅辭行的一場，現在都是用說話來解決。能否更自然一些，移植在別的場面。在解決②③這二個問題上（即第13節到第16節）

我們有這樣一些設想和建議：

1　在第12節《狂人日記》出來後，第13節圖書館閱覽室內青年們紛紛議論國事；緊接著是第14節的開頭：五三之夜、北大鐘聲緊急、大禮堂開會、斷指血書──原來緊接的是錢魯談「來了」，現在建議移下一節。

2 鏡頭轉到補樹書屋：錢魯在談「來了」，錢玄同仍用老眼光來看問題，還只是著眼在反封建上，而魯迅則比錢高出一籌，提醒錢「叫過激主義來了的會咬人」。（「過激主義」最好在前面也有伏筆，比如在第11節中辜鴻銘下課出來，碰上胡適等一場中，可以由辜鴻銘口中偶然講一句反對「過激主義」的話，以前後呼應一下。）

3 天安門群眾大會（一個鏡頭）後，群眾高呼口號：「打倒賣國賊曹汝霖、章宗祥、陸宗輿……」，緊接著就從側面——敵人方面來反襯：建議描寫一場寫曹汝霖、章宗祥等反動派正在議論「赤貨」上岸驚惶失措；（魯迅在教育部來回不安地走著這一場也可以不刪）然後，寫學生隊伍衝來，趙家樓火起，學生與軍警扭打，郭小朋與張棣華巧遇，同到魯迅家……。

4 在第15節魯迅接待郭小朋張棣華及學生們的場面之後，建議增加一場：魯迅去北大途中，街頭景色：魯迅經過時見穿著童子軍裝的報童、愛用國貨的宣傳，拆穿冒牌國貨等等。（點出時代氣氛）然後寫魯迅進北大，至《新青年》編委會交稿，點出「遵命文學」主題（即魯迅小說《藥》遵奉前驅者的將令，刪削些黑暗、裝點些歡容，刊在《馬克思專號》上）。魯迅聽見裏面胡適聲音，不願進去，拉錢玄同來，錢魯對話中，原來第16節徐季士報訊的一段話完全可由錢玄同講出來。

　　魯迅從《新青年》編委會回出，經北大院落，時有三五成群的學生正在道別，準備南下宣傳……。郭小朋張棣華見魯迅走

過，即趕來向魯迅辭行……魯關切的贈以旅費……張棣華發現周即魯迅，大感動。

V最後，在《新青年》分裂會議後，李大釗與魯迅同路，二個高大背影象徵性的一場可否保留？待研究。

夏衍同志對上述意見的意見：

……本來已經改好了，聽你們談了一些設想，覺得很好，又加了一些進去，時間又沒有了，急於去開會，因此前後沒有縫牢，有些地方針線不密，有脫線之處。

魯迅在辛亥革命一章中，從頭至尾都是清醒的。要增加一筆：寫魯迅與封建勢力碰上是容易的，可以在開頭魯范去軒亭口之前，加章介眉前呼後擁、打轎而過；范愛農聞聲趕緊避開，等轎子過去，拉拉魯迅，告訴他：「此是章介眉」，引起回憶秋瑾死難事，再點出范愛農為此而傾家蕩產——然後二人再到軒亭口去憑弔。

瘋子可以先在會館內伏筆，但只點明、而不講「吃人……」等話，這樣太露了。可以寫是小孩子們圍著一個瘋子的後影在指指點點，在開玩笑，（只看見瘋子一個後影）魯迅跑進來，把小孩子們拉開。

魯錢談「來了」的問題，曾躊躇了一下，怕觀眾不懂。同時，魯迅在文章中，有一句話：「過激主義不會來」，這是魯迅的局限性，對十月革命的認識問題，觀眾看了戲，必然會去翻原文讀的。因此「來了」這個問題是重要的，但要用別的方式，可以採取你們的建議。

圖書館閱覽室青年們議論國事一場不好刪，因為從《狂人日記》到五四中間應該要有一個時間的過程，不能太突然。從反封建轉到反帝、有了這一場就比較自然。否則二個東西就有點接不上。

趙家樓從側面反襯來點一筆是可以的，但不要出現日本人，如有日本人在場，既落俗又與後面重複。只是要使觀眾曉得此乃曹汝霖、此乃章宗祥，不能由他們「自報家門」，也不要用下人通報的老手法，要另外想些不落俗套的辦法。

魯迅送稿，過街，看到勸用國貨等是可以的，「沒收日貨」就不要了，那些在《林家鋪子》裏已經用過了。

魯迅對南下的郭、張贈旅費一場還要想一想，更自然一些。可以考慮用：魯迅送稿回出，錢玄同拉住他遞一袋包好的稿費給他，魯迅出來遇到郭張，順手就給了張棣華。張打開一看，是錢；再看稿費單，見周即「魯迅」，更加激動。不過這裏要用一個特寫。

現在還是四間房子不動，長度問題以後再講。先要結構起來，結構沒有完工，先來東刪、西刪是不妥的。

現在我只是先疏一疏、粗架子，時間太短，以後我再想一想，搞一下。（注：文內①記號為問題，V為小節，1為設想。）

接著，陳鯉庭又準備了對第一章詳細補充意見要求夏衍採納：

攝製組對夏改稿（四稿）第一章的補充意見

關於改稿第一章的意見，已經彙報過，該章的缺漏和可能修改的地方，已經逐點移注在抄稿中，不另。

總的看來，有兩段情節希望略予調整。一是辛亥前介紹魯迅和他的處境部份；一是辛亥後魯迅被迫出走的部份。

（一）辛亥前的部份

　　這是全劇的開頭，困難是要在有限的篇幅裏能夠通俗而感性地讓觀眾瞭解魯迅和他的處境。這困難在歷來幾稿中都想解決而沒有解決得好。看來只有從兩方面再下一點功夫：一是從正面怎樣更充分地交代魯迅跟革命的聯繫；一是從側面更充分地寫出封建統治的腐朽和不可容忍。要不，那麼觀眾對魯迅的瞭解和同情就很難做到。

　　1、關於寫魯迅和革命的聯繫：

　　幾個稿中都曾著力介紹魯迅和革命的關係，例如：龍山吟詩、學生讀禁書、以至最近的憑弔秋瑾……。可是無論是詩、書或烈士，對觀眾都生疏，既無伏筆，而且也沒有安排在矛盾中，讓魯迅能夠自然地透露他對革命的同情和響往。比如原來白塵稿中「龍山吟詩」是可以要的，除了場面的恰當和瞭解等問題之外，其所以無力，還由於這之前魯迅受歧視、受壓抑的感情未建立，而且由於什麼情況的觸動才吟詩的，也沒有安排好。能否從原來有的這幾點「生發」一下，想些辦法呢？現在我們想，可能就憑弔秋瑾這個情節多做些文章。首先想把這情節稍為移後一些，就在魯迅上街、上課、受到指點起哄、感到壓抑苦悶之後；其次，想把夏改稿的憑弔秋瑾改成范愛農私弔或遙祭（地點可能改在軒亭口對面——龍山）因為在這個時候魯迅與范愛農相晤。就可能提供一種比較戲劇性的情景。既便於觸動魯迅的感慨，乃至吟詩。同時，也更適於介紹范愛農的上場。（按：辛亥前的范愛農是窮困落泊、頹喪潦倒，雖然懷念先烈，但對革命是悲觀的。可以設想在這場面中，魯迅雖然激勵范愛農振作，但是范愛

農仍然萬念俱灰、淒然別去。這樣既介紹了范愛農、也加深了魯迅的感慨，乃至引出吟詩場面來。）辛亥前的一段情節，不必緊接范愛農報信，可能就以這個會晤場面作結，當然，這個設想僅供參考，吟詩與否都待考慮，但目的無非是突出介紹：魯迅是較之范愛農遠為積極的民族民主革命的戰士！使辛亥前的戲有一個重點。

2、關於寫封建勢力的腐朽和不可容忍：

以前提魯迅跟封建勢力沒有直接接觸，因為原有的魯迅過街、受紳士非議、魯迅闖花廳、報館被毀、造謠要殺他等情節都刪掉了。這是問題的一方面；其實進一步的問題是：在前幾稿中均未著意寫出封建統治的腐朽和不可容忍的氣壓。（為補救這方面的弱點，加強社會性的對立，想在現有場景的基礎上提些辦法。）在現在的第三稿中，僅有無知兒童和愚昧市民對沒有辮子的指點起哄等幾筆，而且又都是局限於針對魯迅那樣的新黨，創作組也曾建議設想寫一些對人民胡作非為的場面，都不恰當，因之白塵也只能增加了押解農民的過場。凡此都不足以反映當時社會的典型氣氛。看來，其所以困難是因為原稿中只限於寫上層士紳，只是寫封建統治階層的幾個頭面人物。他們除了議論陰謀外，不會有什麼露骨的行動的。假如在他們中間寫出一兩個破落地主的代表典型，如像（附錄三）周建老所提供的那樣，那麼寫他們損人不利己、對老百姓的惡作劇、罵新黨、「告密」（以魯迅無辮等為詞）等等，就可以有聲有色了。而且這些破落地主的聲勢，可以在街頭作為氣氛來描寫，不一定特地搞什麼單獨場面。因之，亦不費篇幅。只有這樣寫，魯迅跟士紳的對立才顯得不僅是限於政治對立，而且是更深刻的社會對立。

假定採取沒落地主像「阿D」這樣的典型，連帶跟了一個兒子或狗腿子，那麼就只要在原有場面加幾筆勾劃：（1）魯迅歸來過街的景，可先寫這個沒落地主惡作劇、打翻小販的魚盆之類，見魯迅過，又罵新黨，回頭叫兒子跟蹤偵察魯的行動；（2）那麼，在魯迅又一次率領學生上街的景中，就有一個探頭探腦的小子繞著魯迅打轉就夠了；（3）在光復消息傳來，原來眾紳士客廳密商場面，可能有此人在內；在魯迅上街演講的街景場面、地主紳士驚惶失措，阿D夾在逃亡人群中，可能遇到阿有的虛張聲勢，嚇得兩腿發軟，有人扶著逃走；（4）最後，在「革過命」後的街頭場景中，又看見此人在街頭作威作福。

以上兩個方面僅供參考，設想未必對頭，但根據是有的，（見附錄部分）相信假定在原有場面基礎上再作些補充，將有助於觀眾對魯迅的瞭解和同情，對其後戲的發展也將大大有利。

綜上設想，現將辛亥前的情節、事件作大體安排如下：（□為主線事件、△為插寫事件）

□魯迅的歸來

△插寫：沒落士紳或本家的惡作劇、罵新黨、乃至偵察奔相
　　走告或告密

□魯迅上課、受挫（備用）

□魯迅率學生過街，受窘

過軒亭口（乃至看見范愛農過，未認出）

□龍山採標本、掩護禁書——遇范愛農遙祭秋瑾，魯激勵，
　　范淒然離去

□龍山吟詩（備用）

（二）辛亥後的部份

只有三點，第一點姑妄言之，後兩點前已彙報過，現在作一些補充說明。

1、章介眉歸來的航船場面可否代替？

只要在王金發接見魯迅的場面插寫一些：錢達人送米、舊勢力包圍捧場等細節，這樣，接見魯范場面可以活潑，表示辛亥革命變質的目的也同樣可以達到。

2、魯迅在報館進忠告比喻「僵屍」的一場可否搞得透一點？

報館比喻「僵屍」的一場，現在看來意義很重要，希望搞得透一點，索性具體提示舊派腐蝕新派的兩面手法：既壓又抬，一方面捧場送錢，（事實上他們既給王金發送錢又給《越鐸》報送錢）同時又造謠打擊（事實上他們既造王金發的謠，也造《越鐸》收錢的謠作為搗毀報館的藉口）。可以設想這樣的場面：這個祖傳老法、涉世未深的紹興少年並不理會，因此收了錢還要罵。魯迅看到，擔心他們上當。但沒有說：待看他們聽到什麼消息都要寫文痛罵，范也跟著起哄時，就忍不住忠告：「有當面給王金發送錢捧場、背後給他造謠的，不管捧也好，造謠也好，總的他們是要拆王金發的台、拆革命的台，不要上當。既不要收受他們什麼，給他們抓小辮子，也不要聽信他們，什麼消息都要核對。」

3、搗毀報館的場面可否恢復？

白塵前幾稿中都有搗毀報館的場面（有先是正面寫的，後來改為魯迅在家看到郭小朋扶傷來報，我們想還是在搗毀後的現場，魯范憤慨較好。）為寫魯迅被迫出走，這個場面還是好的，因為從促使魯迅出走的幾個事實：謠言要殺他、學校經費無著

等。看來還是以稍後發生的《越鐸》報館被毀為有力。但是，估計到既要《越鐸》被毀，就要點出動因，原來幾稿都是以魯范闖花廳起衝突的場面作為動因的，現在我們嫌闖花廳場面做作虛假而取消了。那麼，作為動因，可能只有點出舊派，（如目前劇本中的錢達人、黃介然、黃競白等）的陰謀活動。原來白塵的幾稿也有寫章介眉為被搶要追贓、乃至黃副官陰謀搗毀《越鐸》等幾筆，都不適用。現在可能這樣設想：章介眉闖來，黃介然為被搶而追贓，（作為阿有被殺的伏筆）而更惱火的是看到《越鐸》、聽到報告說《越鐸》少年對章不肯罷休，收了錢還要罵，於是相議趁王金發不在時給他們厲害看，這樣就可以引到《越鐸》被毀的場面。

　　現把這段情節事件程式，大體設想如下：

（1）報館、青年收了錢還要罵、魯迅不以為然、繼而進忠告、比喻「僵屍」（此場也可點一些寫農村動亂的消息。見夏改稿第五節）

（2）章歸來被搶、插寫阿有聞「舉人被搶劫」而歡呼稱快。（見夏改稿第六節，可否稍予改一下？）

（3）章家、眾紳士為章遭劫壓驚。並計議報復《越鐸》。（見白塵二稿即《人民文學》本第八節）

（4）被搗毀後的報館、范悲憤捶胸、欲闖轅門找王、魯勸阻。（有人提議：可保留前幾稿的闖轅門場面，只改為范獨闖，乃至接寫魯獨闖與踢鬼等細節。這些設想尚無定見。闖轅門場面見白塵二稿《人民文學》本第九節。

（5）魯家、范頹然來報經費無著、以至要殺害魯迅等謠言，魯母擔心。（有人建議：和閏土接談的情節可拉

後組織在這裏。見白塵一稿印「淡綠色本」第十節的一部份。）

酒樓餞別。

關於第一章補充意見的附錄材料

（一）關於光復前魯迅的支持革命活動

（二）關於范愛農與秋瑾、徐錫麟的關係

（三）關於紹興的破落地主……（均略）

——1961年6月1日至15日文化部召開全國性的「故事片創作會議」，夏衍負責在大會上作闡明我國解放以來電影發展的概貌與前景的主題報告：《把我國電影藝術提高到一個更新的水平》，對《魯迅傳》上集第三、四兩章的修改工作，不得不因公暫停。在此期間，導演「出題找資料」，要我繼續為他對第三、四章找補充材料準備供夏衍修改參考。

十一、夏衍抱病完成《魯迅傳》上集的修改

1961年7月13日至18日，夏衍花了六天時間修改劇本第三章。7月19日至23日，應周恩來總理之召，夏衍跟隨總理因公離京五天，赴外地參加重要會議。7月24日回到北京，身染微恙，至醫院治病。次日即來翠明莊，邊服藥邊修改劇本第四章。

1961年8月3日上集第四章修改完工。

1961年8月4日－5日回文化部處理公務。

1961年8月6日－8日又至翠明莊，將《魯迅傳》上集全部修改手稿從頭至尾疏理以後，寫定修改稿，原件如下：

　　夏衍最後幾乎抱病力疾修改完成《魯迅傳》上集劇本的。他不准在劇本上署名，不准洩露由他修改的任何消息，因此印出來的本子封面上，除了「四稿」兩字，與白塵的「三稿」毫無二致。

　　夏衍尊重原作者陳白塵的苦心，使我深為感佩。

十二、夏衍要我編制四稿與三稿《分場對比表》

　　電影劇本不是文學傳記，更不是話劇劇本。銀幕上靠形象表現，因此劇本字數不宜太多。

　　白塵的上集劇本四章四十節計90頁，約有九萬字。因為對話參考《魯迅全集》中有關原文的改寫，對話字數較長。

　　夏衍的修改稿也是四章四十節同樣90頁，不到八萬字。場景用電影手法，語言比較精煉。

　　夏衍為了尊重白塵，要我編制夏四稿與陳三稿兩稿的《分場對比表》，使攝製組和原作者可以一目了然：夏衍的修改並沒有把白塵原來的精彩情節刪掉。

這份兩稿的《分場對比表》原件複印如下：

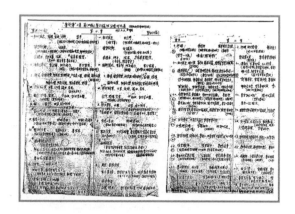

《魯迅傳》上集夏四稿與陳三稿分場對比表
（△為新增；×為被刪改）

夏衍四稿第一章	陳白塵三稿子第一章
第一節紹興風光	第一節紹興風光
△魯歸國、范迎、過街	×魯迅走出台門
△酒店、孔乙己、祥林嫂影子	×市民好奇、鄉紳罵魯「該殺」
△憑弔秋瑾殉難遺址	×大段字幕
△軒亭口、阿有、抱牌位出殯	
魯迅領學生過街	魯迅領學生過街
學生隊伍過酒店	學生隊伍過酒店
△阿有唱戲踢「狗氣煞」、鄉紳驚慌	×阿有議論、打小孩
龍山採標本……范來報信	龍山採標本……范來報信
△學生問「老勿大」花	×農民押解經過

第二節滿街慌亂、章急歸、客廳密商	第二節滿街慌亂、章急歸、客廳密商
△章談與湯蟄仙熟、錢報王金發到紹	×談大勢已去、錢報學生上街
第三節操場、整隊待發、何幾仲阻、割辮逃	第三節操場、整隊待發、何幾仲阻、割辮逃
阿有幻想、阿冬問訊、章夜遁	阿有幻想、阿冬問訊、章夜遁
第四節夜迎革命軍、王金發過橋、遇魯、安民	第四節夜迎革命軍、王金發過橋、遇魯、安民
鄉紳送禮、魯王敘舊	鄉紳送禮、魯王敘舊
第五節《越鐸報》、魯回家、閏土訴苦	第五節《越鐸報》、魯回家、閏土訴苦
范碰壁△魯談僵屍	范碰壁×魯說王變了
第六節章捲土重來、橋畔遭劫	第六節章捲土重來、橋畔遭劫
△匪逼阿冬挑臟、二爺吹笛驚匪	×章談三千敵革命
△阿有順手掠衣披身去（被殺張本）	×阿冬問匪是否革命黨
第七節報社驚變	第七節報社驚變
△范奔出找王、魯攔不住、沉思	×王歡宴群紳、魯范怒闖花廳
第八節酒樓餞別	第八節酒樓餞別
△魯談蔡元培是書生	×范說情願死、魯勸慰
阿有被殺	阿冬被殺
△范談又來嚴冬、魯提示春天不遠	×范吟秋瑾詩「愁煞人」，魯問革命好處？
△魯勸范沈著、道別	
第九節△特寫：政府北遷	第九節×南京：魯徐交談
△舊時京華（有前門）	前門箭樓
教育部死氣沈沈	教育部死氣沈沈
△魯閱《百喻經》	×魯說《庚子日記》（義和團）

電影〈魯迅傳〉籌拍親歷記

△琉璃廠、廠甸、魯購碑帖、《鬼趣圖》	×魯路遇章介眉
紹興會館、青年韓來	紹興會館、青年韓來
△魯談夢醒無路、寫悼范詩	×魯談章「放革命債」，又當官了
夏衍四稿第二章	陳白塵三稿第二章
第十節會館抄碑	第十節會館抄碑
△魯在舊報試筆、點時代背景	×魯吟詩「上下求索」
△教育部部員談京戲、再點時代背景	×錢魯夜談衝破鐵屋子
△特寫《魯迅日記》：三點時代背景	×郭小朋離家出走、韓陪見魯
△琉璃廠、魯購《新青年》	×錢玄同硬拉魯寫稿
第十一節△北大風光：胡適上課、錢來拉稿	第十一節×圖書館：李大釗與魯初會、交談
△胡談白話文，李談法俄革命比較	×李談俄國革命、魯談僵屍殺現代
△會館：魯理書澆花、槐樹下徘徊	×胡適出場、青年包圍
△新青年會：錢來約、魯允作文、拒赴會	×新青年會：李大釗談任務、魯願做「馬前卒」
第十二節△會館：郭來，聞瘋人受驚，擔心家鄉之張……	第十二節會館寫作
魯寫《狂人日記》，張棣華沖出家庭	魯寫《狂人日記》，張棣華沖出家庭
魯寫小說、論文，青年中影響	魯寫小說、論文，青年中影響
第十三節北大圖書館	第十三節北大圖書館
△青年讀《來了》猜筆名是誰？	×青年讀新書刊，議論國事
第十四節五三北大晚會，天安門五四大會	第十四節五三北大晚會，天安門五四大會
教育部魯不安	教育部魯不安
火燒趙家樓、學警扭打，張郭巧遇	火燒趙家樓、學警扭打，張郭巧遇

第十五節郭談戰績、張候門外、魯邀入	第十五節郭談戰績、張候門外、魯邀入
魯招待青年、興奮談「路」，燈下作文	魯招待青年、興奮談「路」，燈下作文
第十六節△徐來報信：陳獨秀被捕	第十六節×魯至車站送學生，遇胡適陪杜威來京
△張棣華來辭行、魯贈旅費	×胡適恭維魯迅、魯斥之、揭胡面目
第十七節△至北大交稿	第十七節△至北大交稿
△《新青年》會，魯經過，末入，未參加會	×《新青年》會，胡分裂、魯面斥胡與胡不同路
△李大釗出來，詢魯迅意見	×魯迅欣然與李大釗同行，高大背影
第十八節△離會館與老僕惜別、搬新家	第十八節魯新家
魯迅與母、母子情。郭南方歸來，找新路	魯迅與母、母子情。郭南方歸來，找新路
△魯與青年談僵屍變化，要踏實做事	×魯勸青年要行動：要敢說、敢笑、敢哭、敢怒、敢罵、敢打
第十九節魯迅伏案寫作：徘徊、沉思……	第十九節魯迅寫小說《明天》、《風波》、《故鄉》
△疊印范愛農、阿有、趙太爺、假洋鬼子影子	×魯給母看新寫的《阿Q正傳》，母笑說滑稽
△特寫《阿Q正傳》：《晨報副刊》	《阿Q正傳》片斷：讀者反映、官僚生氣、青年猜疑
夏衍四稿第三章	陳白塵三稿第三章
第二十節日曆：疊現時代背景	第二十節報刊：點出時代背景
△街景、茶館莫談國事	×張棣華陪許廣平來訪，魯母迎進
△名流集會：胡適、陳源議論	×老虎尾巴，談學潮。魯抽煙、許搶煙

△北大教室、陳源演講。魯下課，至未名社	×魯迅助辦《莽原》，指示青年要韌戰
△劉和珍購書、遇魯	×李大釗訪魯，談《現代評論》是「山羊」
△劉陪許廣平來談學潮，魯關心青年	×魯迅號召青年「搗毀人肉筵席」
第廿一節學生集會	第廿一節各校學生集會×段祺瑞棋桌定殺計
女師大操場，學生整隊待發	女師大操場，學生整隊待發
楊蔭榆陪陳源演講「救國先救自己」	楊蔭榆陪陳源演講「沒有帝國主義侵略」
學生拒聽，轟楊、陳出校	學生拒聽，轟楊、陳出校
第廿二節女師大開除學生佈告、學生自治會商議對付辦法	第廿二節女師大開除學生佈告、學生自治會商議對付辦法
魯迅摸出教授宣言△談《現代評論》陰謀	魯迅摸出教授宣言×談「冒牌國貨」
魯迅點名、劉和珍激動	魯迅點名、劉和珍激動
第廿三節△段祺瑞官邸下棋、日本顧問獻謀	第廿三節×陳源書齋、胡適授計反魯迅等
△段派員警保護楊蔭榆回校	×段祺瑞下令封閉女師大，校內斷水電、一片漆黑
	×魯迅送蠟燭至校、學生點燃蠟燭、出現光亮
	×李大釗率領各校學生舉火把來聲援、一片光明
	×李與魯四見，李勸魯「用筆戰鬥」
第廿四節北京街頭、學生募捐、魯迅捐一元	第廿四節北京魯家
魯家，徐來報信、魯徐同去女師大	老虎尾巴，徐來報信、魯徐同去女師大

三河老媽子綁架女生，劉百昭欲動武，魯喝住	三河老媽子綁架女生，劉百昭欲動武，魯喝住
教育部△魯等支持維持會，劉百昭帶來「解職」令	教育部×魯迅寫辭職書。劉百昭帶來「解職令」（按：不協調）
魯控告非法解職。魯徐談女師大復校。	魯抗議非法解職。魯徐談女師大復校。
第廿五節△學生購閱《語絲》書刊	第廿五節×魯帶學生宗帽胡同復校
△陳源書齋、胡適勸陳「帶住」	×胡適陳源圍攻魯迅、魯苦戰、咳嗽、服藥
△魯發文「不能帶住」	×各大學宣言脫離教育部
△胡發表《愛國運動與求學》，勸學生回校	×段祺瑞被迫下令復校，女師大學生返校
△胡對陳暗示：南方革命興起，應另謀良策	×魯家，學生歡慶勝利，魯說鬥爭還要繼續
第廿六節△魯迅書齋，咳嗽，學生帶來李大釗贈藥	第廿六節×陳源書齋，胡適提出「公理」招牌
△劉和珍、許廣平來訪，魯分析「緩兵之計」	×魯和青年談「痛打落水狗」
△劉和珍邀魯開會	×魯退還劉和珍購書款
第廿七節日軍炮轟大沽口、三一八天安門大會	第廿七節日軍炮轟大沽口、三一八天安門大會
魯迅書齋，許廣平交稿，魯母留許吃飯。	魯迅書齋，許廣平抄稿。魯以《莽原》交許轉劉
遊行隊伍開往執政府	遊行隊伍開往執政府
段祺瑞下殺機，李大釗趕來指揮轉移	段祺瑞下殺機，李大釗趕來指揮轉移
段下令屠殺、劉和珍救友中彈英勇犧牲	段下令屠殺、劉和珍救友中彈英勇犧牲
唐人風揮旗沖出重圍	唐人風揮旗沖出重圍
第廿八節追悼會：魯、許吊劉遺體	第廿八節追悼會：魯、許吊劉遺體

送葬行列，魯沈默前行	送葬行列，魯前行×獨白「血債要血還！」
第廿九節魯寫《無花薔薇》痛斥反動派	第廿九節魯寫《無花薔薇》痛斥反動派
△陳源寫《閒話》，假作「公平」，胡適點頭	×段祺瑞看《語絲》，怒斥，反誣學生領袖
魯斥陳段「心心相印」。胡告陳：魯被通緝	魯斥陳段「心心相印」。胡告陳：魯被通緝
第三十節李大釗雨夜訪魯迅	第三十節李大釗雨夜訪魯迅
李魯談心：李勸魯南下；魯要李當心	李魯談心：李勸魯轉移陣地；魯要李當心
△魯母要魯離京，魯表示同意	×魯迅稱李大釗是「真的猛士」
夏衍四稿第四章	陳白塵三稿第四章
第卅一節△廣州風光	第卅一節×報紙疊印——點出時代
△長堤：徐文滔、許廣平等來迎魯迅	×陳延年命畢磊歡迎魯迅
畢磊率學生碼頭迎魯	畢磊率學生碼頭迎魯
魯目睹工農兵遊行隊伍、興奮	魯目睹工農兵遊行隊伍、興奮
第卅二節中山大學白雲樓大鐘樓	第卅二節中山大學白雲樓大鐘樓
△許廣平來贈「水橫枝」	×畢磊來贈中共黨刊，魯迅接受
祝家驊米訪、魯談廣州印象	祝家驊來訪、魯談廣州印象
第卅三節△魯參觀花市，遇學生吳夢非	第卅三節×顧請魯赴接風宴。魯怫然變色
許、畢陪魯出席學生歡迎會	許、畢陪魯出席學生歡迎會
祝來二邀：魯答「慨不赴宴」	祝來二邀：魯答「慨不赴宴」
第卅四節魯講「革命文學」	第卅四節魯講「革命文學」
司的克黨搗亂，祝上臺驅之	司的克黨搗亂，祝上臺驅之
祝乘機捧魯「革命文學家」，魯退還「高帽子」	祝乘機捧魯「革命文學家」，魯退還「高帽子」

第卅五節△陶陶居茶樓內間：魯會晤陳延年	第卅五節×中共黨委機關：陳延年與魯迅談心
△陳請魯「自己觀察……」	×陳向魯大談革命形勢、湖南農民運動，頌毛
第卅六節白雲樓魯寓	第卅六節白雲樓魯寓
△張棟華來告結婚喜訊	×張棟華來告上海工人起義勝利
畢來告反革命叛變。司的克黨抹反動標語	畢來告反革命叛變。畢商議保護魯迅
△魯等候青年，聞黑夜槍聲、學生被捕	×畢向魯辭行，出門被捕，魯沖出營救不成
第卅七節中山大學教授會，魯竭力營救學生	第卅七節中山大學教授會，魯竭力營救學生
魯迅憤怒斥祝「畫皮」	魯迅憤怒揭穿祝「畫皮」
第卅八節白雲樓上師生相晤	第卅八節白雲樓上師生相晤
△學生告魯：李大釗英勇就義	×（特寫）李大釗被捕就義
△魯驚聞：郭張刑場就義	×魯迅怒寫「地火在運行」
△青年特務在樓下監視	×小郭帶來陳延年對魯關心
第卅九節師生夜談，魯自剖轟毀進化論	第卅九節師生夜談，魯自剖轟毀進化論
△徐文滔（學生）勸魯離廣州	×郭來告陳延年希魯離廣州，在滬等魯
許廣平願同行，魯說許「中毒太深」	許廣平甘為「魯迅黨」，願同行
第四十節珠江輪上	第四十節珠江輪上
△徐文滔陪魯、唐人鳳陪許上船	×郭小朋、張棟華送魯、許上船
△徐說夜車走，掏報紙給魯	×郭說去湖南，掏報紙給魯
魯迅看報：秋收起義	魯迅看報：秋收起義
魯說：「石在，火不滅，這是中國的希望。」	魯說：「中國又有了新的希望。」

夏衍的修改本，主要是

第一章：刪去魯迅闖花廳，怒斥王金發；王金發搗毀報館，魯迅斥王；

第二章：刪去《新青年》會魯迅與胡適對立；李大釗與魯迅四見減為二見

第三章：刪去三一八魯迅向學生報驚；魯迅向女師大學生送燭，點燃光亮；

李大釗率大隊學生聲援女師大，火把一片光明；

第四章：刪去陳延年向魯迅講革命形勢，送《湖南農民運動報告》，歌頌毛澤東；

陳延年通知魯迅離開廣州，說陳在上海等候魯迅再見面……。

——陳鯉庭和趙丹交換看法，說白塵三稿如飲醇酒，讀來過癮；

而夏衍的四稿像白開水，淡而無味。一個說沒有勁，一個說不能定稿。

夏衍奉命、力疾修改的劇本又成泡影……。

十三、陳鯉庭、陳白塵對夏衍四稿有異議

周恩來總理1961年6月19日講話：

「只許一人言，不許眾人言，豈不成了『一言堂』麼？『一言堂』從何而來？是和領導有關的，所以，我們

要造成一種民主風氣。」

　　「民主作風必須從我們這些人做起，要允許批評，允許發表不同的意見。」

　　「奉勸作家同志，你們也不要企圖一揮而就。偉大的政治家、藝術家對自己作品的修改工作都是非常嚴肅的。」

　　　　　　　　——見《周恩來選集》下卷第323-325頁。

　　夏衍在修改過程中，充分發揚藝術民主。修改稿交出後，向攝製組明確表示：「我改的本子，僅供參考，可以推翻。甚至全部否定，我也毫無意見。」

　　於是，陳鯉庭和陳白塵聯繫，通知白塵：攝製組認為「四稿」不能定稿。由於夏衍是奉中宣部之命而修改劇本的，因此，攝製組準備向中宣部提出書面意見，白塵如能配合行動，可以分頭進行……。

　　攝製組《向林默涵同志彙報對夏衍四稿的看法》原件如下：

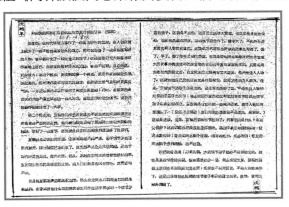

攝製組的意見是：

向林默涵同志彙報攝製組對陳、夏兩稿的看法（摘要）

夏改稿：在時代環境方面作了一些富有特色的渲染，在人物語言上減少了一些不恰當或者過火的地方，同時也寫活了一些原稿沒寫好的人物，每章都補充了一些有意義的情節；這些修改補充大體都在原作基礎上進行，當然有的修補得天衣無縫，有的不這樣。但總的說，貢獻很大；有兩個特點：夏改稿的第一個特點，使原作更加接近生活、接近真實。這對我們說來有很大的啟發：濃重的生活氣息和歷史真實氣氛，一方面為我們再創作提供了更踏實的基礎；同時，更重要的是使我們開始不滿意原有的一些人為的、虛假造作的戲劇情節（有所改進），使我們的創作探索跨進了一大步。

第二個特點是：夏稿特別注意歷史真實不容違反的原則和傳記片所要求的嚴謹的記實性。他比較徹底地貫徹了周揚同志在杭州講話的精神，改掉了一些情節。這也就是白塵同志所感到改動多了的原因。

夏稿弱點是在結構方面，看來佈局還不夠嚴謹，若干情節矛盾還沒有展開，剛接觸就已經結束了。這顯然不完全是風格問題，是由於寫作時間的局促。就風格論，那麼，比起白塵同志的戲劇性的結構來，夏衍同志的結構是接近散文的，兩人的結構各有風格特色，這裏暫略不談。

要是將夏改稿跟陳稿比較起來，那麼白塵同志幾稿所著力的就是在結構。在看來沒有什麼戲劇性的魯迅寫作生活中要搭起一個情節矛盾的架子，這確是不易的，這是白塵的很大貢獻。但這裏既是他的長處，也是他的弱點所在。有些情節嫌造作了，嫌誇大了，不

夠符合歷史真實和人物性格真實。這就是歷次座談會所談的把魯迅寫高了、低了、早了、露了等等之類的問題。也就是周揚同志提醒我們要注意重大歷史事件的真實和要注意魯迅性格的豐富與發展的原因。從周揚同志在杭州講話之後，白塵同志的三稿確有很大進展，他開始進入人物了，這就如他自己說的以前光是補貼填充，這回才感到進入創作。但是，矛盾情節的架子還是老的，還是原先搭好了的，不是先從人物和處境的矛盾自然引出；有些根據作家的概念和戲劇性要求搭成的情節架子現在還保存著。

夏改稿是有意的把一些離開歷史、離開人物的場面摧毀了，（默涵同志插話：夏衍同志的修改還不是改良、是革命。）這也是進展。但是，夏稿把某些情節拉掉了，代替它的是什麼？是否安排好？這些問題當然是沒有全部解決。總的印象正如攝製組有一位同志說得好：看白塵同志稿子過癮，但有些吃力，未必流暢；看夏衍同志稿子感到流暢，但不過癮。

我們的看法是：

> 歷來幾稿，大的情節架子始終不是很穩定，這也是某些爭論的關鍵。假如需要綜合一道，那麼希望在夏、陳兩稿的基礎上把好的東西鞏固充實起來；希望在不離開歷史，不離開人物的條件下，把足以體現魯迅精神的情節架子牢靠的建立起來。這樣，就可以解決問題了。

上海創作組葉以群、杜宣、柯靈；天馬廠攝製組的製片主任楊師愈和支部書記魯耕等均毫不知情，對此頗有意見。

與此同時，由於攝製組明確表示「夏衍的稿子不能這麼定下

來，還要從長研究，不能定稿」，並要白塵配合。因此白塵向自己的直屬領導邵荃麟寫信，表示自己的看法。邵將白塵的信轉給中宣部林默涵，林找白塵瞭解。陳白塵與林默涵的談話，有《中國電影》的編輯和我同時當場記錄。《中國電影》編輯的記錄原件如下：

《中國電影》編輯的記錄原文是：

陳白塵說：我們談了五次，成果不大。三稿出來後，夏公搞了第四稿。前天我給夏公寫了封信，有些意見。三稿以前，夏幾次談到「稿子出來後，我給你幫幫忙」，講得很愉快。三稿以後，我技窮了，請夏公潤色一下，再定稿。當時周揚同志、默涵同志沒時間看，請夏公改。我當時沒有一點意見。這個創作不是個人的東西，不是一般個人創作的任務。四稿改出來後，我看了

感覺有些意見。原先我想他改出後就只文字上補補漏洞就完稿了。沒想到問題還比較多，因此有些苦悶。意見不好提，和夏公的關係，二十餘年交往，先是完全授權了，現在改了又有意見。而且是周揚同志指定夏公搞的，提了意見是否牽涉更廣？因此當面沒有提。後來攝製組也有些意見，這麼定了也有困難。我也覺得不能這麼定下來，還要從長研究。稿子沒定下來，並不等於說夏公改了，還得我來定稿。現在弄出一種不好的印象，或者誤會為夏公把陳白塵的稿子改壞了，或者說陳白塵不虛心，不接受意見。如果發生這兩種印象，是不真實的。

夏公把稿子改好了，但是還有些意見。劇本好比四間房子，夏公拆了改好了，更漂亮了。但是我進去還不習慣，摸不清門路。夏公自謙：可在時代氣氛、語言上幫忙，實際上是歷史真實性上、魯迅性格上改好了，這是我怎麼努力也達不到的。這些好的地方是應該定下來的。改成功的是主要的。

我的不習慣有兩方面，一是改對了，還沒有摸著門路。一是對材料的理解上等等還有分歧。分歧有兩點：一是一些具體事件的處理，李大釗和魯迅見面，胡適和魯迅見面，夏公避開了我的缺點但是又有了新的缺點。如胡適與魯迅沒照過面。但是實際上是見過面，《新青年》一起開過會。背對背，歷史真實性上抓不到辮子，但是戲劇性就更少了。專家認為符合歷史，但一般觀眾不一定那麼想。

第二，攝製組同志提了些意見，有些設想，有些我接受了，有些接受不下來，感覺用不上去。夏公接受了很多意見，但好些地方感到是勉勉強強接受下來。例如要有狂人出現，但是事實上

「狂人」不是狂人，而是個最清醒的人；還有孔乙己、祥林嫂、張棣華犧牲時圍圍巾，圍巾情況複雜，不能說明什麼問題。

主要這麼兩點。第二點還好辦，主要是第一點，分寸上為難。周揚同志指示過要注意真實性，我更顧慮。不同意是否不贊成周揚同志指示。先前主要問題是歷史真實性，魯迅性格問題。這兩點我完全同意，問題是現在改得是否徹底了？我對周揚同志指示的原則完全同意。原來的本子問題比夏公估計的更多一些。主要的是：（編、導、演都同意的）根據找的材料搭的架子，由辛亥革命、三一八、大革命時期等幾個事件中的魯迅聯成，沒有做到魯迅思想發展作主線，而應該是那樣的。如果以魯迅思想發展為主線，有些事件可以略去。有些滿足於外在的材料，例如和王金發的關係，現在看來，可能成為贅疣。必須從許多歷史事件中跳出來，否則可能失敗。有些材料上的空白點，明明知道該寫，不好怎麼寫。創造又沒有根據。因此想再談一談。底下到底怎麼搞。寫文學家的魯迅，必須寫《狂人日記》和《阿Q正傳》，寫這兩部作品的成因，不寫不足以成為文學家的魯迅。但是究竟如何寫，還有困難。如不按魯迅思想發展來寫，魯迅和胡適、李大釗的關係，可能避開，但是恐怕也還得見面。第三章寫得不好，是為了避開章士釗。魯迅許多文章針對章士釗，成了無的放矢。總理早指示不要碰他。可不可以用一個假擬的名字，也不諧音，也不怎麼。這必須請示總理。（似乎也很難……）

現在一定要夏公再來動手，有困難。我一定不動手，也是矯情。我動手，還得爭取夏公的幫助。不要因為有分岐，他就不管了，這還是損失。

（於是，陳白塵和夏衍為修改《魯迅傳》劇本的意見分歧、
甚至爭執……的流言，便在北京的文藝圈中傳了開來。）

十四、上海市委要葉以群來京瞭解情況

攝製《魯迅傳》電影，並不是任何一個作家、一個導演或一
個演員心血來潮、靈感驅使的一次創作衝動。本來是早在1958年
上海為新中國建國十周年獻禮而得到中央支持的一項重點劇目。

為了慎重，上海市委提出並得到中央支持：1960年1月成立
了由葉以群為組長的創作組、由夏衍為團長的創作顧問團。文學
劇本在上海寫出了詳細提綱、初稿、二稿，經上海市委宣傳部同
意後於1960年12月在天馬廠成立了「《魯迅傳》攝製組」，市委
宣傳部陳其五部長和楊永直副部長；市委宣傳部副部長兼上海電
影局黨委書記楊仁聲、電影局長張駿祥、副局長蔡賁、副局長丁
正鐸等市一級領導親臨天馬廠出席攝製組的成立儀式。

按照正常的影片攝製生產日程，1960年12月至1961年8月的
九個月，任何一部「難產」的影片都應拍攝完成了。——此時，
傳到上海的訊息竟然是創作組的執筆者陳白塵、攝製組的導演陳
鯉庭為《魯迅傳》劇本修改問題同「創作顧問團團長」（主管電
影業務的文化部副部長）夏衍鬧翻了，令人費解。

上海市委文教書記石西民要《魯迅傳》創作組長葉以群赴京
瞭解情況。

葉以群首先聽取陳白塵和陳鯉庭的意見。他對陳鯉庭以攝製
組名義向中宣部寫了書面報告，委婉地指出這是背著上海電影局

的創作組越級上告：等於狀告夏衍「侵犯」了創作自由……。以群說：白塵作為一個劇作家當然有自己的創作自由，但劇本是創作組集體討論的成果，有意見應該先在創作組相互通氣，取得共識；攝製組是電影廠的一個基層生產組織，要以攝製組名義越級向中央打報告，總得先給攝製組的支部書記（天馬廠黨委副書記魯耕兼任）和製片主任（天馬廠副廠長楊師愈兼任）過目後再發出。現在事情鬧大了，上海非常被動。生產計畫受到影響且不說，天馬廠的攝製組，創作組的執筆者和文化部副部長兼創作顧問團負責人之間鬧出了「三角矛盾」，這是新中國電影史上的大笑話。

　　趙丹建議以群去找林默涵。以群說：我奉上海市委之命，向我們自己創作組內部瞭解情況。組織上沒有要我去找中宣部，師出無名，不必去找橫關係。他向我取了《攝製組向林默涵彙報對夏衍四稿的意見》和《夏衍四稿與陳白塵三稿分場對比表》後就回上海。

　　但從此以後，葉以群、杜宣和柯靈為了避免捲入這場「三角矛盾」創作糾紛，在後來的「定稿」工作中不再參加會議和發表意見了。

十五、夏衍發表《關於四稿處理問題的談話》

　　1961年8月11日上午夏衍到翠明莊當著陳鯉庭、趙丹、夏天的面發表《關於四稿處理問題的談話》。當場命我記錄，並對我的記錄作了審閱改正，由文化部作為第116號文件打印30份分送中央和上海市委有關部門。原件如下：

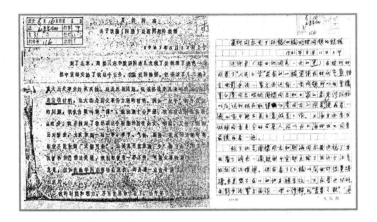

原文如下：

夏衍同志關於改稿（四稿）處理問題的談話

1961年8月11日上午

這件事（指由他潤色一次的事）在杭州時，因看了《人民文學》發表的一稿，覺得在時代氣氛、語言、電影手法……等方面還有一些問題，所以我曾講：等白塵同志根據周揚同志和大家的意見修改好以後，還打算在取得白塵同志的同意之後再看一遍，也有可能出點主意，做點工作。上海方面要我做顧問委員會的召集人，所以在上海時，我也同意最後再看一遍。

到了北京，周揚同志和默涵同志幾次說了要我看了潤色一道。既然中宣部交給了我這個任務，我就沒法推掉。但在看了（三稿）以後，我卻很費躊躇。本來想只在小的地方稍為改一下，在魯迅性格、電影手法等方面作一些小修飾，如《青春之歌》、《風暴》等只在語言上、結構上小動一下一樣。

周揚同志和我講了以後，我再把劇本（三稿）仔細看了一道，覺得周揚同志在杭州講的和默涵同志在北京座談會上講的精神，在三稿中似乎還有貫徹得不徹底之處，重大歷史事件的分寸掌握上還不夠嚴格。這表現在兩方面：一是李魯幾次會面、陳魯關係、農民運動講習所、讀毛主席的文章（見三稿第78頁）等，改得沒有和周揚同志在杭州講的那樣堅決，對某些不一定落實的重大歷史事件，在三稿中還保留了一些。其實是像對胡適之、陳獨秀等人的暴露，也似早了一些。這些人在當時不僅還有作用，而且也還不可能預料他們將來的必壞。這些人，現在看是很清楚的了，但在當時不會是一下子就能看得清楚的。陳獨秀也是這樣，如果大家在很早之前就看出陳獨秀的右傾機會主義，那末黨在當時也就不會犯錯誤了。（所以在上集中還沒有罵他，將在下集中再痛罵他。）

　　看了三稿後，覺得在這些地方貫徹中宣部的精神還不徹底。那時，我的確是很費躊躇的，我當時曾一再講得到白塵同志「授權」之後才動手。你們講我客氣，其實這決不是客氣，這涉及到兩個作家的關係……。所以我一再講「授權」，而且堅持要三對六面地講清楚。最後，和白塵同志當面講了，應該說，我當時是「知其不可為而為之」的。後來講「濕手捏了燥乾麵」，亦即此意。

　　既然這樣，我後來和默涵同志也談了，要動，恐怕就不止是若干處。不單是有關黨的大事件、歷史事件和歷史人物的真實性問題，此外，也還有一個「年代紀」的問題。周揚同志看了《紅旗譜》毛片的時候說：《紅旗譜》要有一個「譜」，現在既然稱《魯迅傳》，也就有一個「傳」的問題，「傳」總要研究「紀年、時代」的問題，要力求符合歷史真實。

因此要動，就可能會牽涉的面大一些，而一個地方動了，就必然要涉及別的地方。比如像拉網一樣，一牽一收，就會影響全局。所以，在動手之前，我一再講明，要白塵同志「授權」我才能動。後來動了一半，放下來參加了兩個會議，在會議期間我又有點躊躇了，因為在動手前和進行中，看到你們攝製組和演員同志們對「三稿」的許多意見和設想，我認為可用的，有利於塑造形象的，盡量採納了一些，因此，改動就會更多一些。我當時就想到，改動多了，白塵同志會有意見，但是上了馬，下不來，就只能在病中硬著頭皮搞下去了。當然，攝製組所提的意見中，也有不少我不能接受，未予吸收。一方面要盡可能保留二稿、三稿優點；另一方面，又想盡可能吸收攝製組意見，因此，我有一些妥協了的地方。如三章李魯會見，四章陳魯會見等等。細節上也有這種情況，如張棣華發現周先生即魯迅的場面等等。這種地方，假如按我自己的想法，是可以割愛的。由於以上原故，形成了兩個結果，一是改動得多了，二是篇幅還是長，壓縮不了。可見，我的顧慮也還是很多的。

　　（按：夏改稿全劇字數為七萬二千八百字，比三稿壓縮二萬三千多字。）因此，那天（8月9日）晚上，鯉庭同志來電話，我是並不感到意外的。

　　我在動手前要白塵同志同意和「授權」，主要是要貫徹周揚同志杭州講話的精神。現在白塵同志要最後定稿，也希望遵此精神。周揚同志講話不僅是他一個人的意見，是代表了中宣部的。

　　歷史真實問題非常重要，比如中國革命博物館本來預定在1959年國慶展出，但一經審查就幾乎全部推翻，歷史上的某些事

件應安放在什麼地位上，誰輕誰重？例如辛亥革命又應放在什麼地位，對某次起義應作何看法？這都是歷史真實的大問題。1960年又想展出，總理和康生同志等去看了又延期了。1961年的預展，審查時，我們認為也還有重新推翻之危險，後來又經過了修改才展出了。這是歷史真實問題，這個館，世界各國的朋友都要來看的，決不能允許有任何不真實、或使人有一點懷疑之處。《魯迅傳》也有類似情況。歷史的具體性和描寫的真實性必須堅持，至於表現上露一點、火爆一點，還在其次；即使人物或風格還不太像「魯迅的」，這也只是藝術處理上的問題。但重大歷史事件的真實性，這是原則問題。我在修改中幾次叫沈鵬年同志查核材料，也大都是歷史事件方面的材料。例如「紀年」即年代紀的問題，我認為既叫做「傳」，就必須十分嚴謹。我在這方面也許有點過分。我是核對了魯迅在這個時期的所有雜文、書簡，又查了陰陽曆對照表，力求做到一時一事、季節、氣候、服裝、花木的開謝等等。即使不能做到「無懈可擊」，也要盡可能做到「少」懈可擊。對此，我曾和你們講過笑話，我說即使有一事不符，可能大多數觀眾不會有意見，但如沈鵬年同志等特殊觀眾，卻是連一點點小漏洞也一定會看出來的。

我的時間和精力，不可能再做什麼了。動手修改之前把問題三對六面講清楚，在我來講，這是完全應該的。後來葛琴同志來信，要求把劇本再發表一次，我考慮了一下：《人民文學》發表的一稿，讀者都看到了，將來不論如何定稿，改動是免不了的，為了免得拍攝以後，不致誤會「導演改動得這麼厲害」，所以把定稿再發表一遍也有用處。但，當時我在葛琴同志的信上注了兩

點意見，（1）要否再發表，須徵得白塵同志的同意；（2）絕對不能寫上什麼人潤色了之類的按語，而且也不要口頭上傳開。這封原信，我轉給鯉庭同志了。

以後的工作，可以請示一下中宣部和默涵同志。原作者是白塵同志等六個人，我改的僅供參考，可以推翻，甚至全部否定我也毫無意見。這原是中宣部交給我的任務，現在，我總算盡了我的力量，我的事完了，責任也完了。我最近身體不好，打算休息一個時期。同時，在過去，我以顧問委員會資格，比較超然。現在，我參加了一些勞動，四稿中有我的想法和作法在內，超然地位喪失了，更不宜再參加意見了。以後怎麼辦？可以請中宣部指示。

今天，可以把情況、過程簡單向默涵同志談一談。然後請示一下：今後怎樣做法？

今後怎麼做？除了尊重白塵同志的意見，聽取中宣部的意見外，還要聽聽集體創作六個人的意見：北京的唐弢、上海的以群、柯靈、杜宣等同志，總得請他們也看一看、聽聽他們的意見。因為個人與集體本來是複雜的事，除了創作風格不同外，還涉及到個人的看法乃至喜愛問題。我不具名，比較起來可以不負什麼責任，但創作組諸位則不同，所以必須聽聽他們的意見。

關於今後工作的最後一個問題，我認為還是要請示一下上海市委宣傳部。從劇本本身講，可能市委宣傳部要聽聽中央的意見，但是上影是市委直接領導的生產機構，劇本投入生產的時間、攝製計畫，市委和上海電影局都是非管不可的，為此，必須要向市委宣傳部和上海電影局請示，因為這涉及到計畫和進度的問題。劇本在葉、唐、柯、杜等同志審閱後，可以向楊仁聲同志

及市委宣傳部請示。請西民同志、其五同志來決定今後的進程。

我所要求的，再動一道時，仍要遵照周揚同志杭州講話的精神，至於藝術處理上的一些問題，則可由原作者和攝製組決定。

做好任何事既要民主、也要集中。所謂民主：包括攝製組內部的意見、演員的意見、創作組六個同志的意見⋯⋯等等。所謂集中：不外乎是聽中宣部的意見、聽上海市委宣傳部、電影局的意見。

──根據我當時的工作筆記，夏衍所說：

「那天（8月9日）晚上，鯉庭同志來電話，我是並不感到意外的。」是指1961年8月9日陳鯉庭分別給夏衍和陳白塵打的電話。

夏衍是在8月8日把修改好的四稿命我交給陳鯉庭的。當天下午他就回家休息了。

陳鯉庭翻閱以後，認為他提出的意見，夏衍在四稿沒有全部採納，很不滿。

次日（8月9日）陳鯉庭與趙丹、夏天交換對四稿的初步印象。陳鯉庭認為四稿把三稿不少情節拉掉了，沒有安排好代替的情節，戲劇性更差了，結構比三稿鬆散⋯⋯。趙丹認為看起來四稿比三稿流暢，但不過癮。好像飲一杯白開水，淡而無味，魯迅在戲中的動作大大減少了，演起來難度增加了。夏天說：「四稿和三稿相比，減少了火爆的場面，拉掉了魯迅闖花廳怒斥王金發的情節，拉掉了魯迅與胡適面對面的針鋒相對。風格上更像魯迅式，但對阿丹的演技是新的鍛煉，不是靠動作而是深湛的內心表現了。《馬路天使》中的趙慧深、《紅色娘子軍》中的楊夢昶，在影片中幾乎沒講一句話，靠內心、靠眼神照樣演得很精彩。周揚講美

學的《拉奧孔》的例子，說明藝術貴在含蓄。我看夏公的四稿是循著這個路子寫的。魯迅和李時珍、林則徐、聶耳不同，阿丹面臨了新的課題……。」意見交換的結果，是二比一：陳、趙對夏天。

當晚，陳鯉庭給夏衍打電話，主要意見是四稿不能定稿，還要請夏衍再改一道。夏衍沒有同意。陳鯉庭把自己的意見通知陳白塵，四稿拉掉了很多情節，戲劇性更少了，不能定稿，要從長計議，請白塵配合向中宣部反映。

第二天，夏天以黨小組長身份和趙丹、我三個黨員開了一次黨小組會。夏天認為陳的做法不妥當，對夏公太不尊重了。夏公斷斷續續改本子，前後改了一個多月。八日改好四稿，九日就被導演否定。夏公花了三十多天心血，鯉庭一天就推翻，有點過份了。按理應該把四稿先帶回上海，請創作組的成員葉以群、杜宣、柯靈過目，創作組討論研究後，請示市委宣傳部和電影局如何處理。不能一人說了算。

趙丹說現在提倡民主，我們創作民主，不必按老規矩。攝製組「導演中心」，我們聽導演的……。

——當時這些情況，有助於對夏衍同志《關於四稿處理問題談話》的理解。副導演夏天對陳鯉庭比較瞭解，他說：「鯉庭自以為毛主席稱過他『大導演』，有恃無恐，所以心目中連夏衍也不在話下了……。」

翠明莊是中共中央組織部的內部招待所，與中南海近在咫尺。中南海每星期有週末晚會，趙丹是大明星，引人注目，組織部拿來內部招待票，趙丹和夏天都去參加，陳鯉庭有時也去了。有一次「瞧」見了第一夫人。回來後陳談起他到過延安，第一夫

人向毛主席介紹他：這是大導演。毛當時說了一句：喔、大導演。到了九十年代，《人物》月刊發表訪問陳鯉庭的長文，陳自述：毛主席稱他「大導演」；還說到內山書店購新出版《苦悶的象徵》遇見魯迅。事實上，《苦悶的象徵》是魯迅北大講課用書，1924年北京新潮社代售。魯迅尚未到上海，內山書店經銷日文、英文書，從未出售過此書。

十六、林默涵宣佈：夏衍四稿不作定稿，拍攝延期。

　　任何事物都有表裏兩個方面。陳白塵和陳鯉庭把《魯迅傳》上集劇本的四章比喻為「四間房屋」。凡是房屋都有前廳和後院。前廳講的是冠冕堂皇的文學詞語，後院則有許多秘密的細節。最近一期《上海文化》（2010年第四期）發表一篇重要文章：《寫出秘密的文本才是有魅力的文本》。任何事物包括任何人都有一個「後花園」，「打開了後花園」便看到了真相。著名作家虹影說：「如果沒有寫一個人的秘密，這本身就不真實。」（《上海文化》2010年第四期第106頁）

　　《魯迅傳》上集劇本由上海市委宣傳部審閱同意在《人民文學》公開發表，成立攝製組準備開拍之際，為什麼突然在1961年5月暫停拍攝？為什麼把許多主要演員放回原單位？為什麼導演陳鯉庭帶領主演趙丹、副導演夏天和我在5月11日到北京耽了五個月？

　　如果說在《人民文學》、《電影創作》上一再公開發表、上海文藝出版社出版單行本的電影《魯迅傳》劇本屬於前廳的話；劇本出版而電影難產，那麼，這三個「為什麼」便屬於「後院」

的秘密。這「秘密」的關鍵——便是《上海電影志》所記載的「對劇本的意見無法統一」。

　　究竟是誰？「對劇本的」哪些「意見無法統一」？——這就是「秘密」中的「秘密」了。

　　原來創作攝製《魯迅傳》這一共同的任務當時由三個方面所構成。

　　第一方面：創作電影劇本的創作組，由組長葉以群和執筆者陳白塵為代表；

　　第二方面：為劇本把關的創作顧問團（或稱顧問委員會），由魯迅家屬許廣平和周建人、魯迅親友茅盾、巴金等參加，而以魯迅戰友、主管電影的文化部副部長夏衍為團長（或稱首席顧問）；

　　第三方面：攝製組導演陳鯉庭。

　　這三個方面目標是一致的，不存在什麼利害衝突。但是到了1961年8月由於「對劇本的意見無法統一」——三方面發生矛盾，導致創作組的陳白塵和攝製組的陳鯉庭兩方面聯合反對為劇本修改的創作顧問團即文化部主管電影的副部長夏衍。——最後兩方面「鬧」到中宣部，要求林默涵對此進行表態。

　　這三個方面的「對劇本……無法統一」的「意見」，便是《魯迅傳》的「後花園」，現在把「後花園」打開使讀者看到了真相。林默涵的表示，是調解三者矛盾的結果。他支持編劇陳白塵和導演陳鯉庭，宣佈夏衍修改的四稿不作定稿。實際上是支持了兩方而壓制了另一方。

　　林默涵是中宣部分工管《魯迅傳》文學劇本的。應陳鯉庭、

趙丹請求，林默涵在1961年8月12日晚7時在家中接待陳、趙。我隨行當場作記錄。

林默涵事先已有準備，作了《關於〈魯迅傳〉定稿工作》的長篇談話。記錄稿經林默涵審閱同意後，由文化部作為「打印號119號」文件打印。原件如下：

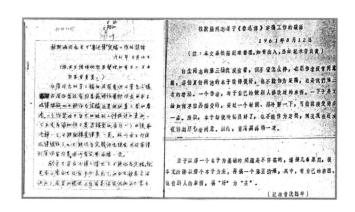

林默涵表態的原文如下：

林默涵同志關於《魯迅傳》定稿工作的談話
1961年8月12日

白塵同志的第三稿我沒有看，但不管怎麼樣，在原作者沒有同意前，哪怕夏衍同志的本子改得很好，也不能作為定稿，這是我們第三者的看法。一個作者，對於自己的被別人修改過的東西，一下子是無論如何不容易接受的，要過一個時候、再冷靜一下，可能就接受得多一點。所以，本子即使改得很好了，也不能作為定稿，何況現在還沒有得到原作者同意。因此，肯定要再搞一次。

劇本只有在這樣的情況下才能作為定稿：就是要白塵自己沒有多少意見了、他自己願意交給你們了，或者他雖然還有幾點保留，但他自己表示由你們去考慮了……，這樣，修改本是可以作為定稿的。現在白塵同志對修改稿有意見，覺得「不是自己的東西」了，在這種情況下，即使夏衍同志已經改得很好，也不能作為定稿──我們是不採取原作者還沒有同意時就定稿的辦法的。

荃麟同志也有這個意見，他寫了一封信，信內也反映了白塵同志的意見。白塵本來想和我談談，後來他覺得還是先向荃麟同志談一下的好。夏衍同志的改稿，荃麟、葛琴他們兩位都看了，他們都講改得很好，增加了很多生活的真實感，這是很重要的、也是很難得的。荃麟同志認為：既然原作者有意見，那麼讓他再搞一次。我把這封信轉給了周揚同志，在信上我按了一句：我同意荃麟同志的意見，可以肯定再給白塵同志綜合一下。

我同意夏衍同志的意見，有一些問題，如周揚同志所講的歷史的真實性問題等等，是要作為原則肯定下來，不管是誰寫誰改、也不管是什麼風格……都必須要遵守的。比如李大釗和魯迅的會面是不是有那麼多？他們之間的關係是不是那麼密切等等，這些問題不要有太多的虛構，這是涉及歷史的真實問題。（當然寫的都是歷史上的真人）因為這些方面牽涉到魯迅與黨的關係，如果提得太早，是不合適的。不僅讀者和觀眾看了會追問：「這是不是真實的？」而且中央有些負責同志看了也會提出意見的，很多「當事人」還在，他們看到以後很可能會說：「沒有那回事啊！」「不是這樣的啊！」到了這時候，問題就麻煩了。

寫魯迅和黨的領導同志如李大釗、陳延年這些人的關係，

一定要注意歷史的真實。如果確實見過面，那麼寫他們在這裏見或那裏見就不要緊了；如果事實上沒有見面、而寫他們不僅見了面，而且關係還很密切，那就不好了。因為這違背了歷史的真實。此外，對敵人的描寫也有個歷史的真實問題，也要有分寸，不能搞得太過份，不能與歷史的真實差得太遠。（比如對胡適之類，不要把他寫成小丑。）

總之，確實有這樣一些問題——主要是周揚同志講的問題，是比較帶有原則性的，不論誰寫誰改、也不管你是什麼風格，都要考慮、都要注意。這不關風格問題，不能說你的風格現實主義多一些，就要拘束一點；我的風格不同、就可以不管這一套。我們要夏衍同志改，也不是為了風格的問題。儘管各人的風格有所不同，但周揚同志講的這一些意見，要作為原則規定下來，不管誰改誰寫，都是要共同遵守的標準。這是屬於第一類的問題。

第二類問題：是關於魯迅這個人物的塑造問題。如何塑造魯迅的性格、這也並不涉及什麼風格的問題。決不能因為兩個作家有兩種風格而可以寫出兩個魯迅來，不同的作者可以從不同的角度來表現魯迅但魯迅終究還是魯迅，只能是一個而不能是兩個。比方說夏衍同志，他可能找一些生活事件、從比較平淡的方面來刻劃魯迅，這也是魯迅的風格。另外，白塵同志可能喜歡找一些比較強烈的事件來表現魯迅。這種情況在外國也有，比如契訶夫的風格是平淡的……而果戈理則不同。但無論如何，不管哪一種風格，寫出來的結果：魯迅還是魯迅。這裏也還是有一個客觀標準的。對這兩個本子我還沒有看過，也許在塑造魯迅的性格方面各有優缺點。魯迅是比較含蓄的，可能夏衍同志注意了魯迅含蓄

的特點；也可能白塵同志的寫得太露。

　　儘管很多人沒有見過魯迅，但許多讀者通過他的作品而認識了魯迅，「文如其人」，他的作品是最能把他的精神表露出來了。因此，魯迅的性格在每個人的心中都很鮮明。他最善於解剖自己、最善於把自己的精神突出。一部《魯迅全集》，最主要的是魯迅自己，是表現了魯迅這個偉大的人。魯迅這個人並不是不可知的，也因此，對魯迅性格的塑造上存在著一個客觀標準。儘管每個作者的風格有所不同，但塑造出來的魯迅、應該還是魯迅。這一點是要向作者說明的，當然，最主要的還是白塵同志自己，塑造人物，別人提供的材料，最好也總是間接的，最根本的問題在於作者自己。但是，白塵同志確實可以從夏衍同志的本子中吸收很多東西。我們很多人沒有見過魯迅，而夏衍同志和魯迅很熟，在上海時期和魯迅又比較接近，他能夠抓住魯迅的特徵，白塵同志可以從中吸收更多的東西。

　　第三類問題是關於生活方面的問題。這個問題也很重要。夏衍同志年紀大一點，熟悉當時的生活、也熟悉電影。他非常注意時代氣氛和生活的真實。葛琴同志也講：夏衍同志修改以後，生活氣息很濃，增加了很多生活的真實感，這是難能可貴的。白塵同志寫出了故事、夏衍同志幫助他豐富了生活。白塵同志可以盡可能地加以吸收，當然，也要注意吸收得自然。

　　這個問題也很重要，現在有一些電影就是太不注意這個問題了，缺乏生活真實感和時代氣氛感。周揚同志叫我們特別要聽聽川島這些人的意見，原因就在於此。他們熟悉當時的生活而我們不熟悉，但表現一定要符合當時的時代情況和生活情況。這雖然

不是原則性問題，但也是一個重要的問題。白塵同志完全可以自己創造，但更可以從夏衍同志的本子中吸收自己認為最合適、最有用的東西。

我看是需要有幾個同志去看看這兩個本子，然後提意見，可供白塵同志在綜合時參考。當然，你們兩位（指陳鯉庭、趙丹）和上海的（以群等）同志可以先和他交換意見。你們對兩個本子已作了仔細的研究，我們的意見和你們的大概也會差不多，大概也不會超過你們所提的範圍。但我們看了以後，意見是要告訴白塵同志的，不過不要等待，你們可以先和他交換起來。

夏衍同志的修改本原作者還沒有同意，也許可能其中還有一些缺點，即使毫無缺點，如果原作者不同意，就不能作為定本，但是對白塵來講，這個本子卻是對他的很大幫助，至少比我們提些原則意見要具體得多，何況夏衍同志對魯迅熟悉、對當時的生活又熟悉呢？今天葛琴同志也和我談起，她認為白塵同志過一個時候，也會更多地吸收夏衍同志所提供的許多好東西的。

大家都在等著《魯迅傳》，這個工作一定要搞好。

現在的問題，是如何使白塵同志能更多的吸收夏衍同志所提供的許多材料和意見，同時，也要讓他再聽聽別人的意見，使他知道夏改稿和他的三稿各有優缺，為什麼夏衍同志給他改得那麼多？這樣，他就可以更好地吸收夏改本中的許多好東西，更充實和豐富自己的本子。否則，他就會覺得不採用夏衍同志提供的似乎不大好；要採用則情緒上似乎有點「心有不甘」、有些不願意。而動手綜合——定稿時，問題會仍舊不能解決。

兩個辦法可以同時進行：一是先由攝製組、上海的同志、

創作組在北京的同志等先和他交換意見，意見談好了，就著手去改，不要等待。同時，我們也看本子，要爭取周揚同志看是很困難的了，他實在沒有時間。但我們可以找光年、荒煤、文殊等幾個同志看看，然後比較細緻地、具體地談一次。幫助白塵出點主意。荃麟同志也看過了，他非常熱心，他對所有的本子都看過的，開會時只要約他來好了，你們也可以先去聽聽他的意見。

這樣，就可以不要等待。鯉庭同志綜合的意見、趙丹同志的意見都很好嘛，可以先和他談了，讓他先動手改起來。在他改的過程中，攝製組可以和他配合，我們在適當時再和他把意見談一次，意見可能和你們的差不多，恐怕也不會有新的意見。但和白塵談了，使他感到問題意見「所見相同」，可能會增加一點力量。

文學本階段是以白塵為主，他同意了，才作為定稿，這一點必須肯定。我們不主張採取原作者還不同意時就定稿的辦法，但有一點也必須明確：改的時候，有幾條原則必須統一，必須貫徹。

我看目前兩個辦法同時進行，兩條腿走路。不然，一等就半個月去掉了。時間也要抓緊，兩個本子我都想看一下，尤其夏衍同志的本子我是一定要看的，他是花了很大力氣的。我盡可能爭取看得快一點。現在儘管還沒有看，你們的意見我都同意。你們不要等待，可以和白塵先談先動。我一回來，就約光年、荒煤、文殊等同志和他一起談。

至於以哪一個本子為基礎的問題是不存在的，遵照幾條原則，根本無所謂以哪個本子為主，再搞一個第五稿嘛，其中，有自己的東西、也有別人的東西，搞「好」為「主」。

（記錄者沈鵬年）

——於是，劇本創作因「意見無法統一」而「一波三折」的歷程，落下帷幕。

　　何謂「一波三折」？

　　波者，書法中的捺也。折者，筆鋒轉換的方向也。古代書聖王羲之題《衛夫人筆陣圖》云：「每作一波，常三過折筆」。稱讚她筆法細緻曲折、多姿多彩。因此古人往往將文章結構的曲折起伏，稱為「一波三折」。

　　也有比喻事情在進行中遇到很多阻礙曲折，也稱為「一波三折」。

　　《魯迅傳》的「一波三折」，是後者而不是前者。

　　一個劇目、同一個導演，先後寫出七個劇本，接連換了三位劇本執筆者，正是「一波三折」的艱難曲折。

　　三位劇本執筆者：葉以群、陳白塵和夏衍，精心結構的劇本都被同一導演「派斯」了。這在新中國電影史上是絕無僅有的。

　　他否定了葉以群的劇本，點名請陳白塵執筆；他對陳白塵的劇本不滿意，向周揚反映後請中國電影界德高望重的夏衍「出山」修改劇本。他對夏衍的四稿不滿意，又向中宣部告了夏衍一「狀」，說他把原劇本中許多情節「割愛」了——取得中宣部副部長林默涵的支持，由陳鯉庭和陳白塵再把劇本「綜合」一道。欲知詳情，請看本書第五章。

第五章　導演如願、兩陳
　　　　　（白塵和鯉庭）定稿
　　　　　（1961年9月－12月）

　　正如陳白塵所說：「《魯迅傳》文學劇本這個創作不是個人的東西，不是一般個人創作的任務。」是中共上海市委宣傳部「交辦」的一項創作任務。因此，1961年年初，二稿在《人民文學》全文發表，聽取北京大學、北京師大、復旦大學、華東師大、上海師大等高校中文系學生和中國科學院文學研究所、魯迅親友章川島、曹靖華等專家學者的意見後，白塵迅速修改寫出了三稿，市委宣傳部認為可以投入攝製。攝製工作開始啟動。

　　導演陳鯉庭以攝製組名義對三稿提出了許多意見。工作暫停。

　　陳白塵說：「三稿以後，我技窮了，請夏公（夏衍）潤色一下，再定稿。」

　　經中宣部副部長周揚請示周恩來總理，同意給夏衍創作假，修改劇本。

　　1961年8月8日，夏衍將奉命修改的《魯迅傳》上集文學劇本第四稿交給攝製組，請攝製組轉上海創作組組長葉以群及創作組成員杜宣、柯靈，並報上海電影局和上海市委宣傳部，聽取意

見、作出相應的決定，然後考慮下一步的工作⋯⋯。陳鯉庭未按程式向創作組通氣，亦未向上海電影局、市委宣傳部彙報。

陳鯉庭原來對陳白塵執筆的三稿所提的許多意見，陳白塵未能接受，陳鯉庭趁夏衍修改時一再要他接受，夏衍在四稿中雖然採納了一部份，卻沒有全部採納，陳鯉庭大為不滿。便在第二天（8月9日）以攝製組名義向夏衍提出異議，表示不能定稿，「要從長計議」。

　　　　夏衍說：「你們攝製組對三稿的許多意見和設想，我認為可用的，有利於塑造形象的，儘量採納了一些，因此對白塵的三稿改動多了一些。攝製組（即導演）所提意見中也有不少我不能接受，未予吸收。」

　　　　夏衍坦率地表示：「一方面要盡可能保留二稿、三稿的優點，這是創作組集體構思、白塵執筆的藝術成果；另一方面又想盡可能吸取攝製組的意見，因此我有一些妥協了的地方，如第三章李大釗與魯迅會見、第四章陳延年與魯迅會見等情節，細節方面的瘋子、虛構的魯迅學生張棣華在刑場結婚等，假如按我自己的想法，是可以割愛的。」希望向陳白塵作些說明。

夏衍對陳鯉庭提出請夏公根據攝製組的意見再修改一下的要求，明確拒絕。他說「我的時間和精力，不可能再做什麼了。」

陳鯉庭問「今後怎麼做？」

夏衍說：「除了尊重白塵同志的意見和聽取中宣部的意見外，要聽聽創作集體、創作組長葉以群等人的意見。最後，我認為還是要請示上海市委宣傳部。從劇本本身講，可能市委宣傳部要聽聽中央的意見，但是上影廠是市委直接領導的生產機構。劇本投入生產的時間、攝製計畫，市委和上海電影局是非管不可的。請市委石西民同志、市委宣傳部陳其五同志來決定今後的進程。」

夏衍在口頭表示後，專門發表關於四稿處理的長篇談話。

陳鯉庭為擺脫「僵」局，爭取陳白塵以作者身份配合他向中宣部反映；拉了主角趙丹要林默涵表態。得到林默涵的談話記錄後就趕回上海。

由於有了林默涵的談話記錄，他在上海便取得上海電影局等領導同意：由他和陳白塵最後定稿，但陳白塵應到上海修改劇本。

因為陳鯉庭對待夏衍四稿的態度和做法，使葉以群、杜宣、柯靈很有意見。以群說：「連夏公的改稿也難入大導演的法眼，我們不如夏公，大家工作很忙，無暇再為劇本做什麼了。」——陳鯉庭為了彌補創作組同仁的關係，便提出要白塵去上海一個短時期，既由白塵出面和上海的領導「接觸一下」；又可「搞好與這個劇有關方面的關係」。但陳白塵工作單位的領導邵荃麟、劉白羽不同意陳白塵去上海。為此，陳鯉庭又以「《魯迅傳》攝製組」名義寫了《「魯迅傳」定稿工作安排上的一點建議》，由導演的助手湯麗絢複寫後呈交中宣部林默涵，想通過中宣部的力量使白塵就範。原件如下：

原文如下：

一、陳鯉庭：《魯迅傳》定稿工作安排上的一點建議。

關於定稿工作該怎麼安排，上海領導上表示同意默涵同志對《魯迅傳》定稿處理的談話，請白塵同志再搞一道，同時再次希望白塵同志到上海去搞。荃麟、白羽同志亦大力支持，同意給白塵同志一、二個月時間的創作假，但是據說讓作者去上海的問題沒有答應，這一點小出進好像無關緊要，然而已經到了最後一次定稿階段了，攝製組不得不認真考慮一下上海領導上的願望（按：這是「挾天

子以令諸侯」的故技），作些分析，想些辦法。

　　我們考慮動手修改，乃至動手擬訂一個具體的修改方案（具體的場景規劃），都可以在北京做，一方面可以讓作者兼顧《人民文學》編輯業務，一方面遇到問題可以隨時在京請示，假如作協和作者都認為這樣做好，這樣做有利，上海領導上想來亦一定贊同。

　　但是在動手寫之前，特別是在醞釀構思方案的階段，讓作者去上海一個短時期看來是有必要的：一則可以和上海的領導，和上海的創作組同志接觸一下，聽取他們的意見，搞好與這個劇本有關的方面的關係；二則可以在醞釀構思上和攝製組緊密協作，充分交換意見，這是爭取真正的定稿，攝製組投入攝製時毋需再大改動的關鍵。（按：這是陳鯉庭的心裏話：定稿和拍攝時要對原劇本「大改動」。）

　　可知要白塵同志到上海去不僅是因為上海好客，僅僅為了給作者安排一個安靜的環境，亦還有「較深的用意」：就是爭取「關係搞好定稿落實」，這一點可惜沒有給荃麟、白羽同志申述清楚。

　　既不能讓《人民文學》行政上感到為難，同時亦考慮到上海領導上（按：不是「上海領導」而是陳鯉庭本人）希望白塵同志去滬的「苦心」，攝製組現在提一個折衷的建議：在醞釀構思《魯迅傳》新方案的階段，讓作者去上海一個短時期，目的已經說過了，時機由作者決定。（按：陳鯉庭死乞白賴定要白塵去上海的「苦心」，無非想借白塵的作者身

份，推翻原劇本而按照他的意圖重新寫劇本。）

這個要求如認為還可考慮，那末，我們希望徵得荃麟、白羽、白塵同志的同意，並且希望默涵同志荒煤同志能夠為我們招呼一聲、解釋一下。

《魯迅傳》攝製組
一九六一年九月二日

——陳鯉庭親自寫的這份《建議》，他的本意和目的已充分表述。由此可知：《上海電影志》所寫「對劇本的意見無法統一」，既不在市委宣傳部，也不在中央宣傳部，而在陳鯉庭與陳白塵、葉以群、杜宣、柯靈等創作組內部。這份《建議》可見端倪。

二、中宣部召集《魯迅傳》定稿問題座談會

1961年9月2日，林默涵代表中宣部召集「《魯迅傳》定稿問題座談會」。地點在沙灘紅樓的中宣部辦公大樓336室。原來邀請「《魯迅傳》創作顧問團」成員茅盾、邵荃麟、陽翰笙等同志，他們藉口「無空」、拒絕參加。林默涵親自打電話，只約到中國影協書記袁文殊和中央電影局局長陳荒煤二人。會議由林默涵主持，我當場作記錄。會上陳鯉庭把《「魯迅傳」定稿工作安排上的一點建議》呈交林默涵，林默涵說：「你們攝製組的工作意見，中宣部不管的，你們自己處理。」他看也不看，當場拒收。（會議的原始記錄和列印件的原件如下）

　　定稿問題座談會開始時，陳白塵對他與夏衍修改四稿的不同意見作了說明，內容和他向林默涵的彙報基本相同。這次是向陳荒煤、袁文殊申述。為保存歷史原貌，未作刪除。座談會記錄全文如下：

林默涵同志召集關於《魯迅傳》定稿問題的座談記錄

時間：1961年9月2日下午

地點：中宣部大樓336室

出席者：林默涵、陳荒煤、袁文殊、陳白塵、陳鯉庭、趙丹

陳白塵：

　　三稿以前，夏公幾次談到：「稿子出來後，可以幫助出一點主意」，談得很愉快。三稿以後，我技窮了，也想請夏公潤色一下，再定稿。當時周揚同志、默涵同志沒有時間看，也要夏公改一改。我當時完全同意的。因為這個創作不是個人的東西、不

是一般個人創作的任務。夏公四稿改出後，我看了感覺問題還不少，有些苦悶，感到意見不好提。和夏公的關係二十多年交往，他是出於幫助才動筆的，況且是由我完全「授權」的，現在改了又有意見，頗為難。再有一點，這也是周揚同志指定請夏公搞的，提了意見是否牽涉更廣？因此當面沒有和夏公提，向荃麟同志處反映了。第二天與攝製組談了（按：事實是攝製組先向他談的），他們也有一些意見，覺得稿子不能這麼定下來，還要從長研究。既不能定稿，夏公又要脫手了，若是我不管誰來管呢？所以本意並不是我自己要再來搞一次定稿。現在弄出一種不好的印象，或者誤會為夏公把陳白塵的稿子改壞了；或者說陳白塵不虛心、不接受意見。如果發生這兩種印象，都不是真相。

夏公的稿子是改好了，但是還有一些問題。劇本好似四間房子，夏公在內部拆修了，改好了，更漂亮了，但是我進去還不習慣，有點摸不清門路了。夏公自謙：可在時代氣氛、語言上幫忙，實際上是在歷史真實性上、魯迅性格上都改好了，這是我怎麼努力也達不到的。這些好的地方是應該肯定下來的，成功是主要的。以後不管如何改，這些地方都應定下來的。

我說還有意見，主要是不習慣。我的不習慣有兩方面，一是改對了，還沒有摸著門路；一是對材料的理解上和使用上還有分歧。分歧有兩點：一是一些具體事件、情節的處理上：如李大釗與魯迅見面、胡適與魯迅見面，夏公避開了我的缺點但是又有了新的缺點。如現在胡適與魯迅一次都沒有照面，但事實上是見過面的，在《新青年》還一起開過會。背對背，歷史真實性上抓不到辮子，但是戲劇性就更少了。在第一章裏，魯迅與章介眉也

沒有照面，我同意這樣處理更真實。但歷史真實也有兩種：一種是專家要求的歷史真實；一種是普通觀眾從魯迅作品中所理解、所幻想出來的真實。在這方面有些分歧。其次攝製組同志提了些意見，有些意見和設想我接受了；有些接受不下來，感覺用不上去。夏公接受了他們很多意見，但有好些地方感到是勉勉強強接受的。如《狂人日記》之前有個狂人出現，我就不大同意。事實上「狂人」不是狂人，是個最清醒的人；還有孔乙己、祥林嫂，以及張棣華犧牲時的圍巾，（圍巾情況複雜，又不能說明什麼問題）……這些方面我對攝製組同志亦有意見，是他們勉強夏公接受的。

主要這麼兩點，第二點還好辦，難在第一點，分寸的掌握上很為難。周揚同志指示過要注意真實性，我頗有顧慮，提出了是否會被誤解為不贊成周揚同志的指示？其實，三稿之所以能比前兩稿有進展，主要還是接受了周揚同志的意見：歷史真實性和魯迅性格刻劃的問題。這兩點我完全同意，問題是我在三稿中改得還不夠徹底。

這幾天與攝製組又討論了一下，是在我的稿子的缺點的基礎上談的，談後感到問題比夏公估計的還多一些。編、導、演共同的認識是：過去搭的架子是辛亥革命中的魯迅、五四運動中的魯迅、三一八運動中的魯迅、二七大革命中的魯迅，雖然也研究過魯迅思想的發展，但是還很抽象，沒有做到以魯迅思想發展作主線。從《魯迅傳》的架子來說，應該是以魯迅思想的發展作主線的，而不是幾個運動中的魯迅。篇幅長的問題亦由此產生，如以魯迅思想發展的為主線，有些事件可以略去。過去有些滿足於

外在的材料，例如魯迅和王金發的關係，現在看來，可能成為贅疣。必須從許多歷史事件中跳出來，否則要失敗。有些材料上的空白點，明明知道該寫，又感到不好怎麼寫，創造又沒有根據。幾稿以來，以這次信心最不足，有些彷徨，所以想請幾位談一下，底下到底怎麼搞？例如寫文學家的魯迅，一定要寫《狂人日記》和《阿Q正傳》，寫出這兩部作品的成因，不寫不足以成為文學家的魯迅，但是究竟如何寫？還有困難。如果按魯迅思想發展來寫，魯迅和胡適、李大釗的關係可能避開，但是見面還難免的。第三章寫得不好，是為了避開章士釗，魯迅許多文章針對章士釗，成了無的放矢。總理早就指示不要碰他。現在可不可以用一個假擬的名字，也不諧音，寫一些。但如請示總理，又較困難。

現在一定要夏公再來動手，有困難，我一定不動手，也是矯情。我動手，還得爭取夏公的幫助，不要因為有分岐，他就不管了，這樣就是損失。

林默涵：

夏衍同志並沒有因白塵同志不同意而不滿。這很自然，每人個都希望自己的本子差不多了，改動不要太多、與自己的設想能夠一致。夏衍同志亦很自然，他改過了，也可能以為差不多了，改的地方，總是認為必要改的。這都是很自然的。改得多了，白塵拿來看了不習慣。這也不是不虛心的問題。即使寫篇論文，人家改多了，也是這麼感覺。因為這些東西都代表了作者的思想。兩個作家，構思不同，思路不同，有些不一致，一點不奇怪。

夏衍同志改得好了一些，也是在白塵同志的基礎上改的，如果沒有這個基礎，不可能半個月內寫出這麼個四稿。當然也可能有改得不一定很好的地方。夏衍同志能做大的改動，一方面是他積極負責；另一方面這個本子寫魯迅，他對魯迅有他的看法，因此他這麼改。如果寫的是另外的題材，他也可能不贊成原來的寫法，但是不一定會這麼改。

今後怎麼辦？並不是因為白塵不接受、要重改一遍，主要是為了把本子改得更好。經過夏衍同志改了一下，對於把它搞得更好提供了更有利的條件。經過原作者再改一道，可能改得更好，並不是為了照顧白塵的情緒。

陳荒煤：

白塵擔心的問題不成其為問題。我同意默涵同志的意見。

看了四稿確實有些改進，夏衍同志原來也不想改得很多，現在看來，改動大的主要兩點：1、歷史真實，2、人物性格，這是根本的兩點，牽一發而動全局，所以改動是大了一些。此外時代背景、電影手法等方面也改了一些。客觀看來，還是那四間房子，只作了些拆修。總的印象：有的問題解決了，有的問題還沒有解決。

歷史真實方面，他回避了一些面對面的鬥爭，如和胡適的鬥爭以及和李大釗、陳延年的關係問題，這些修改應予肯定。魯迅與李大釗的見面確實難寫，上海的意見：認為寫得魯迅對很多東西不知道，有損魯迅的形象；寫得他什麼都知道，也不行。把魯迅與李大釗同志的關係寫得不像是黨的領導者和要做工作的對象

的會面，這是改得好的，合乎事實。胡適方面改得多的主要是編輯會議「分裂」的一場，我是同意的，原來的材料不太充分。背對背也還是可以把戲寫得更好一些，不一定是非要正面寫不可，避掉是好的，但避掉後還可以加一些東西。從《人民文學》稿發表起，有些人就懷疑：把魯迅提得高了一些，他與黨的關係是否很早就那麼密切？青年同志有這樣的看法。總理也說按真實寫不要提得太高了。從歷史真實考慮，一方面承認他是偉大思想家，一方面亦應給予歷史上真實的評價。我的想法：魯迅研究者很多，不要使人以為我們在魯迅這樣一個名人死後，故意把他提得高些。

與歷史真實問題相聯繫的是魯迅性格問題。過去寫得火爆了一些，劍拔弩張的時候太多，三個歷史階段，他都站在最前列。人物性格也和歷史真實有關，這樣寫魯迅性格亦不太準確。夏衍同志按照周揚同志指示的精神和同志們的意見改了，他在時代氣氛、生活氣息方面加了些細節渲染，這是好的。有些地方也還可以商榷的，例如魯迅與胡適的鬥爭，可以不一定面對面地寫，但是戲夠不夠？的確是個問題。大釗同志的出場，現在感到份量不夠，因為三稿中主要寫他與魯迅的關係，現在去掉了這條線，出場的機會少了，戲也少了。雖然他在《魯迅傳》中不一定化很多篇幅，但究竟是個重要人物，現在看來像過場人物。又如魯迅與胡適的思想鬥爭是很激烈的，應該如何表現？現在雖然克服了一些缺點，還沒有能以新的東西補充。從電影藝術的表現來看，有些手法還比較簡單，表現時代就是報紙疊印掉日曆……手法嫌舊了些，還可以再作進一步的加工。

總的說來，四稿有了提高，但還可作繼續加工。篇幅也是個問題，還不夠緊湊。鑒於夏衍同志身體確實不好，再拖他搞也太殘忍了，還是白塵再改一下。

　　三稿到四稿有所進展、充實，但是還有些根本性問題沒有解決。藝術片究竟怎麼表現魯迅這個人物，是個根本問題。白塵同志自己也談了是辛亥革命與魯迅、五四運動與魯迅、三一八事件與魯迅等等，這四間房子當初搭來亦煞費匠心。但既叫「傳」，就脫不了編年。如五四運動的一章，篇幅很長，導演分鏡頭可以分到四百個左右至少要拍四本。五四運動不能與魯迅沒有關係，但表現魯迅的思想與性格，究竟應該選擇什麼細節，這是個關鍵性問題。從三一八這場戲看，真正動人的只有點名和送葬的幾場戲，這才與魯迅性格相符合。五四這一章總覺和魯迅關係不大。

　　還有一種感覺，魯迅在各種場合中和許多人談話、上課，除了李大釗比他高以外，許多人物都比他低，因此總感覺他沒有個對手、沒有交心、沒有能給他一些抒發感情的機會，因此不親切。著重寫他的戀愛，當然不好，但是和許廣平的關係還可以寫得充分一些。要著重寫他的思想、情感、性格，不能光寫大事件，大的事件作為背景，這樣篇幅才可以下得來。現在劇本是敘述性多，概括性少。

　　今後的工作，要吸收四次稿子的經驗，過去是集體創作，大家談一談、搭架子，由作者去寫。這一次是否先搞個修改提綱、或者方案、或者場景規劃。如果大改，把四間房子完全拆掉，恐怕比較困難。是否只刪掉一些場景，去掉一些枝節，突出魯迅這

個人物，通過人物的精神面貌反映時代。對今後工作，我傾向先把意見統一了，搞一個修改方案，然後再寫。

生產方面還應搞好後再拍，這部影片不能按一般的年度計畫來要求，這些事是急不得的，拍《魯迅傳》是件大事情，不能把魯迅搞成一個概念的人物。不是歷史的記錄，而是要塑造這個人物。同時，拍《魯迅傳》應該是比較一勞永逸的事，一定要下決心搞好，一、二十年以內不可能再拍《魯迅傳》了，將來的青年作家也不可能會比我們這一代理解得更多，即使將來再拍，但也是許多年以後的事的。（默涵插話：也要考慮魯迅是否需要拍那麼多？）

修改的原則是塑造魯迅性格，把魯迅的性格更突出一點，現在作者認識提高了，是大有可為的。

袁文殊：

三稿比過去有很大進步。問題是歷史真實和人物性格問題，還有些生活真實性問題，四稿在前幾個問題上基本上找到了門徑，我對第四章最滿意，主要是人物和時代結合起來了，人物採取了積極的行為，主人翁站起來了。魯迅與許廣平的關係比較自然了一些。這些方面都有所進展。魯迅創作的生活基礎，最好在第一章裏有些埋伏，現在還感覺第一章太淡，許多事件和魯迅沒有關係，章介眉等人在情節上如何和他結合得緊一些，現在有些東西，沒有正面出現，和魯迅缺乏直接接觸。

另一個問題，提出以前曾考慮再三，怕人家說取消派。即魯迅與胡適這些人的關係究竟怎麼寫？現在劇本中客觀事件，和魯

迅沒有直接聯繫的事件太多了，如寫胡適的、寫五四的、寫《新青年》的、寫三一八的、寫陳源的、寫段祺瑞的……這些與魯迅的關係都不大。把主人翁放在一邊，會不會使人以為那邊轟轟烈烈，而魯迅還是那麼個狀態。寫了胡適進步的一面，會不會在青年中造成錯覺：魯迅許多運動都沒有參加，而胡適倒還不錯？是不是把這些東西去掉一些。胡適起進步作用寫得多了一點，後來，就是陳西瀅搞鬼，而他則在旁點頭而已。是否這些少寫一些？當然，歷史真實是主要的，但應從魯迅角度帶出其他人物來。

四稿對時代背景、生活氣息提供了很多東西，但有些細節上漏洞不少。有些地方，前面沒有交代，如寫《藥》的問題：遵前驅者之命，裝點些歡容，在最後——填上一個花圈。前面就缺乏伏筆，看來改時還太匆忙。

林默涵同志插話：

「遵前驅者之命、裝點些歡容」——還是從魯迅整個思想情況來說的，不能那麼具體。

趙丹：

現在有些情節不是人物性格而產生的。傳神，神到底是什麼？傳記一方面是歷史真實，又要鑽得深而跳得高。有些不是非常有根據的東西，可以避一些。不是不寫李大釗和魯迅的關係，李出場不在多，而在於有份量。怎樣把魯迅這個原始的人的形象變成藝術形象？想破想立，我是支持白塵同志跳出原來的基礎，不一定在這個基礎上改。

現在的本子寫滿了，擁擠了，沒有給演員留下創作的餘地。

陳白塵：

第一章抓了魯迅一些材料，魯迅少年豪情，決不是後期的形象。我想先這麼寫，五四以後變了，以表現他的冷實際是熱。

想跳出來，感覺資料不多。魯迅是個早期啟蒙運動者，研究國民性，是對國家前途的憂慮，他是反封建的，參加五四，就為了反封建。胡適不反封建，他就反對胡適。

陳鯉庭：

現在第一章孤立了，要把一、二章打通。第一章要伏下兩筆：封建勢力的統治、寫出魯迅和舊社會勢力勢不兩立；還有，要伏下辛亥革命失敗的一筆。文學家的魯迅為什麼而戰鬥，前面必須要有伏筆。《新青年》的形成與分裂，也要和魯迅的當時的寫作有機結合，也要打通。

陳白塵：

《阿Q正傳》如何表現？荃麟同志主張主要強調辛亥革命的失敗。便如果一點都不接觸到國民性的問題，也不全面，也不宜全避開，但在表現上則有困難。

陳鯉庭：

阿Q的含義，不能在《魯迅傳》中全部解釋清楚，只能將主要精神，從魯迅的思想角度來寫。

我們關心的是本子怎麼動、工作怎麼安排。我覺得應該更有信心，要接受四稿的經驗。

　　本子怎麼動？四次稿子的經驗，認識到不該有史詩癖、求全，離開了人物來反映。對魯迅的思想性格、思想形象摸得不夠。每個歷史時期魯迅的思想形象有什麼不同？少年豪情能不能抓準？第一、二章比較空。五四時期，他消沉抄古碑，但同時不斷把《新青年》寄回去，十本十本地寄，他的思想有了寄託。在《吶喊・自序》寫的關於「鐵屋子」的那段話不是他當時的思想，而只是他的一種感慨，這是一種感情的語言，不能單從表面上看，不能以此當作他當時的具體思想，若據此直接反映在銀幕上更不行。所以有些材料若不仔細研究就會差之毫釐、失之千里。我們在摸他的心情，五四時期他化名寫些雜感，甘為馬前卒，這個品質很好，沒有發揮。魯迅的光輝之處、令人感動之處，五四時期並不是沒有。要摸他的思想形象，不能滿足於批評家的概括。我們就這麼些材料，訪問了一百多個人，沒有什麼新材料了，問題在於對材料沒有很好的推敲。時間匆促、蒙頭搞。

　　關於定稿工作，上海領導上指示我們要仔細研究中宣部的原則指示，等著聽取周揚同志、默涵同志的具體意見，希望白塵同志這一次到上海去搞。至少在動手寫之前，特別是在醞釀構思方案的階段，短期去一下上海，看來是有必要的。

　　林默涵同志插話：

　　白塵在工作上離得開嗎？

陳白塵：

工作上問題比較麻煩。我想不離開北京，但也不在家裏。《人民文學》的方針等大問題交給白羽同志，稿子我還要管，一個月的時間太匆促，頂得太緊、搞不好。目前沒有必要去一下上海，鯉庭同志也是創作組人員之一，把意見帶來就行。上海創作組的一些同志也都是忙人，沒有時間鑽材料，也不可能開會暢談了。（按：鑒於以群等同志有意見，為了避免見面的尷尬，白塵當然堅決不去上海。）

林默涵同志的總結發言

三、四稿兩個本子都看了一部份，是在筋疲力盡的情況下看的，都沒有看完。我是將兩個本子對照了看的，但看時斷斷續續，有些地方反而攪混了，——究竟哪個情節是出於哪一個稿本上的？都記不清了。後來就索性不看了，具體問題還是讓作者自己去考慮、決定。我們只能提些原則的意見，即使作者自己對他精心創作的東西，往往在最後還是要有所捨棄、甚至不得不犧牲一些好材料，何況別人提供的材料？

我同意鯉庭同志講的有信心。現在有一點是一致的：即怎樣更好地表現魯迅這個人的性格和思想。

白塵同志寫出第一稿後，大家看了比較滿意。凡事都有一個過程：原來感到魯迅難寫，看了初稿，感到還有戲劇性、還有情節，比想像中的順暢。但後來又逐漸感到不滿意了——是發展中的不滿意。在進一步要求把魯迅這個人物性格刻劃出來、要求更富於戲劇性⋯⋯就感到不足，有些地方不太像魯迅，有些地方

還不夠真實。不僅我們感覺如此，作者自己也慢慢感覺到了。從這一點上說，還是有信心的：大家的認識接近了，也提高了。其次，材料已經掌握了很多，現在的問題是如何使用這些材料？第三，許多同志熱心地提了很多意見，特別是夏衍同志，更具體地提供了許多素材，提供了時代氣氛和生活氣息等方面的材料。從這幾方面看，現在應該更有信心，應該可以搞出更好的本子。寫作上一般的規律都是如此：最初寫出來時，自己總比較滿意，但不一定就是好文章，修改時也一定會感到有許多困難……即使寫一個報告，要一下子搞好也不容易，何況是寫劇本，更何況是寫魯迅？所以不要太急，但又不是停工；是積極的，又不要太受時間的限制，目的是搞好它。這一點，你們回去要向上海市委說，要講清楚，免得拍出以後再返工。

怎樣搞？首先要打破舊框子。過去幾稿，包括現在的四稿在內，都是在老框子的基礎上改的。現在可以再設想一下，不必太拘泥於舊框子。我是同意先否定舊框子，另找出路。可能想來想去，寫出來還是與原來的框子差不多，也可能找了許多路，還是感到舊框子好，又回覆原來的架子，那麼，將證明舊框子是經過考驗，是比較合適的了，但是先否定一下，又有什麼不可以呢？現在的四大章，事件交代太多，這些事件不管與魯迅的關係多少，都作了交代。有些以事件為主，而不是以人物為主了。現在反正材料都掌握了，可以帶著革命的精神來修改，同樣的材料，也可以不一定蓋原來的四間房屋。（按：林的這段話，是陳多次向林談過的。這是受陳鯉庭的影響。）

魯迅是難寫的。他的性格很深刻、也很複雜。從他的發展

講，各個階段也各有不同。原先是很有豪情的，「豈有豪情似舊時，花開花落兩由之」。後來經過一番折磨，「見過辛亥革命、二次革命、袁世凱稱帝……看來看去，就看得懷疑起來，於是失望，頹唐得很了」。表面上看來有些消沉，實際上是冷中帶熱。他很複雜，有時候甚至看來是矛盾的。有一個時期，他確實看不到前途，但他仍然鬥爭。「打破鐵屋子」那段話，剛才鯉庭同志講的對，實際上是表達了他對「鐵屋子」很深的仇恨，意思是說有些人即使清醒了，還是打不破這鐵屋子。這表明了他對舊社會的憤慨，仇恨深得很，並不是不主張鬥爭。所以，即使在他一時還看不到新社會的前途的時候，他還是堅持鬥爭。每一個人的腦子裏都有一個想像中的魯迅，但都不像作者那樣要感性地認識魯迅的。看來要一稿寫成功是不可能的，因此，反覆幾稿，甚至再多搞幾稿也不奇怪。

究竟怎麼改？別人不好提意見，別人提的意見也只能由白塵同志去斟酌。但有幾點是共同的意見，需要考慮：

第一，是歷史真實性的問題：一是具體事件真實不真實？如魯迅與李大釗見了幾次面？談了什麼話？和陳延年見了面沒有？等等。讀者以至黨的負責同志都要問的；還有是魯迅性格的真實，合不合他發展的情況？不要過早地把他的覺悟寫得太高了，不要寫他過早地與黨的關係就非常密切，否則會令人感覺：為什麼他不入黨？同時這樣寫，也表現不出這一代知識份子痛苦摸索的道路，魯迅這個人物也就不真實了。因此，這個真實性更重要。這個問

題不管誰寫，都應注意。

對敵對人物的描寫，是寫正面鬥爭還是寫背對背鬥爭？這個問題不是最重要的。既然胡適要出場，與魯迅見面也未始不可，只要見面見得好、衝突得自然。如果有困難，也可以背對背寫。對敵人的描寫也要合乎分寸，不要用簡單的辦法醜化。也應該與塑造魯迅性格結合起來，歷史真實與魯迅性格是密切聯繫的，不是兩回事。

第二，還應該打破一下舊框子。荃麟同志也有這個意見。現在四間房子容易以事件為主，而且容易擁擠、沒有重點。叫做《魯迅傳》童年就沒有寫（按：這也是陳鯉庭的影響），有些部份還可以去掉一些東西，不如叫《魯迅》。寫他這個人，辛亥、五四都可以寫——寫他在這個時期的幾件轟動人的事，而不是去寫那個時代的事件。主要寫人、寫生活，時代的大運動可作為背景來寫。如火燒趙家樓……可以少寫一些，而多寫人和思想。著重地寫三、四章：三一八和四一二兩大事件。這兩個事件對他思想的發展有很大作用。三一八很動人，是他對舊社會的控訴，他寫的《紀念劉和珍君》不亞於左拉的《我控訴》。四一二也應該寫，他原先寄希望於國民革命，但大革命失敗又給他以挫折。總之，要犧牲一些東西，要有重點。按現在的劇本，每個時期都可以自成為一部電影，要在一部片子中容納這許多內容是太擁擠了。

第三，魯迅是文學家，但他也參加了社會鬥爭，還有是兩面。也可以只寫社會鬥爭，如左拉的《我控訴》就沒

有寫他的創作活動。《格林卡》則寫了創作活動。我們兩方面都要寫。作為作家的部份怎麼寫？無非寫他怎麼形成創作和作品的社會影響。前者不能寫得太實，不能寫成好似在解釋他的創作過程。不能寫得太具體，只能寫社會給他的印象，不一定有一個具體的人。若是生活中真有這樣一個人，作家也就這麼寫了，這就忽略了作家的概括意義。他自己也聲明：作品人物沒有具體模特兒。否則，無所謂創造典型了。事實上沒有阿Q，這是藝術中的人物，而不是真的和他交往的人。要寫出社會的情況給他以影響，使他寫出了這些人物。

第四，夏衍同志改的，有些寫生活的，反映時代背景的東西，可以多採用，當然，也要自然地採用。現在我們的電影中還缺乏那些東西，包括《青春之歌》也缺乏反映時代氣息的東西。

第五，要刪掉一些東西，要突出重點。現在的電影話劇都還不是有松有緊，鬥爭的和抒情的相結合，這是個通病。頭緒要單純一點，使之有些波瀾，有張有弛。又緊張又抒情。要富有詩意，不論在畫面上、人物上、情節上都應有些詩意，魯迅也是個詩人，所以要大砍、要破。

以上意見供參考。現在不宜於多開會，應該讓作者多考慮，意見太多，反而影響作者思路。讓作者思索、醞釀，多看些魯迅作品，也看些有關材料，還應該多讀些詩。我看現在可以不必先去上海，去上海又得開會。可以醞釀好了再去，或者由鯉庭同志

帶著醞釀結果去上海徵求意見，免得作家自己聽到一大堆意見後，不知所從。至於時間問題可以再商量，一個月不夠，還得搞下去，總之這件事不能半途而廢，搞好為止。

去不去上海的問題，我看向上海還是可以說清楚的。我們談的原則意見他們一定會同意的。具體的意見大家一時也恐怕難於提出來，還是你們攝製組研究得仔細些。

現在不要感覺《魯迅傳》搞了很長時間，似乎有些浪費了。實際，作為《魯迅傳》這樣一個題材來講，時間還不算太長，不能說是浪費。

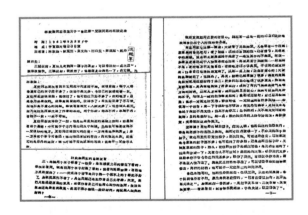

中宣部召集的這次座談會使陳鯉庭一度面臨的「僵局」基本上打開了。這是他多次直接找林默涵彙報意見、取得林對他「好感」的效果。

所謂「第一夫人」在毛主席面前曾稱陳「是大導演」的流言林默涵也聽到了，有一次要我作記錄的間歇，林單獨問過我。

我對林默涵說：「毛主席並沒有稱陳鯉庭『是大導演』。這是訛傳。我親耳聽見陳鯉庭對趙丹、夏天是這樣說的：

當時陳鯉庭去西北經過延安時，江青向毛主席介紹說：『這是我的老朋友，大導演陳鯉庭。郭沫若在重慶寫的《屈原》就是他導的。』毛主席握了陳鯉庭的手。並沒有稱他什麼『大導演』。這是誤傳。」

林默涵說：「那麼，江青確實說過陳鯉庭是她的老朋友。」

我說：「我只是聽陳鯉庭對趙丹、夏天這樣說的。」

——因此，林默涵對陳鯉庭刮目相看。

到了2002年，北京《人物》雜誌一位作者去訪問陳鯉庭，寫了《中國話劇與電影的最後元老》，陳鯉庭也說了同樣的話，原件如下：

中国话剧
与电影的
最后元老

关捷

上海冬日的阳光，照进这座老式洋楼，暖在三楼临窗的老人脸上。老人手里拿着一本最新一期的《小说月报》。他有稀疏的白发，有柔和的表情。眼睛里还有光芒，那光芒让人一下就想起智者。见客人进来，老人笑了。

"我今年93岁。"他很年轻地起身，又很年轻地坐下。太不像一个年逾九旬的老翁了。

这就是中国话剧与电影史上的泰斗级导演陈鯉庭。

后来，陈鯉庭到延安的时候，江青向毛泽东介绍说："这是我的老朋友，大导演陈鯉庭，《屈原》就是他导的。"毛泽东一下想起来了那部轰动全国的大戏，他紧紧地握住了陈鯉庭的手。

148 《人物》2002年第4期

這篇訪問記寫道：

「上海冬日的陽光，照進這座老式洋樓，暖在三樓（六樓）臨窗的老人臉上。……他見客人進來，老人笑了。說

『我今年93歲』。……這就是中國話劇與電影史上的『泰斗級』導演陳鯉庭。……陳鯉庭到延安的時候，江青向毛澤東介紹說：

『這是我的老朋友，大導演陳鯉庭，《屈原》就是他導的。』

毛澤東一下想起來了那部轟動『全國』（按：應是重慶，不是全國。當時大半個中國的領土被日本侵略者佔領。上海、天津、北京等大城市都在日寇統治下，說『全國』太誇張。）的大戲，他緊緊地握住了陳鯉庭的手。」（見2002年《人物》第4期第148頁）

——這是距1961年的四十二年後，陳鯉庭仍然在談這件「光榮」史，可為我當年耳聞的佐證。

在座談會上，林默涵對陳荒煤、袁文殊、陳白塵的發言沒有公開表態，唯獨對陳鯉庭一再予以肯定和支持。林默涵說：

「我同意鯉庭同志講的有信心」；

「鯉庭同志講得對」。

甚至把陳鯉庭多次向林默涵反映的意見，林以「中宣部指示」的口氣宣佈：

「怎樣搞？首先要打破舊框子。」「不必太拘泥於舊框子。我是同意先否定舊框子，另找出路。」作為定稿的第二條原則，宣稱「第二，還應該打破一下舊框子。……現在四間房子（即原劇本的四章）容易以事件為主，而且容易擁擠、沒有重點。叫做

《魯迅傳》，童年就沒有寫……。」──原來陳鯉庭在創作組提出遭到葉以群、陳白塵、杜宣反對的意見；向夏衍提出後又遭到夏衍公開在會議上反對的意見，這一次由林默涵以「中宣部指示」下達了。──這是陳鯉庭很大的「勝利」。

葉以群、杜宣、柯靈從此採取回避，不願對《魯迅傳》定稿發表意見，通知「開會」都推託「無空」而缺席，良有以也。

三、西頤賓館兩陳（白塵、鯉庭）討論「定稿」

據人民出版社2006年出版《在中共高層50年──陸定一傳奇人生》：「60年代初期，陸定一花了很多的時間和精力進行教育改革的探索。」這是中央給中宣部長陸定一的重要任務。中央對中宣部副部長周揚的任務，是要他負責高校的文科教材。至於《魯迅傳》劇本的審閱，則由新提升的中宣部副部長林默涵兼管。因為《魯迅傳》劇本「定稿」由林默涵兼管，陳鯉庭得到林默涵支持，便在北京和白塵一起搞「定稿」了。

《魯迅傳》劇本的創作和修改，本來一直住在中共中央組織部的翠明莊招待所。這次搞最後一次的定稿，住進了更高級的原由蘇聯專家住的西頤賓館。陳鯉庭的助手湯麗絢後來在揭發陳鯉庭的書面材料中寫了這件事。原件手稿如下：

湯麗絢的原文寫道：

> 　　陳鯉庭去北京修改劇本幾次，每次都住翠明莊。翠明莊是中共中央組織部的招待所，以攝製組的名義去借是困難的。因此，陳鯉庭每次去北京以前都給夏衍的秘書發電報，要他聯繫好翠明莊。後《魯迅傳》劇本修改五稿（即定稿）時，陳白塵提出翠明莊在市區，找他的人多，不能集中精力修改劇本，要求住西郊的西頤賓館。陳鯉庭為此專門飛回上海，要楊仁聲（上海市委宣傳部副部長兼上海電影局黨委書記）點頭。住西頤賓館後房租很貴，甲級的要每天9元，丙級的要每天5元5角，伙食費要每人每天2元，這樣的生活水平，完全是高踞於勞動人民之上。（按：陳白塵、陳鯉庭、趙丹住甲級；夏天、沈鵬年、湯麗絢住丙級。）但他們還不滿足，如供應香煙，當時一般勞動人民都是每人每月幾張（不滿10張）香煙券。他們是10天9包煙（高級煙中華牌）。還不滿足，要10天10包

——15包。他們晚上以煙作為賭博。（按：導演和主演晚上打橋牌，以香煙作輸贏的賭資。）

在西頤賓館修改劇本時期（二個多月），陳鯉庭因（妻子）毛吟芬懷孕（當時國家經濟困難，副食品供應緊張，各地餓死人。陳為妻子改善生活營養）特地讓毛吟芬請假去北京休養。為了毛吟芬去，陳鯉庭就必須一個人住一間房。

湯麗絢

住進西頤賓館以後，陳鯉庭首先提出：「怎樣打破四間房子（即四章）的舊框框，先否定舊框子，另找出路。」

聽了「否定舊框子另找出路」，趙丹提出：前面可以增寫魯迅的童年；中間可以寫魯迅那種「紹興師爺的通透、機敏、幽默、厲害、挖苦和自尊。」

趙丹說：「我在紹興訪問了昔日閏土的後代，踏遍了紹興的山山水水。從百草園、三味書屋，到划烏蓬船、聽社戲、偷豆子、糊風箏，我都細心琢磨，似乎重新回到了童年。回到上海我在洋樓下面捉蟋蟀，並去買來了蛐蛐罐和叫蟈蟈籠……。當時劇本上沒有寫也擋不住我想啊，我想得越具體越豐富，人物才能越飽滿。——現在默涵提出『先否定舊框子另找新路』，我們可以增寫一章魯迅的童年……。」

夏天（副導演）不同意趙丹的提議。他說「原來四間房子是精心結構，不是茅棚草屋，不必推翻重建，勞民傷財。我也不同意增加『魯迅的童年』，要拍兒童片，上影拍過《雞毛信》、

北影拍過《小兵張嘎》、解放初期還有《三毛流浪記》……同我們的《魯迅傳》是不同範疇的影片。我們塑造魯迅的藝術形象，是面向廣大觀眾，不是面向小朋友……。在《聶耳》影片中，阿丹演聶耳，我演明月歌舞團的班主黎錦暉。銀幕上聶耳報考歌舞團，班主問他幾歲？趙丹答『十八歲』，引起觀眾哄堂大笑。阿丹假如扮演童年魯迅，整個《魯迅傳》的氣氛也被破壞了。不同意增寫魯迅的童年。」

在討論中，趙丹愛「跑野馬」，他認為豐富魯迅的性格，不要忽略「紹興師爺」。趙丹說：「一方水土養一方人。紹興師爺是紹興文人參與朝廷大小政事、代代相傳的傳統。魯迅說當幕友。乃地方特色，有著歷史文化以及血統淵源的。秋瑾是才女參政，魯迅之筆亦屬參政之筆。他不入朝，比入朝還厲害，並自由得多。他寫的雜文比政論還有力度，覆蓋面更廣闊。他悟得紹興師爺的通透、機敏、幽默、厲害、挖苦和自尊。師爺者，政治參謀也——風骨入髓。上海評彈團的張鑒庭說評話《紹興師爺》，將紹興師爺說得出神入化，風靡江南一帶。我曾親赴石門一路評彈團虛心『拜師』，討教經驗。——這對豐富魯迅性格可以借鑒。」

夏天說：阿丹又要「跑野馬」了。毛主席要你多讀魯迅著作，把魯迅演得有點深度。你去向張鑒庭請教紹興師爺的性格特徵，不是亂彈琴嗎？把《魯迅傳》拍成張鑒庭說的《紹興師爺》，牛頭不對馬嘴……。

趙丹的「侃大山」，見於我的筆記。他自己還寫入由上海文匯出版社出版的自傳《地獄之門》。

當時在場討論的主要是陳白塵、陳鯉庭、趙丹和夏天四位，

我埋頭記錄。

一個多星期討論下來，陳白塵作結論：他同意夏天的意見，四間房子像北京的四合院，是精心結構的。不能推翻，只宜裝飾。在注意歷史真實和豐富人物性格上作些增刪。

陳鯉庭堅持在四章之前要增加一章九節「片頭部份」，亦稱《楔子》。陳白塵作了妥協、表示接受。在住進西頤賓館的半個月後，陳白塵向大家口述了吸收討論意見的《〈魯迅傳〉第五稿提綱》，由我當場記錄後打印，原件如下：

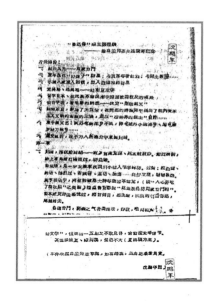

原文如下：

《魯迅傳》第五稿提綱
——據白塵同志口述摘要記錄

片頭部份：

一、紹興風光──周家台門

二、童年混在「野孩子」群裏：與雙喜等看社戲；與閏土捉猹……

三、小康人家墜入困頓，出入當鋪和藥店裏

四、走異路、逃異地──赴南京求學

五、留學日本、在民族革命浪潮中探索救國救民的道路

六、仙台學醫，看電影的刺激──決定「棄醫就文」

七、回到東京，參加了光復會，在狹隘的排滿聲中提出了批判資本主義文明的偏頗的主張，並以「精神界的戰士」自許……

八、著手搞文藝：試辦《新生》不成，譯《域外小說集》、寫《摩羅詩力說》……

九、遭受阻折，在不為人所理解中束裝歸國。

（按：這個「片頭部份」陳鯉庭是聽了唐弢的意見後提出的，詳見後。）

第一章

　　魯迅從日本留學歸國，搭航船回紹興──故鄉蕭條荒涼、死水般寂靜。船過橋洞，橋上有知府打轎而過，群趨避。

　　魯迅登岸，見一少女服孝扶靈引小棺入節孝碑坊。過街：經當鋪、藥店、錫泊莊、香燭店、茶店、酒館……眾佇立望，竊竊私語。咸亨酒店中，阿有和破落地主、士紳等討論殺革命黨，（談論「人的心肝吃了能壯膽」之類

話）指點魯迅背影說「這是東昌坊周家台門的」。魯迅本家黃胖搖恍過，聞言側目，感丟臉，狠狠的盯著魯迅，尾隨而去。……（這是因陳鯉庭提出要加強封建社會的氣氛而設計的。）

其他三章大的情節參照夏、陳兩稿，變動不大（以夏四稿為主）。記錄上寫了「本件未經白塵同志審閱，如有錯誤，當由記錄者負責。」實際上白塵同志是看過的。

沈鵬年記

從1961年9月3日住進西郊風景區的西頤賓館，到11月初，上海電影局命令「《魯迅傳》攝製組」（實際上只有導演、副導演、主演及導演助手兼製片等五人）回到上海，定稿由陳白塵一人住在西頤賓館完成。——所以如此，因趙丹與陳鯉庭「吵架」引起，於是陳鯉庭便帶了這份《提綱目錄》打道回滬。回滬後以此向上海的領導彙報。

四、西頤插曲：趙丹為何與陳鯉庭「吵架」？

1961年9月3日，趙丹隨陳白塵、陳鯉庭住進西頤賓館後，曾經一反常態，藉口生活中的小事，與陳鯉庭大肆「吵架」，究竟為什麼？

在西頤賓館，陳白塵、陳鯉庭和趙丹各住甲級房間每人一套。副導演夏天和我合住丙級房間二人住一套；導演助手湯麗絢是女性，一人住丙級房間一套。按編制，趙丹和夏天是海燕廠

的；陳鯉庭和湯麗絢是天馬廠的；我是市委宣傳部從長寧區委借調來的「臨時工」，不屬電影廠的編制。

休息時，趙丹常常到夏天房間來聊天、發牢騷……。我在一旁整理討論記錄，聽了從不插嘴，所以他們在我面前直言不諱。

趙丹是一位中國電影話劇的大藝術家，性情率真、童心未泯，很得周恩來總理的賞識。在翠明莊和西頤賓館為《魯迅傳》劇本的修改，一耽就是半年多。周總理知道後幾次派了自己的小轎車來接他去，有時參加宴會，有時參加舞會……。趙丹的女兒趙青在《我和爹爹趙丹》中寫道：

「周總理在繁忙的公務之餘，喜歡跳交誼舞。因為他工作非常勞累，一天只睡幾個小時，有時只能在小車上睡覺打個盹。而跳交誼舞是一種積極的休息，聽著音樂，鬆弛腦筋；隨著音樂的節拍起舞又是輕微的運動，有益身心。舉行舞會時邀請各界代表性朋友，又可以瞭解情況。所以每月要舉行二、三次。」──有一次趙丹回來後，時間尚早，便來和夏天聊天。

趙丹踏進房間，夏天正在閱讀《莎士比亞全集》。夏天放下書就說：「阿丹好福氣，孤身在外有總理關懷……。」

趙丹說：「總理問起《魯迅傳》，何時定稿？何時攝製？」夏天問趙丹怎麼回答總理？趙丹說我們正在定稿。總理半開玩笑地說：「你們上海的眼界太高了。原來的上影廠長、魯迅的門徒葉以群寫的本子，你們看不中；請了你們的老搭檔陳白塵重新寫本子，你們還是看不中；你們要求夏衍修改本子，我把文化部長給你們改本子，你們還是不接受……。你們的『胃口』太大了……。」──趙丹說：當時他幾乎出了一身冷汗。

趙丹說：總理還問趙丹和夏衍相識有幾年了？趙丹說快有三十年了。總理說：你們三十年的交情，他抱病為你們改本子，為何如此絕情？——趙丹說：「我一下子醒悟了，上了鯉庭的當，他拿我當槍使……。」

　　過了二天，趙丹拿了周總理、夏衍和他合影照片給夏天看，說「現在想想，我們太對不起夏公了……。」

　　原照如下：

　　夏天一眼就看出了在總理和趙丹中間的，是海燕廠導演、老同事徐韜。

　　徐韜（1910-1966），1932年加入左翼劇聯，1935年加入中國共產黨。任業餘劇人協會理事，組織演出《娜拉》、《欽差大臣》等名劇。抗戰勝利後任昆侖公司編導。《一江春水向東流》助理導演，《烏鴉與麻雀》編劇。解放後任上影廠秘書長、海燕廠導演。他導演的影片《大地重光》、《海魂》、《摩雅泰》、《豐收之後》受到好評。他導演的粵劇戲曲片《搜書院》和《關漢

卿》，運用電影手法使戲劇有新的突破，受到廣大觀眾歡迎。這是
1960年他因電影成就受到周總理接見。「文革」初期遭迫害而死。

據趙丹說：總理接見是1960年，當時他和夏衍談了提高電影
的藝術質量問題。夏天說：從照片上所見，總理對他的老部下夏
衍，是在很嚴肅地詢問工作……。

——接著，趙丹一再向夏天表示對導演這種「拖拉」作風的
不滿。他說：「我在海燕廠和君里（即導演鄭君里）合作，一年
完成兩部獻禮重點片。現在《魯迅傳》籌備了一年半，連文學劇
本還定不下來。編劇的不足，照理由導演處理解決。連翰老（陽
翰笙）也不耐煩了……。」

於是藉口香煙、用餐、住房等小問題，趙丹與陳鯉庭之間爆
發了兩場大爭吵。相爭無好話：一個說「我是政協委員，理應有
此待遇。」一個說「我是全國人大代表，難道待遇不如你政協委
員嗎。」一個說「我是文藝二級，享受沒有越級。」一個說「我
是文藝一級，難道一級的享受要低於二級？」一個說「我要口口
口（夫人）來，每天伙食費是自費的。」一個說「我也可以要口
口口（夫人）來陪伴，伙食費我也出得起……。」——陳白塵勸
不住，連連搖頭。

這兩場大爭吵，驚動了西頤賓館的負責人，影響很不好。夏
天打長途電話向天馬廠黨委彙報。天馬廠黨委立刻派《魯迅傳》
副導演（原老上影演員劇團的副團長）衛禹平來調解矛盾。

趙丹說：「我不是為爭待遇，我是演員，我要演戲。攝製
組的主要演員臨時解散三個多月，謝添回到北影已導演了一部喜
劇，于藍也在上新戲，于是之在北京人藝連上了《雷雨》、《日

出》兩部戲……。我們跟著陳鯉庭『耗』，要耗到何年何月才能上戲？你不必來做我的思想工作，我是共產黨員也是人，他是黨外人士也是人，你單方面要我注意『黨群關係』，為什麼不叫他也注意一些『群黨關係』呢？難道他高人一頭嗎？你不必來打通我的思想，還是給你們天馬廠『老坦克』加加油、推他一把前進吧……。」

衛禹平啞口無言，未能完成搞好「團結」的使命回到上海。

天馬廠黨委和電影局黨委研究後，便通知陳鯉庭、趙丹回來。請陳白塵安心在西頤賓館寫作。並通知導演助手將住房費預付到11月底。因陳白塵預算，他可以在11月26日左右全部脫稿。

——天馬廠黨委副書記兼《魯迅傳》攝製組支部書記魯耕，也是當事人。「文革」初期向全廠作「亮相」檢查，受到群眾責問。群眾問：「陳鯉庭調沈鵬年來搞《魯迅傳》，搞了三年化了五十多萬人民幣搞些什麼名堂？陳鯉庭和趙丹在北京吵架究竟為什麼？」——魯耕在印發全廠「革命群眾」討論的補充《亮相檢查》中檢查和交代了這件事。原件節錄如下：

陳鯉庭搞《魯迅傳》要沈國年給他搞資料（實際是当他私人秘书）我来自到长宁区跑过，要沈國年延长搬家時間。当了一答应陳鯉庭提出要沈鵬年調来天馬厂工作時，也沒有提出不同意見。满足了陳鯉庭的要求。相反地对他们的錯誤罢行，我即不愿进行斗爭，生怕得罪这些"专家""老爷們"，向他们委曲投降，丢掉原則，丧失立場。比如《魯迅》組原是周范同志象支部书記，周亮国志調走以后，我当了一个期間支部书記。这个組的陳鯉庭、趙丹变在北京时，搞得鸟烟瘴气勾吵，互相吵架，闹不團结，影响很坏。

魯　耕

一九六七年六月十三日

魯耕補充《亮相檢查》的書面材料，原文如下：

> 陳鯉庭搞《魯迅傳》要沈鵬年給他搞資料（實際是當他私人秘書）我親自到長寧區跑過，要沈鵬年延長借調時間。當丁一答應陳鯉庭提出要沈鵬年調來天馬廠工作時，我也沒有提出不同的意見。滿足了陳鯉庭的要求。相反地對他們的錯誤罪行，我則不敢進行鬥爭，生怕得罪這些「專家」「老爺們」，向他們妥協投降，失掉原則、喪失立場。比如《魯迅》組原是周克同志兼支部書記，周克同志調走以後，我兼了一個期間支部書記。這個組的陳鯉庭、趙丹等在北京時，搞得烏煙瘴氣：為吃、住等吵架、鬧不團結，影響很壞。

魯耕

一九六七年六月十三日

（按：魯耕的書面材料證明我與陳鯉庭的關係和我當時的身份。）

五、接受鯉庭意見、白塵完成定稿

在西頤賓館經過反覆討論，陳鯉庭的意見，陳白塵基本上都接受了。比如陳鯉庭提出：「現在第一章孤立了，要把一、二章打通。第一章要伏下兩筆：封建勢力的統治、寫出魯迅和舊社會勢力勢不兩立；還有，要伏下辛亥革命失敗的一筆。文學家的魯

迅為什麼而戰鬥，前面必須要有伏筆。」——陳白塵都據此要求作了新的設計。例如：

①魯迅回鄉背景渲染封建勢力的影響，白塵寫道：

　　魯迅提著一隻箱子，在一條石板鋪的街道上走過。他以平靜的但帶點悲憫的神情觀察著這死水般的故鄉風貌。當鋪、藥店、香燭店、錫箔莊、茶館、酒肆，都從他身邊徐徐掠過。空空的皮靴聲驚醒了幾個閑漢，有人在他的身後佇足而望，指指點點，竊竊私議。

　　忽然，迎面傳來了寂寞而單調的號筒聲和一陣隱隱的啜泣聲。兩個人抬了一隻很小的小棺材，後面跟著一個二十歲左右的披麻戴孝，手捧靈牌的女人，再後邊是一個衣衫襤褸的道士。

　　魯迅避開一點，讓他們走過。他不禁注視著那靈牌上寫的字：「亡夫祝阿根之靈位」。他痛苦而懷疑地回顧那棺木和那「未亡人」，他們正從一個節婦坊下穿過去了。

　　前邊咸亨酒店裏散座上酒客們已經在議論了。一個花白鬍子搖頭擺腦說：「年輕守寡，難得！」紅鼻子在鼻孔裏哼哼：「難說呵，人太漂亮啦！……」這可惱怒了背臉臨街的周演生老爺，他穿著長袍馬褂（雖然都破舊不堪，卻都是綢質的），繃著一副黃胖臉，發話道：「章舉人章介眉老爺已經為她寫了篇《節婦傳》，你們知道麼？」紅鼻子馬上認輸似的：「哦，哦！」演老爺又加重語氣：「知府大人都答應奏請朝廷旌表啦！……」花白鬍子說：「演老爺說的是！」大家都肅然起敬。（按：陳白塵自覺不妥，在單行本中刪去了。）

站在櫃檯外喝寡酒的阿有，推一下氈帽，怪叫一聲：「喔唷！」酒客們都轉過臉去。

魯迅從酒店門前走過，向裏看了一眼。

演老爺雙目發呆了。花白鬍子在問：「這小子誰家的？」紅鼻子又哼了一聲：「橫豎是秋瑾、徐錫麟那一夥的！」演生又發怒了，像是問別人，又像問自己：「他是革命黨？……」那阿有喝完酒，得意地叫道：「殺革命黨，看過麼？」他將手一掄，砍將過去，「擦！……」（按：陳白塵後來自己刪去了。）

②舊社會勢力與魯迅勢不兩立，白塵寫道：

知府大人穿著便服，坐在紹興府中學堂監督室裏。舉人章介眉陪著他閒談。周演生站在一旁，向窗外張望。知府撚須笑道：「章介翁，你那篇《節婦傳》可是有益世道人心之作呀！而且情文並茂，欽佩欽佩！」章介眉微微欠身說：「公祖過獎了！自從西學東漸以來，本城風紀大壞！孔孟之道衰微了！提倡名節，是我輩……」周演生向章介眉報告說：「何監督來了。」

學堂監督何幾仲匆匆進來，向知府低聲說：「他正在上課，就請大人動步。」

魯迅在教室裏進行氫氣試驗。他手裏拿著火柴盒，說：「氫氣可以燃燒，它的火焰無色無臭……」他打開火柴盒，卻是空的，對學生說：「我去取自來火，就來試驗。但不能讓空氣混進去，否則將要爆炸！……」

…………

知府大人臉色蒼白，走進監督室，低聲對何幾仲說：「要

防備他！他一定會製造炸彈！」何幾仲應聲說：「是，是！」章介眉點頭說：「這班人在外國學什麼聲光化電，無非為了圖謀不軌！」周演生連忙接口說：「秋瑾那個女囚，就會製造炸彈！」知府大人另有所思地說：「他們敢不畏死，連親王、督撫都敢下手的！所以也不能操之過急！」周演生還想說話，被章介眉的眼色制止住了。

③虛構魯迅策劃迎接辛亥革命

　　府學堂的許多教員和地方上進步分子正在一間教室裏開會。魯迅站在一個角落裏平靜地講著話：「第一，馬上組織講演團到各處去演說革命的道理，喚醒國民。……」一位頭皮剃得精光的中年人叫孫德卿的，馬上起身彎腰說：「鄙人贊成！」座中許多人也附和說：「贊成！贊成！」魯迅又繼續說：「第二，立刻籌辦一份報紙，宣揚革命，教育……」孫德卿又馬上躬身叫道：「鄙人贊成！」

　　范愛農衝進教室來，摘去氈帽，露出胡亂剪過的短髮，縱聲大笑道：「從今天起，再也不做滿洲人的奴隸啦！諸位！今年，」他倒在一張椅子上，一字一字地，「是黃帝紀元四千六百零九年！……」孫德卿忙制止他說：「愛農，你聽聽豫才兄的建議。」范愛農這才注意到站在那裏對他微笑的魯迅，連忙：「哦，哦……」

　　魯迅繼續說：「第三，是件重要的事，也很難辦。城裏要有一些武裝，才能維持秩序，安定人心，而講演團上街也才有保護。……」孫德卿還沒起身，范愛農便叫道：「我到杭州去請光

復軍來！」有人說道：「遠水不救近火！」一位體操教員，揚手叫道：「我有辦法！學堂裏有的是刀槍，我們去搬！……」（按：陳白塵後來認為不妥，自己刪去了。）

④伏下辛亥革命失敗，強調魯迅面責王金發

王金發在花廳裏接見章介眉。黃介卿、錢達人、何幾仲、黃副官都一旁陪坐。章介眉早剪了辮子，推了平頭，連鬍子也修得短短的，鼻上架副平光金絲眼鏡，衣裳襟上掛塊桃形的銀牌子，身旁放根手杖，硬是新派氣概。他正向王金發拱手說：「過去無緣識荊，所以很多誤會。今後兄弟一定多多為桑梓效勞，為民國盡忠，還望王都督不吝指教才是。」王金發笑道：「哪裡！地方上的事還多多仰仗。」章介眉笑道：「王都督德政，有口皆碑了。只是紹興一地還沒有成立孔教會，兄弟竊以為……」黃介卿笑道：「孔教會的事，都督已經批准了。」

只聽外邊范愛農的聲音在叫：「金發哥！金發哥！」王金發不由一楞。

魯迅和范愛農已經走進花廳。雙方相顧愕然。

…………

范愛農向著王金發連連頓腳，悲苦地叫道：「金發，你，你，你呀！」又一頓腳奔出花廳。王金發轉向魯迅：「這……這是所為何來？」魯迅向外走，一邊說道：「大概他喝醉了。以後再談吧。」王金發跟著走出花廳，一邊說：「豫才兄，愛農也太不體諒朋友了。」魯迅走下臺階，嚴肅地看他一眼，說：「金發，外邊謠言很多，你知道麼？」王金發頗為愁苦地歎息一聲：

「一言難盡呀！豫才，你知道麼，我們光復會的陶成章陶大哥，在上海被人暗殺了！」魯迅一驚：「哦！」王金發搖頭說：「革命革了十來年，沒想到弄得這步田地，上下左右，逼得我騎虎難下！」魯迅搖頭說：「你如今是放虎歸山！……」

章介眉對黃介卿耳語。

范愛農的聲音在大叫：「秋瑾！秋瑾！你的血白流了！……」

⑤借范愛農之死，打通一、二章

站在船頭上的魯迅聽著槍聲，痛苦地悵然四顧。

…………

范愛農還木然地站在碼頭上。但岸邊垂柳依依，已經是三個月以後了。

碼頭上靠著一隻小船。一位年老的艄公催他：「上船吧，客家。」范愛農還在悵望著。……

小船背著橋洞向鑒湖那邊駛去。范愛農坐在船頭喝悶酒。夕陽西下了，船划進一個小湖蕩。老艄公抬頭望見范愛農還在飲酒，便勸告說：「客家，少喝點了！湖蕩裏風大！」范愛農甕聲甕氣地答應了一聲：「知道。……」

老艄公看看天上的晚霞，目送著歸鴉，悠然自語：「快到了，只有幾里路了。」剛要抬頭，只覺船身震動一下，接著撲通一聲水響。老艄公驚叫一聲：「哎呀！救人啦！……」

船頭上不見了范愛農。水波漾開之處漂著一頂氈帽。岸邊的棲鴉都驚飛了。（按：陳白塵自覺太牽強，自己刪去了。）

…………

烏鴉盤旋的北京城樓。

烏鴉盤旋在紹興縣館補樹書屋院中老槐樹上。

補樹書屋裏燈光昏暗，魯迅木呆地坐在方桌前。水波在他面前蕩漾，范愛農彷彿在水中浮沉著──原來范愛農的像片躺在桌上。

魯迅突然站起身。在昏暗而空洞的屋子裏激動地徘徊著。……

魯迅木然地磨著墨。磨著，磨著……

魯迅的聲音在低低呼喚著：「愛農！愛農！」

魯迅提筆在硯上捺著，捺著，然後寫下四個字的題目：《哭范愛農》。

詩句寫在箋上。魯迅的聲音在悲吟著：

…………

「海草國門碧，多年老異鄉。

狐狸方去穴，桃偶已登場。

故里寒雲黑，炎天凜夜長。

獨沉清冷水，能否滌愁腸？」

⑥北京魯迅路遇章介眉：說「僵屍復活」，「無路可走」抄古碑

魯、許二人剛走進南半截胡同，迎面飛來一輛嶄新的馬車。車裏端坐著章介眉，似笑非笑地向魯迅微微點頭。魯迅一楞，車子已飛出胡同。許季茀扯一下魯迅衣袖，要他走。魯迅問：「他在北京幹嗎？」許季茀低聲：「總統府的機要秘書，一等紅人！去年恢復祭孔，就是他的『德政』。……」魯迅憤然說了一句：「陰魂不散！──僵屍都復活了！……」

…………

章介眉那副似笑非笑的臉，彷彿在王金發身旁出現了。

魯迅憤然起身，激動不已：「多少烈士的鮮血都被這群僵屍給踐踏了！」許季茀默然看著他。

魯迅痛苦地壓制著感情，又說：「這一場革命的夢，今天醒透了！從前，我們不過做奴隸，現在，我們是受了奴隸的騙，變成奴隸的奴隸了！……」他坐下了，看著自己的朋友，悲涼地問：「只是季茀，當一個人夢醒了之後，卻又感到無路可走，這是如何寂寞悲哀的事呵？……」許季茀決然說：「豫才，那我不走了。」

魯迅完全冷靜下來，站起身說：「你走吧！季茀。這都是憤激的空談。其實，我已經為自己找到一種生活下去的方法了。」他把手按在一堆碑刻拓本上。

魯迅在昏黃的燈光下抄碑。（按：從紹興的范愛農之死到北京的魯迅抄古碑，總算把一、二兩章打通了。但是，在出版單行本中，陳白塵幾乎全部刪去。）

——總之，凡是陳鯉庭的要求，陳白塵暫時儘量滿足，虛構了不少情節，恢復了夏衍刪去的火爆場面……，想爭取陳鯉庭接受後投入攝製。只是陳鯉庭堅決要增加的片頭《楔子》，想來想去安裝不上，便採用大段「旁誦」來代替。

離開西頤前夕，趙丹向白塵辭別。趙丹向白塵拱拱手：「大師兄，我們走後，還是請嫂夫人來陪兩天吧。放你一人，兄弟我不放心……」

白塵向趙丹訴苦：鯉庭要我在正屋前搭個涼棚，實在為難。南方鄉下農家，大門前夏天搭個涼棚是有的，北京的四合院前是不作興搭涼棚的，不合章法。⋯⋯

趙丹說：你看著辦吧，能搭就搭，不能搭就拉倒。創作也不能一個人說了算⋯⋯。兩人緊緊握手，互道珍重。

——1961年11月25日，白塵如期完成定稿。

六、陳白塵來信：報告「定稿」結果

1961年11月29日，陳白塵離開西頤賓館前夕，寫信給陳鯉庭、趙丹諸同志，報告他最後「定稿」的結果，並說明鯉庭要增加的「片頭《楔子》」實在難以添加，改為「五百字的旁誦」——「將來配不配畫面，都可以由導演自由決定，我就不再動腦筋了。⋯⋯」（原件如下）

陳白塵來信全文如下：

鯉庭兄並轉阿丹諸同志：

　　第一章的「楔子」索性刪去了，還是像第四稿與第三稿那樣，開頭做了「旁誦」，寫了一個小小的頭子，只五百字。將來配不配畫面都可以由導演自由決定。我就不再動腦筋了，文殊同志從廣州來信，也說楔子不協調，故斧削之了。

　　第一、二章在若干地方都做了刪削工作，文字上約可刪去1/10弱。第三章作了兩處較大的刪節，一是五卅以後魯迅與許季茀路上談話那一節全刪；二是女師大復校那一小節全刪，以復校新聞的特寫為結，下接胡適陳源那場戲。這都是枝節。

　　第四章校樣尚未打出，要到一號或二號才能付郵。這一章動手處不大，但自覺尚滿意。陳延年雖有其人，始終未出場，而以郭小朋代之。（陶陶居）戴季陶恢復，而略有增加。吳夢非如所談，最後以索還辦刊物計畫遁去。最大的改動在於郭、張處理。既欲其死，必予其戲。第三章他們都未出面，第四場剛一露面，即被「暗」殺，死得窩囊！所以四章開始即渲染郭、張結婚云云，（第三章即故意帶了一筆）陶陶居用郭出面，即寫了讓他與魯重晤，讓魯對他（也是觀眾對他）有個好印象，最後點一句婚姻問題。下一場張棟華來白雲樓新居，即為報告婚期（四月十五日）而來，但畢磊一至，上海四一二消息來了，戲即轉到4.15當日（即4.14夜）了。畢磊被捕現由唐人鳳來報中大學生被捕代替（暗害），郭張加一個在罷工委員會短

短場面，（欲去魯處報信，但已被包圍，提槍抗拒）在魯迅中山大學一場鬥爭之後，加一個小場戲：戴季陶在殺人前，還圖誘被捕青年自首，這裏，便以郭、張當場宣佈結婚和畢磊自認是共產黨員兩個情節來充實。這樣改了，頗得我們大隊長及其令堂大人之嘉許，想來不致遭諸公之反對。自然，可能寫得不算充分，但有這一場，導演可以渲染它了。

你們對一、二章意見，至今未見到來，實在焦人！我打算三號再看一下清樣，那時再作最後修改，希望你們意見能在三號前到此。默涵同志處通了電話，他答應看一下校樣，我也希望他在三號前告以意見。荒煤尚未聯繫上，唐弢對一二章意見，已在改稿中改正了。

我今天下午尚在西頤賓館休息半日，明早離館返城去了！正滿預定日期也！

端此即致

敬禮

白塵二十九日下午四時

（1961年11月29日寄出、12月1日收到）

（注：「大隊長」指陳白塵長女陳虹，時為學校紅領巾大隊長；「其令堂大人」指白塵夫人金鈴同志。）

七、林默涵「同意發表」、《定稿》劃上句號

1961年12月19日，陳白塵從北京寄來林默涵對《魯迅傳》五稿的意見：同意劇本第五稿由《電影創作》發表，定稿工作劃上

句號。原件如下：

陳白塵轉述林默涵對《魯迅傳》五稿的意見全文如下：

《魯迅傳》五稿本意見彙編

陳白塵同志轉述林默涵同志的意見

一、同意稿子就這樣發表。他（指林默涵同志，下同）認為
　　原來的缺點，都得到補救了：如魯迅的性格更接近真實
　　了，魯迅的文學生活有了足夠的描寫，等等。

二、但與此同時，倒又覺得產生了新問題：寫魯迅的沉思、
　　獨白、創作……略多了，是否會覺得沉悶？對話也嫌多
　　一些。他說，作為文學劇本可以這樣寫。將來的鏡頭本
　　可以考慮刪節一些。我（指白塵同志，下同）想，在

《電影創作》發表以後，上海文藝出版社出版單行本時，我再一次刪節，盡可能把多餘的對話和交代的東西去一些。自然，你將來分鏡頭還可以刪節。

三、全劇看起來事件還是多一些。據他說，夏公（自然看一下。我寫信打電話請他在發表前看一下，他推託說等發表後再看的，這當然是托詞了）也認為長一些。（這一點，我們當時也感到了，但到底如何大刪，實在也沒想出辦法。）他自然也沒有提出來具體辦法。不知你的估計如何？按現在這本子，是否超過十五本？

四、在語言方面，他提出一點注意：即有些對話是魯迅文章中取來的。在文章中，他是在進行鬥爭的；現在不用文章，而改為對話，是好的辦法。但同時也產生了另一印象：好像在鬥爭中魯迅只是說尖銳的諷刺的話，便近於冷嘲了。再，本來是對敵人諷刺的，改為對朋友說，也覺得不太妥切了。同時，他也怕觀眾不易聽懂。這些地方（他只舉出《來了》一個例）我也打算在出單行本時再注意修正一下。

五、情節上，他只舉出一點：何幾仲現在作為假洋鬼子來處理，不妥。假洋鬼子所代表的不是何幾仲這樣人物，這一點很對。我想將來也改一改：或者不要假洋鬼子，或者把何幾仲這人物改為假洋鬼子型。（現在是舊紳士型）你的意見如何？

他的意見歸納起來就是這幾點。請轉告創作組及攝製組諸同志。

──《魯迅傳》文學劇本的創作歷程經過「一波三折」，至此終算告一段落，劃上了句號。

八、《電影創作》發表定稿，夏衍著文「喜悅感奮」

陳白塵執筆的最後定稿，攝製組稱為「五稿」，他自稱為「修訂本」。

經中共中央宣傳部同意，定稿由葛琴（魯迅的門徒、邵荃麟夫人）主編的《電影創作》1961年第6期卷首全文發表。（原件如下）

葛琴在《編後記》對《魯迅傳》劇本作者創作的艱辛作了熱情的評價和介紹。原文如下：

葛琴：《電影創作》編後記

本期我們發表了《魯迅傳》電影文學劇本上集的修訂本，並鄭重向讀者推薦。

　　把魯迅先生的形象搬上銀幕，是我國影壇的一件大事，然而這卻是一件極其艱巨的任務。這不僅因為創作本身就需要付出辛勤而艱苦的勞動，還由於魯迅先生是中國偉大的文學家、思想家和革命家，中國新文化的巨人，要刻劃這樣一位人物需要高度的概括力和純熟的寫作技巧，不然很難把他一生的經歷精煉而準確地納入受時間和長度限制的影片之內，雖然將有兩集影片。但是，這是一件非常有意義的工作，而我國的作家們亦這樣作了，實在是一件令人感奮的事情。

　　《魯迅傳》電影文學劇本上集是由陳白塵、葉以群、唐弢、柯靈、杜宣、陳鯉庭等同志集體創作，而由陳白塵同志執筆的。這個文學劇本的初稿曾發表在今年《人民文學》一、二月號合刊上，當時即受到廣大讀者的歡迎和重視。但是創作者們為了精益求精，並未以該稿為滿足，將近一年以來，經向各方面徵求意見，補充資料，並反覆地討論和思考，又經過幾度改寫，最後才完成這個修訂本。關心電影文學創作的讀者不難從兩稿的對比中發現無論在人物的取捨，情節的選用，細節的描寫，以及語言、對話等都有不少更易，從而使得劇中主人公的性格更加鮮明、突出，時代背景更加真實可信；並由此可見，創作者們在作這些改動時是付出了多少的心血和勞動！

　　劇本即將由上海天馬電影製片廠拍攝影片。

　　在刊登《魯迅傳》的同時，我們還發表了韋軒同志的《魯迅與電影》一文。文章概略地敘述了魯迅先生在世時有關電影方面的一

些言論和活動，亦足見這位文化巨人對電影這門藝術的關懷。

——《編後記》所說「在刊登《魯迅傳》的同時，我們還發表了韋軒同志的《魯迅與電影》一文。」這位「韋軒」就是夏衍的筆名。

夏公看到《魯迅傳》終於「定稿」、拍攝有望時，感到「有一種莫名的喜悅和感奮」。夏公在文章中概略地敘述了魯迅先生生前有關電影方面的一些言論和活動，亦足見這位巨人對電影這門藝術的關懷。夏公在文章的開頭和結尾，用感情的筆觸寫道：

「得知《魯迅傳》文學劇本上集已寫成發表，並將由上海天馬製片廠拍攝，有一種莫名的喜悅與感奮。我們看蘇聯電影，高爾基的形象很早便在蘇聯銀幕上出現，而我們的文化革命的主將——魯迅被搬上銀幕則還是第一次，浮想之餘，也聯想起魯迅與我國電影的『姻緣』與關注」。

夏衍說：「魯迅主要的創作活動不在電影，而在於雜文、小說和翻譯，他沒有寫過電影劇本，卻反對過別人改編他的《阿Q正傳》；對電影的系統的論述也不多見。然而，最近涉獵了一下魯迅的日記、書簡和雜文，依然可以窺見這位中華民族新文化的旗手對電影的關注和深沉而灼熱的感情。而他所寫下的為數不很多的有關電影的論述和譯作，也依然是中國電影的有價值的文獻，和他的其他的論著一樣，具有著明確的戰鬥目標和時代意義。」

——這段話是前一時期夏衍為修改《魯迅傳》劇本認真閱讀魯迅著作的佐證。

夏衍寫道：

魯迅的創作雖然主要不在電影，但是他對電影的理論宣傳工

作也是很注意、很重視而且是不遺餘力的。早在1930年1月，他就翻譯了日本左翼評論家岩崎昶的《現代電影與有產階級》一文，還附了個《譯者附記》，在左聯的機關刊物《萌芽月刊》上發表，文章指出了資產階級電影特別是美國電影的危害性和反動性。

………

1930年前後，魯迅在廣州和上海的時期，當時中國的國產電影正遭遇危機，美國電影如決堤的洪水，滾滾而來，國產片又掌握在官僚買辦的手中，粗製濫造，內容空虛，技術低劣，黨對電影還未領導起來（黨直接領導電影事業是從1932年開始的；1933年開始在電影界建立起第一個黨小組）。這一時期，明星公司拍《火燒紅蓮寺》，一連拍了十八集；月明公司拍《關東大俠》一連拍了九集，友聯公司拍《荒江女俠》一連拍了十三集……當時的國產片演員，不少以模仿美國「明星」油頭粉面、擠眉弄眼為能事；上海電影界當時是魚龍混雜、濁流洶湧的，這都不能不令關懷中國文化事業的魯迅痛心疾首，因此在1931年，魯迅在《上海文藝之一瞥》的報告中，就曾尖銳地指出：「現在的中國電影還在深受著『才子加流氓』式的影響，黑面的英雄，作為『好人』的英雄，也都是油頭滑腦的，和一些住慣了上海，曉得怎樣『拆梢』『揩油』『吊膀子』的滑頭少年一樣……」

……這是一針見血，切中利弊的，他不能容忍中國電影的這種惡劣的傾向，對國產電影的不良現象起而搏鬥，他是帶著一種「嚴父」與「戰友」的心情來抨擊當時電影界的歪風邪氣的，也可以說是他對國產電影愛之深而求之切的表現吧。

………

電影〈魯迅傳〉籌拍親歷記

1933年前後，國民黨反動派進一步加緊扼殺進步的國產電影運動，當時的「電檢會」，竟連「九一八」三字也不許在銀幕上出現，據說誠恐有傷「中日親善」；而在《都市的一角》電影中，則因有「東北是我們的」一句話而橫遭上海租界「影檢處」的禁映。當時上映影片，片頭必須映出偽中央電影檢查委員會發給的放映執照，否則不准上映。到1933年底，藝華影片公司被「影界鏟共同志會」搗毀，電影院被「影界鏟共同志會」警告，要拒演田漢等的影片，魯迅先生以愛護和捍衛中國民族電影之熱誠，把這些反動的罪行都紀錄了下來，寫在《准風月談》後記中，作為國民黨反動派迫害中國進步電影的歷史鐵證。這一再證明魯迅在風雨如晦的時刻，他是無時無刻不關注中國電影的命運和發展的。

　　夏衍還說：

　　魯迅也很早便預見了電影對科學普及和科學教學的作用和可能性。他在《連環圖畫辯護》一文中曾經述及「有一天，在一處筵席上，我隨便的說：用活動電影來教學生，一定比教員的講義好，將來恐怕要變成這樣的……話還沒有說完，就埋葬在一陣哄笑裏了。……但在我自己，卻另外聽過採用影片的細菌學講義，見過全部照相只有幾句說明的植物學書。所以我深信不但生物學，就是歷史地理，也可以這樣辦。」事實上，魯迅在日本仙台醫學專門學校讀書時，細菌學課程已經全用電影來教學了，當時那些在座「諸公」們的哄笑，不過是少見多怪思想頑固而已。據許壽裳先生的回憶，魯迅就是在日本學醫時看了中國人被日本人砍頭的電影，旁邊還站著許多中國人「一樣是強壯的體格，而顯

出麻木的神情」，他就因此受了影片的刺激，痛感體格健全並不最重要，因為像這些茁壯的「看客」、「壞呆子」「病死多少也不必以為不幸」，重要的是人的精神，而他以為文藝具有改變人的精神面貌的力量，因此他決定放棄學醫而轉習文學。這是為許多人熟知的一段事實。如此說來，魯迅之踏上文學創作的道路，也是和電影有關聯的了。

夏衍最後滿懷喜悅地寫道：

魯迅逝世已經二十五年了，中國電影已經起了翻天覆地的變化。「發財結婚」稱霸中國銀幕的美國電影早已垮臺，而當年為魯迅所指斥的「才子加流氓」的黃色電影亦一去不復返了。當年魯迅被人所哄笑的，魯迅所期望用來傳播科學知識的科教片已大量攝成，僅1958至1959一年就拍了544本，更是舊中國所不可企及的；我國人民電影事業在三面紅旗招展下正在闊步前進，《魯迅傳》的上集亦已寫成即將拍攝。緬懷魯迅當年對電影之戰績與遺教，感人民電影事業之壯大，巨人巨片，璧合珠聯，亦足以作「欣慰的紀念」而令人感奮不已。

——夏衍殫精竭慮、抱病修改的劇本雖然被攝製組的頭頭任意否定了；當他看到劇本的定稿完成，「即將拍攝」之際，「緬懷魯迅當年對電影之戰績與遺教，感人民電影事業之壯大，巨人巨片，璧合珠聯」，感到由衷的喜悅和欣慰。這種氣度和襟懷，是特別令人欽佩的。

《電影創作》主編為上海天馬廠攝製《魯迅傳》推波助瀾、擴大影響，特地用兩整版篇幅刊出了著名美術師池寧設計的《〈魯迅傳〉人物造型圖》，介紹了魯迅、李大釗、錢玄同、畢

磊、劉和珍、王金發以及章介眉等真實人物的造型；阿冬、張
棣華、吳夢非、抱「靈牌」送葬的新娘等藝術人物造型。使閱讀
《魯迅傳》劇本的讀者增加感性的興味。原圖如下：

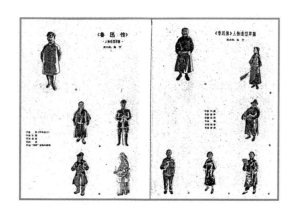

　　為了使讀者瞭解扮演魯迅的趙丹和扮演許廣平的于藍這兩位著
名電影藝術家，刊登了他（她）們歷年來在銀幕上成功塑造的人物
形象，如趙丹在《馬路天使》、《十字街頭》、《烏鴉與麻雀》、
《海魂》、《為了和平》、《風流人物數今朝》、《李時珍》、
《聶耳》和《林則徐》等藝術形象；于藍在《龍鬚溝》、《白衣
戰士》、《翠崗紅旗》、《林家鋪子》、《革命家庭》等藝術形
象。使讀者等待他（她）們創造《魯迅傳》中新的藝術形象增加了
親切的信任感。（原件如下）

　　——《電影創作》以大量篇幅、全部圖版從文字到形象介紹
《魯迅傳》，充分體現了北京乃至整個文藝界對上海天馬廠攝製
《魯迅傳》影片的極大支持和殷切期望。趙丹不幸病逝，于藍至
今健在。最近她在回憶錄提到電影《魯迅傳》因「導演生病而耽
擱，未能拍攝」，她「感到很大遺憾，趙丹也感到遺憾。」

文學視界33　PH0115

電影〈魯迅傳〉籌拍親歷記
——行雲流水記往二記（上）

作　　者 / 沈鵬年
主　　編 / 蔡登山
責任編輯 / 林千惠
圖文排版 / 王思敏
封面設計 / 秦禎翊

發 行 人 / 宋政坤
法律顧問 / 毛國樑　律師
出版發行 / 秀威資訊科技股份有限公司
　　　　　114台北市內湖區瑞光路76巷65號1樓
　　　　　電話：+886-2-2796-3638　傳真：+886-2-2796-1377
　　　　　http://www.showwe.com.tw
劃撥帳號 / 19563868　戶名：秀威資訊科技股份有限公司
　　　　　讀者服務信箱：service@showwe.com.tw
展售門市 / 國家書店（松江門市）
　　　　　104台北市中山區松江路209號1樓
　　　　　電話：+886-2-2518-0207　傳真：+886-2-2518-0778
網路訂購 / 秀威網路書店：http://www.bodbooks.com.tw
　　　　　國家網路書店：http://www.govbooks.com.tw

2013年9月　BOD一版
定價：450元
版權所有　翻印必究
本書如有缺頁、破損或裝訂錯誤，請寄回更換

國家圖書館出版品預行編目

電影〈魯迅傳〉籌拍親歷記：行雲流水記往二記 / 沈鵬年著.
-- 一版. -- 臺北市：秀威資訊科技, 2013. 09
　　冊；　公分
BOD版
ISBN 978-986-326-116-2 (上冊；平裝). --
ISBN 978-986-326-117-9 (下冊；平裝)

1.沈鵬年　2.作家　3.回憶錄

782.887　　　　　　　　　　　　　　　　　　102009428

讀者回函卡

感謝您購買本書,為提升服務品質,請填妥以下資料,將讀者回函卡直接寄回或傳真本公司,收到您的寶貴意見後,我們會收藏記錄及檢討,謝謝! 如您需要了解本公司最新出版書目、購書優惠或企劃活動,歡迎您上網查詢或下載相關資料:http:// www.showwe.com.tw

您購買的書名:_____

出生日期:_____年_____月_____日

學歷:□高中 (含) 以下　　□大專　　□研究所 (含) 以上

職業:□製造業　□金融業　□資訊業　□軍警　□傳播業　□自由業
　　　□服務業　□公務員　□教職　　□學生　□家管　□其它_____

購書地點:□網路書店　□實體書店　□書展　□郵購　□贈閱　□其他

您從何得知本書的消息?

　□網路書店　□實體書店　□網路搜尋　□電子報　□書訊　□雜誌

　□傳播媒體　□親友推薦　□網站推薦　□部落格　□其他_____

您對本書的評價:(請填代號　1.非常滿意　2.滿意　3.尚可　4.再改進)

　封面設計____　版面編排____　內容____　文／譯筆____　價格____

讀完書後您覺得:

　□很有收穫　□有收穫　□收穫不多　□沒收穫

對我們的建議:_____

_____

_____

_____

11466
台北市內湖區瑞光路 76 巷 65 號 1 樓

秀威資訊科技股份有限公司　　　收

BOD 數位出版事業部

....

（請沿線對折寄回，謝謝！）

姓　　名：＿＿＿＿＿＿＿＿　年齡：＿＿＿＿　性別：□女　□男

郵遞區號：□□□□□

地　　址：＿＿＿＿＿＿＿＿＿＿＿＿＿＿＿＿＿＿＿＿

聯絡電話：(日) ＿＿＿＿＿＿＿＿＿　(夜) ＿＿＿＿＿＿＿＿＿

E-mail：＿＿＿＿＿＿＿＿＿＿＿＿＿＿＿＿＿＿＿